Charles Szekely

Synthèse des quatre Evangiles

Charles Szekely

Synthèse des quatre Evangiles

Homme et Dieux à la fois

Éditions Croix du Salut

Impressum / Mentions légales
Bibliografische Information der Deutschen Nationalbibliothek: Die Deutsche Nationalbibliothek verzeichnet diese Publikation in der Deutschen Nationalbibliografie; detaillierte bibliografische Daten sind im Internet über http://dnb.d-nb.de abrufbar.
Alle in diesem Buch genannten Marken und Produktnamen unterliegen warenzeichen-, marken- oder patentrechtlichem Schutz bzw. sind Warenzeichen oder eingetragene Warenzeichen der jeweiligen Inhaber. Die Wiedergabe von Marken, Produktnamen, Gebrauchsnamen, Handelsnamen, Warenbezeichnungen u.s.w. in diesem Werk berechtigt auch ohne besondere Kennzeichnung nicht zu der Annahme, dass solche Namen im Sinne der Warenzeichen- und Markenschutzgesetzgebung als frei zu betrachten wären und daher von jedermann benutzt werden dürften.

Information bibliographique publiée par la Deutsche Nationalbibliothek: La Deutsche Nationalbibliothek inscrit cette publication à la Deutsche Nationalbibliografie; des données bibliographiques détaillées sont disponibles sur internet à l'adresse http://dnb.d-nb.de.
Toutes marques et noms de produits mentionnés dans ce livre demeurent sous la protection des marques, des marques déposées et des brevets, et sont des marques ou des marques déposées de leurs détenteurs respectifs. L'utilisation des marques, noms de produits, noms communs, noms commerciaux, descriptions de produits, etc, même sans qu'ils soient mentionnés de façon particulière dans ce livre ne signifie en aucune façon que ces noms peuvent être utilisés sans restriction à l'égard de la législation pour la protection des marques et des marques déposées et pourraient donc être utilisés par quiconque.

Coverbild / Photo de couverture: www.ingimage.com

Verlag / Editeur:
Éditions Croix du Salut
ist ein Imprint der / est une marque déposée de
OmniScriptum GmbH & Co. KG
Heinrich-Böcking-Str. 6-8, 66121 Saarbrücken, Deutschland / Allemagne
Email: info@editions-croix.com

Herstellung: siehe letzte Seite /
Impression: voir la dernière page
ISBN: 978-3-8416-9914-5

Copyright / Droit d'auteur © 2014 OmniScriptum GmbH & Co. KG
Alle Rechte vorbehalten. / Tous droits réservés. Saarbrücken 2014

Synthèse des quatre Évangiles

Charles Székely

« Et il leur a dit : C'est pourquoi tout scribe instruit de ce qui regarde le royaume des cieux est semblable à un maître de maison qui tire de son trésor des choses nouvelles et des choses anciennes. » (Matthieu 13 :52)

Préface

Englober les quatre Évangiles dans une seule étude est une entreprise d'autant plus audacieuse que lourde en découvertes. L'apôtre Pierre a fondé l'exégèse des Écritures sur les Écritures, par la révélation suivante : « Sachez tout d'abord vous-mêmes qu'aucune prophétie de l'Écriture ne peut être un objet d'interprétation particulière, car ce n'est pas par une volonté d'homme qu'une prophétie a jamais été apportée, mais c'est poussés par le Saint Esprit que les hommes ont parlé de la part de Dieu. » (2 Pierre 1 :20,21) En conséquence, la Bible s'explique par elle-même. Il ne faut que mettre ensemble des versets qui traitent du même sujet. Sous cet angle, comparer les textes aux mêmes sujets qu'abordent les quatre Évangiles mène sans contredit à une richesse de révélations.

Il y des docteurs qui ne s'écartent d'un pouce des enseignements fondamentaux de l'Évangile et s'opposent à toute nouveauté. Il y en a d'autres qui font la chasse aux nouveautés et ils s'érigent en chefs de nouveaux courants. Convenons-en que tout excès est périlleux. Il est donc recommandable que l'on se conforme aux paroles du Seigneur, qui définit l'enseignant à vocation céleste comme un maître de maison qui tire de son trésor des choses nouvelles et des choses anciennes. Cela veut dire que les choses nouvelles ne doivent aucunement contredire les choses anciennes.

Par les choses anciennes, on entend le renoncement aux œuvres mortes, la foi en Dieu, la doctrine des baptêmes, l'imposition des mains, la résurrection des morts et le jugement éternel. (Hébreux 6 :1,2) Ces principes élémentaires forment du lait spirituel, adapté aux capacités d'assimilation des enfants spirituels. Par contre, la nourriture solide, résultée de l'expérience de la parole de justice est propre aux adultes en Christ. Ceux qui ne se nourrissent que du lait spirituel restent des enfants en Christ, « flottants et emportés à tout vent de doctrine. » (Ephésiens 4 :14) « Mais la nourriture solide est pour les hommes faits, pour ceux dont le jugements est exercé par l'usage à discerner ce qui est bien et ce qui est mal » (Hébreux (5:14) Ce qui hâte le processus de maturation spirituel, c'est la mise en pratique des principes évangéliques. Les disciples qui les mettent en pratique reçoivent une lumière encore plus grande et monte sur un échelon supérieur de la connaissance de Dieu.

J'avoue n'avoir point renoncer aux principes ci-dessus tout au long du présent ouvrage : 1. j'ai cherché à expliquer l'Évangile par la Parole de Dieu, 2. je n'ai point accepté de nouveautés qui contredisent les enseignements de base, hérités de Christ et de ses apôtres.

Dans une synthèse des quatre Évangiles l'approche comparative s'impose comme priorité. Comme de vrai, je n'ai point cherché à mettre en opposition les récits ayant le même sujet, mais j'ai démontré que ces récits se complètent réciproquement.

Comme tous les Évangiles se proposent de présenter la vie, l'activité, la mort, la résurrection et l'élévation de Jésus Christ, il m'a été aisé d'englober les quatre Évangiles dans vingt-deux chapitres. En voilà les titres : 1. Le Christ en tant qu'être purement spirituel, 2. Deux généalogies, 3. Jean le Baptiseur, précurseur de Christ, 4. La présentation du bébé Jésus dans le Temple et sa circoncision, 5. La personne et l'œuvre de Jean le Baptiseur, 6. Le baptême de Jésus et sa tentation, 7. Le début missionnaire de Jésus et ses premiers disciples, 8. Le sermon sur la montagne, 9. Le début des guérisons divines et du service de libération, 10. Rencontres lourds en enseignements christiques, 11. Doctrines occasionnelles et prophéties sur la fin du temps, 12. Guérisons miraculeuses opérées par Christ, 13. Le service de libération christique, 14. Trois cas de résurrection des morts, 15. Miracles faits comme signes célestes, 16. Les paraboles de Christ sur le Royaume des Cieux, 17. La collaboration de Jésus avec ses disciples, 18. Fêtes et événements qui complètent le portrait de Christ, 19. Pièges tendus à Christ par les conducteurs religieux, 20. Arrestation, souffrances et mort de Jésus, 21. La résurrection et l'élévation au ciel du Seigneur, 22. La prière sacerdotale du Seigneur.

Les exégètes sont convenus que les quatre Évangiles ont la vocation de mettre en relief les différents aspects du portrait de Christ. Matthieu s'est proposé de réaliser l'image du fils de David, Luc celle du Fils de l'Homme, Jean celle du Fils de Dieu, Marc celle du Serviteur fidèle de Dieu.

La présence des quatre chérubins dans la salle du Trône céleste ne se doit point au hasard. Ce nombre symbolise la complémentarité. Jean les décrit comme il suit : »Le premier être vivant est semblable à un lion, le second être vivant est semblable à un veau, le troisième être vivant a la face d'un homme, et le quatrième être vivant est semblable à un aigle qui vole. » (Apocalypse 4 :7) Le lion, roi des animaux, fait penser au fils de David, le veau représente le Serviteur fidèle, le chérubin à la face d'homme renvoie au Fils de l'Homme, tandis que l'aigle symbolise le Fils de Dieu. En fait, tous les symboles des Saintes Écritures tournent autour du Christ.

Les docteurs de l'Église font souvent mention du symbolisme des nombres. Le nombre « 1 » désigne le Créateur qui est Père, Fils et Saint Esprit, le nombre « 7 » représente la Perfection qui est Dieu, le nombre « 4 », c'est l'homme, créé par la Sainte Trinité, le nombre « 5 » désigne les anges, tandis que le nombre « 6 » s'applique à Satan, chérubin rebelle. Le nombre « 111 » exprime la Sainte Trinité, tandis que le nombre « 666 » renvoie à la Trinité Pécheresse, composée de Satan, de l'Antéchrist et du Prophète Mensonger. Le représentant de la Sainte Trinité est descendu du Ciel pour anéantir la Trinité Pécheresse et rétablir la Perfection initiale, symboliser par le nombre « 777 ».

Le présent ouvrage, constitué principalement de commentaires inspirés et assimilables, se propose de répandre la connaissance du Père et du Fils, laquelle assure la vie éternelle à ceux qui cherchent Dieu. (cf. Jean 17 :3) Le prophète Osée a émis un énoncé mémorable, valable de nos jours même : « Mon peuple est détruit, parce qu'il manque de connaissance. Les individus démunis de la connaissance de Dieu seront inéluctablement détruits.

Selon l'apôtre Jean, c'est l'onction du Saint Esprit qui munit de connaissances divines. (1Jean 2 :20,27) Mais jusqu'à parvenir à cette onction, il faut d'abord se repentir, être baptisé dans l'eau et dans le Saint Esprit et se sanctifier journellement afin de profiter de nouvelles onctions. Un prédicateur oint d'Esprit ne recourt point à des discours qu'enseigne la sagesse humaine, mais il emploie un langage spirituel pour des choses spirituelles. (1 Corinthiens 2 :13) Aussi les sages de ce siècle n'ont-ils point accès aux messages répandus par le Saint Esprit.

Ludus, le 30 mai 2014   Charles Székely

Table of Contents

Préface..2

Le Christ avant son incarnation..7

Deux généalogies..10

La naissance de Christ et celle de son précurseur, Jean..............................12

Le nourrisson Jésus présenté dans le Temple de Jérusalem.....................17

La personnalité et l'œuvre de Jean Baptiste....................................19

Le début de l'activité de Christ, les premiers disciples...................24

Le début des guérisons divines et de la chasse aux démons..................39

Les enseignements occasionnels et les prophéties de Christ................52

Le service d'exorcisme du Seigneur Jésus..86

Collaboration de Christ avec ses disciples..118

L'arrestation, la passion et la mort de Christ..135

Bibliographie sélective...161

Le Christ avant son incarnation

C'est l'apôtre Jean qui offre des renseignements sur ce sujet, dans le premier chapitre de l'Évangile qui porte son nom.

Voilà comment ce chapitre commence : »Au commencement était la Parole, et la Parole était avec Dieu, et la Parole était Dieu. Elle était au commencement avec Dieu. Toutes choses on été faites par elle, et rien de ce qui a été fait n'a été fait sans elle. En elle était la vie, et la vie était la lumière des hommes. La lumière luit dans les ténèbres, et les ténèbres ne l'ont point reçue. Il y a eu un homme envoyé de Dieu. Son nom était Jean. Il vint pour servir de témoin, pour rendre témoignage à la lumière, afin que tous croient en lui. Il n'était pas la lumière, mais il part pour rendre témoignage à la lumière. Cette lumière était la véritable lumière, qui en venant dans le monde éclaire tout homme. Elle était dans le monde, et le monde a été fait par elle, et le monde ne l'a point connue. Elle est venue chez les siens, et les siens ne l'ont pas reçue. Mais, à tous ceux qui l'ont reçue, à ceux qui croient en son nom, elle a donné le pouvoir de devenir enfants de Dieu, lesquels sont nés, non du sang, ni de la volonté de la chair, ni de la volonté de l'homme, mais de Dieu. Et la Parole a été faite chair, et elle a habité parmi nous, plein de grâce et de vérité ; et nous avons contemplé sa gloire, une gloire comme la gloire du Fils unique venu du Père. » (Jean 1 :1-4)

Ce texte est une épine dans l'œil des adversaires de la doctrine de base du christianisme, « La Sainte Trinité », du fait que la Divinité de Christ y paraît de façon irréfutable. Avant son incarnation, Christ fut un être spirituel, nommé la Parole. Au commencement, elle était avec Dieu et elle était Dieu, écrit avec majuscule.

Dieu le Père est Esprit, la Parole de Dieu est Esprit et le Sain Esprit est Esprit, omniprésent, tout-puissant et éternel. Avant la création des choses visibles et invisibles, la Parole et l'Esprit Saint siégèrent exclusivement dans la gloire du Père. L'Esprit porte fréquemment le nom de « souffle ». Premièrement, Dieu a créé la lumière, en disant : »Que la lumière soit ! » (Genèse 1 : 3) À cette occasion, il sortit de lui avec son souffle la « Parole ». Toutes choses ont été créées par la Parole et par le « Souffle » de l'Éternel. En voilà un témoignage : « Les cieux ont été faits par la parole de l'Éternel et toute leur armée par le souffle de sa bouche. » (Psaume 33 :6) Dès lors, la Parole collabore continuellement avec l'Esprit.

D'après Jean, la Parole est vie, porteuse de la lumière qui vivifie les hommes. Le psalmiste a trait à la lumière divine de vie, lorsqu'il profères ces mots mémorables: »Car auprès de toi est la source de la vie, par ta lumière nous voyons la lumière. » (Ps.36 :10) C'est-à-dire que la lumière spirituelle qui est dans le corps de l'homme vivant fait voir la lumière physique qui se manifeste dans le monde matériel. Qui que soit peut observer comment la lumière intérieure se retire de la face d'un moribond. L'esprit qui abandonne le corps, c'est la lumière de l'Éternel.

Certainement, la lumière qu'on perçoit ici-bas, dans ce monde matériel, correspond à la lumière du monde spirituel qui préexistait à la création du Soleil qui illumine la Terre.

Quant aux ténèbres, elles se définissent comme manque de lumière. Les ténèbres d'en Bas correspondent aux ténèbres d'en Haut, caractérisées par le manque de nature divine. Satan porte le titre de prince des ténèbres. C'est par lui que les ténèbres spirituelles pénétrèrent dans notre monde lors de la tentation d'Adam et d'Ève.

Quoique la lumière luise dans les ténèbres, les ténèbres ne la reçoivent pas. Il n'existe point de compromis entre la Lumière et les Ténèbres. Jésus est venu comme la lumière de l'Univers, mais les ténèbres d'en Bas ne l'ont point reçue. À ce sujet, l'apôtre Jean révèle une chose inouïe : »Nous savons que nous sommes de Dieu, et que le monde entier est sous la puissance du Malin. » (1Jean 5 :19)

Jean le Baptiseur a eu le mandat de rendre témoignage à la lumière d'en Haut, parue en corps humain sur la Terre, afin que les hommes croient par lui. Jésus est la véritable lumière qui éclaire les humains confondus dans les ténèbres. Arrivé dans le monde, Jésus, créateur de ce monde, ne jouissait point d'hospitalité. En tant que fils de David, il est venu chez les siens, mais les siens ne l'ont pas reçu.

Finalement, l'apôtre aborde le sujet de la naissance de nouveau, due à la foi en Christ : »Mais à tous ceux qui l'ont reçue, à ceux qui croient en son nom, elle a donné le pouvoir de devenir enfants de Dieu, lesquels sont nés, non du sang, ni de a volonté de la chair, ni de la volonté de l'homme, mais de Dieu. » (v.12, 13)

La naissance divine est liée à la foi au nom de la Lumière présentée ci-dessus. Par le nom de Jésus, le pécheur repentant obtient la rémission de ses péchés, la paix avec le Père, et l'Esprit du Fils. Celui qui reçoit l'Esprit du Fils crie vers Dieu : »Abba ! Père ! » (Galates 4 :6) L'Esprit du fils est le salut de l'âme que Jésus apporta dans son corps sur la Terre. (1Pierre 1 :8) Or le salut s'obtient selon ce qui suit. »Si tu confesses de ta bouche le Seigneur Jésus, et si tu crois dans ton cœur que Dieu l'a ressuscité des morts, tu seras sauvé. Car c'est en croyant du cœur qu'on parvient à la justice, et c'est en confessant de la bouche qu'on parvient au salut, selon ce que dit l'Écriture. » (Romains 10 :9,10)

Le lieu adéquat à la confession solennelle de foi, c'est l'eau du baptême, qui constitue à la fois le lieu de la nouvelle alliance, faite devant le monde visible et le monde invisible. Au moment où l'on confesse publiquement sa foi à la résurrection de Christ, on passe par la naissance de nouveau de nature divine. Tout croyant né de nouveau demande le baptême dans l'eau afin d'entrer en alliance avec le Père, avec le Fils et avec le Saint Esprit. (Matthieu 28 :18-20) Selon Christ, le baptême dans l'eau, accompli de manière consciente est fonction du salut : »Celui qui croira et qui sera baptisé sera sauvé, mais celui qui ne croira pas sera condamné. » (Marc 16 :16) Le processus du salut est donc progressif, il commence par la confession de la foi entre quatre yeux, et il se parachève par le baptême dans l'eau, où il y a une autre confession de foi de nature solennelle.

Il est à préciser que la foi en la résurrection des morts est un don de grâce de la part de Dieu à ses appelés et à ses élus. Il fera miséricorde à qui il fait miséricorde et il aura compassion de qui il a compassion. (cf. Romains 9 :15) Ce don, Abraham l'a eu. (Romains 4 :17) Et ceux qui ont la foi d'Abraham l'ont de même. De nos jours même, la foi en la résurrection de Jésus de Nazareth est imputée à justice. (Romains 4 :22-25) La foi en la résurrection des morts est celle qui « a été transmise aux saints une fois pour toutes ». (Jude 1 :3)

La pierre angulaire de ce chapitre est le verset suivant : »Et la Parole a été faite chair, et elle a habité parmi nous, pleine de grâce et de vérité ; et nous avons contemplé sa gloire, une gloire comme la gloire du Fils unique venu du Père. » (v.14)

La Parole qui est Dieu, créateur de toutes choses, lumière de la vie des hommes, a été incarnée et vue des apôtres dans sa gloire de Fils unique du Père.

Sur la montagne de la transfiguration, Pierre, Jacques et Jean ont vraiment contemplé la gloire céleste du Fils. (Matthieu 17 :1,2) Mais le nimbe de Jésus fut aussi visible pour les esprits immondes qui le reconnurent comme Christ. (Marc 3 :11)

Allan Rich, ancien magicien converti au christianisme, relève dans ses mémoires qu'il a été étonné du nimbe resplendissant d'un évangéliste qu'il avait rencontré par hasard. (www.centre-partage.com)

Jean l'apôtre, après la présentation ci-dessus de la Parole incarnée, n'oublie point de faire une précision notable : »La loi a été donne par Moise, la grâce et la vérité sont venues par Jésus-Christ. » (v.17) Par cette précision, il distingue deux systèmes de sanctification qu'on ne doit point mélanger. Celui qui cherche sa justification dans la Loi déchoit de la grâce et se sépare de Christ. (Galates 5 :4)

Deux généalogies

Le Nouveau Testament renferme deux généalogies du Seigneur Jésus-Christ. Matthieu se propose de démontrer la souche royale davidique de Jésus. Il commence sa généalogie par Abraham et l'achève par Joseph, l'époux de Marie, mère de Jésus. (Matthieu 1 :1-16)

Les six premier versets de cette généalogie attirent l'attention de façon spéciale : »Abraham engendra Isaac ; Isaac engendra Jacob ; Jacob engendra Juda et ses frères ; Juda engendra de Thamar Pérets et Zara ; Pérets engendra Esrom ; Esrom engendra Aram ; Aram engendra Aminadab ; Aminadab engendra Naasson ; Naasson engendra Salmon ; Salmon engendra Boaz de Rahab ; Boaz engendra Obed de Ruth ; Obed engendra Isaï ; Isaï engendra David. Le roi David engendra Salomon de la femme d'Urie. » (Matthieu 1 :1-6)

Dans ce passage il figure le nom de David et celui de son Fils, Salomon. Joseph, époux de Marie, descendit donc de David par le roi Salomon, son fils. Il y a eu « quatorze générations depuis Abraham jusqu'à David, quatorze générations depuis David jusqu'à la déportation à Babylone, et quatorze générations depuis la déportation à Babylone jusqu'au Christ. » (Matthieu 1 :17)

Il est à remarquer le fait que Matthieu n'y note que la descendance masculine, de père en fils, par la raison que l'esprit et le sang s'héritent de père en fils. Il est à relever encore que le sang d'un fils né d'un père pécheur est impur au point de vue spirituel, impropre à racheter les hommes nés en péché. Christ seul est né d'un Père saint, son sang étant propre à racheter l'humanité entière. (1Pierre 1 :18,19)

Matthieu eut quand même soin de mentionner les noms de deux femmes qui entrent dans la généalogie de Christ :Rahab, femme de Salmon et Ruth, femme de Boaz. Rahab fut une prostituée, mais les motivations de ces actes étaient pures devant Dieu, qui sonde les cœurs. (Josué 2 :1,2 ; 1Samuel 16 :7 ; Psaume 32 :2) Quant à Ruth, son image se dresse aux yeux des lecteurs en rocher de fidélité. (Ruth 1 :16, 17)

L'autre généalogie est signée de Luc. (Luc 3 :23-37)

« Jésus avait environ trente ans lorsqu'il commença son ministère, étant, comme on le croyait, fils de Joseph, fils d'Héli, fils de Matthat, fils de Lévi, fils de Melchi, fils de Jannaï, fils de Joseph, fils de Mattathias, fils d'Amos, fils de Nahum, fils d'Esli, fils de Naggaï, fils de Maath, fils d Mattathias, fils de Séméï, fils de Josech, fils de Joda, fils de Joanan, fils de Rhésa, fils de Zorobabel, fils de Salathiel, fils de Néri, fils de Melchi, fils d'Addi, fils de Kosam, fils d'Elmadam, fils d'Er, fils de Jésus, fils d'Eliézer, fils de Jorim, fis de Matthat, fils de Lévi, fils de Siméon, fils de Juda, fils de Joseph, fils de Jonam, fils d'Eliakim, fils de Méléa, fis de Menna, fils de Mattatha, fils de Nathan, fils de David, fils d'Isaï, fils de Jobed, fils de Boaz, fils de Salmon, fils de Naasson, fils d'Aminadab, fils d'Admin, fils d'Arni, fils d'Esrom, fils de Pérets, fils de Juda, fils de Jacob, fils d'Isaac, fils d'Abraham, fils de Thara, fils de Nachor, fils de Seruch, fils de Ragau, fils de Phalek, fils d'Eber, fils de Sala, fls de Kaïnam, fils d'Arpacschad, fils de Sem, fils de Noé, fils de Lamech ; fils de

Mathusala, fils d'Hénoc, fils de Jarad, fils de Maléléel, fils de Kaïnan ,fils d'Enos, fils de Seth, fls d'Adam, fils de Dieu. »

Conformément à cette généalogie, Christ descend du roi David par le prophète Nathan, fils du roi. Il est certain que Matthieu s'occupe de la généalogie de Joseph, et Luc rédige la généalogie de Marie, car ces époux descendirent tous les deux du roi David.

D'Adam jusqu'à Christ, 76 générations s'égrenèrent sur la Terre. Mais il faut tenir compte du fait que jusqu'au déluge, survenu au temps de Noé, les hommes vécurent généralement 700-900 ans. Leur longévité s'explique premièrement par ce que le péché fut de date récente et il ne put encore déployer tous ses effets nocifs sur l'organisme humain. Secondement, la Terre fut protégée des radiations nocives du Soleil par une couche dense d'ozone. Troisièmement, au début les gens se nourrissaient seulement d'aliments végétaux. (Genèse 1 :29)

La généalogie rédigée par Luc relève l'origine de l'homme. Le premier homme, Adam, fut fils de Dieu, créé à l'image de l'Éternel. (Genèse 1 :27) Alors donc, les descendants d'Adam sont fils de Dieu, quoique soumis à la corruption à cause du péché originaire. Nous autres, fils d'Adam, nous sommes de la race de l'Éternel, ayant notre vie, notre mouvement et notre être en Dieu. (Actes des Apôtres 17 :28)

Dans le Psaume 82, Asaph ne s'adresse point aux anges, mais à ses semblables : «Vous êtes des dieux, vous êtes tous fils du Très-Haut. Cependant vous mourrez comme des hommes, vous tomberez comme un prince quelconque. » (v.6, 7)

Tombé en rébellion contre son Créateur, l'homme est devenu le fils mortel d'un Père immortel. Toutefois, ce qui est divin en lui, l'esprit de vie, ne meurt pas, mais il retourne au Dieu, à son lieu d'origine. (Ecclésiaste 12 :9)

La naissance de Christ et celle de son précurseur, Jean

La naissance de Jésus et celle de Jean le Baptiseur sont traitées parallèlement dans l'Évangile selon Luc. L'Évangile de Matthieu ne s'occupe que de la naissance de Jésus de Nazareth. La naissance de Jésus fut annoncée par l'ange Gabriel au sacrificateur Zacharie, celle de Jésus fut annoncée toujours par Gabriel à la vierge Marie, fiancée à Joseph de la famille de David.

Zacharie fut dans le Temple à offrir du parfum dans le saint lieu lorsque l'ange Gabriel lui apparut.

« Alors un ange du Seigneur apparut à Zacharie, et se tint debout à droite de l'autel des parfums. Zacharie fut troublé en le voyant et la frayeur s'empara de lui. Mais l'ange lui dit : Ne crains point Zacharie, car ta prière a été exaucée. Ta femme Elisabeth t'enfantera un fils, et tu lui donneras le nom de Jean. Il sera pour toi un sujet de joie et d'allégresse, et plusieurs se réjouiront de sa naissance. Car il sera grand devant le Seigneur. Il ne bora ni vin, ni liqueur enivrante, et il sera rempli de l'Esprit Saint dès le sein de sa mère ; il ramènera plusieurs des fils d'Israël au Seigneur, leur Dieu ; il marchera devant Dieu avec l'esprit et la puissance d'Elie, pour ramener les cœurs des pères vers les enfants, et le rebelles la sagesse des justes, afin de préparer au Seigneur un peuple bien disposé. Zacharie dit à l'ange : À quoi reconnaîtrai-je cela ? Car je suis vieux, et ma femme est avancée en âge ? L'ange lui répondit : Je suis Gabriel, je me tiens devant Dieu ; j'ai été envoyé pour te parler, et pour t'annoncer cette bonne nouvelle. Et voici tu seras muet, et tu ne pourras parler jusqu'au jour où ces choses arriveront, parce que tu n'as pas cru à mes paroles, qui s'accompliront en leur temps. » (Luc 1 :11-20)

La parution des anges en présence des élus de Dieu est assez fréquente dans les pages des Saintes Écritures. (Juges 6 :11-16 ; 13 :1-5) Le sacrificateur Zacharie en était certainement un. L'ange Gabriel lui apporta la bonne nouvelle de la naissance future d'un fils, qui marcherait devant Dieu avec l'esprit et la puissance du prophète Élie. Sa vocation fut de ramener un peuple rebelle au Seigneur, leur Dieu. Ce fils du nom de Jean allait se retenir de toute boisson enivrante.

Le concept autour duquel tourne toute l'Écriture, c'est celui de l'esprit. Sa méconnaissance engendre une multitude d'hérésies. Dieu est Esprit. (Jean 4 :24) Il a créé tout un monde d'esprits, invisible aux yeux charnels. (Colossiens 1 :15) Tout esprit a sa personnalité, mais il est aussi source de vie et de force. (Jean 6 :63 ; Zacharie 4 :6) Les anges mêmes sont des esprits. (Hébreux 1 :13,14) C'est l'esprit planté en homme qui fournit à celui-ci l'intelligence. (Job 32 :8)

Le monde des esprits émerveille les habitants de la Terre. Ce qui met le comble à notre émerveillement, c'est que le même esprit peut être partagé entre plusieurs humains. Par exemple, Dieu prit de l'Esprit qui était sur Moïse et le mit sur soixante-dix anciens d'Israël, afin que ceux-ci portent son fardeau. (Nombres 11 :16, 17) De même, Dieu a pris de l'Esprit d'Élie et le mit dans le corps naissant de Jean le Baptiseur.

Zacharie le sacrificateur fit preuve d'incrédulité, en doutant de la naissance de Jean. Comme réplique, l'ange Gabriel le frappa de mutisme pour un temps.

Le même ange se présenta devant la vierge Marie, fiancée à Joseph de la famille royale de David.

«L'ange entra chez elle, et dit : Je te salue toi à qui une grâce a été faite. Le Seigneur est avec toi. Troublée par cette parole, Marie se demandait ce que pouvait signifier une telle salutation. L'ange lui dit : Ne crains point Marie, car tu as trouvé grâce devant Dieu. Et voici tu deviendras enceinte, et tu enfanteras un fils, et tu lui donneras le nom de Jésus. Il sera grand et sera appelé fils du Très-Haut, et le Seigneur Dieu lui donnera le trône de David, son père. Il régnera sur la maison de Jacob éternellement ; et son règne n'aura point de fin. Marie dit à l'ange : Comment cela se fera-t-il, puisque je ne connais point d'homme ? L'ange lui répondit : Le Saint Esprit viendra sur toi ; et a puissance du Très-Haut de couvrira de son ombre. C'est pourquoi le saint enfant qui naîtra de toi sera appelé Fils de Dieu. Voici Elisabeth, ta parente, a conçu elle aussi un fils en sa vieillesse, et celle qui était appelée stérile est dans son sixième mois. Car rien n'est impossible à Dieu. Marie dit : Je suis la servante du Seigneur ; qu'il me soit fait selon a parole ! Et l'ange l'a quitta. » (Luc 1 :28-38)

Il est indubitable que Marie fut un vase élu selon le plan de rédemption que Dieu conçut avant la création du monde. Il a fallu quand même que la vierge acceptât délibérément son rôle de mère de Christ. Dans ce but, l'Éternel lui envoya l'ange Gabriel qui lui mit à nue le plan divin. Elle était censée à mettre au monde un Fils du nom de Jésus, appelé à régner éternellement sur la maison de Jacob. Marie demanda comment cela se ferait puisqu'elle ne connaissait pas d'homme. Gabriel lui expliqua la manière dont Jésus allait être conçu : »Le Saint Esprit viendra sur toi, et la puissance du Très-Haut te couvrira de son ombre. C'est pourquoi le saint enfant qui naîtra de toi sera appelé Fils de Dieu. » (v.35) Voilà la clef de la conception merveilleux de Christ. Il allait avoir une double hérédité : humaine et divine à la fois. Il tenait son humanité de sa mère, et sa divinité de son Père. D'ailleurs, dans chaque processus de fécondation, c'est l'esprit du père, empaqueté matériellement, qui féconde l'ovule de la mère.

Ayant compris la logique de l'ange, Marie y acquiesça : »Je suis la servante du Seigneur ; qu'il me soit fait selon ta parole. » Sur ce, le Saint Esprit vint loger dans l'ovule offerte par Marie. (v.38) Il est à retenir que Dieu ne force point la volonté de ses collaborateurs.

Le passage que nous venons de commenter contient un verset qui renvoie à la toute-puissance de Dieu : »Car rien n'est impossible à Dieu. » (v :37) Il en ressort que Dieu peut réaliser tout ce qu'il considère digne de sa sainteté et de sa sagesse. Il ne se propose jamais de réaliser des choses insensées.

Les philosophes athées contestent la toute-puissance de Dieu par un raisonnement diabolique, rendue par la phrase suivante : »Si Dieu est tout-puissant pourrait-il créer une pierre si grande qu'il ne puisse la soulever ? S'il ne peut créer une si grande pierre, alors il n'est point tout-puissant » Ces messieurs oublient que toute création suppose un but pratique, l'utilité des choses créées. Pour être utile, une pierre, énorme ou mince, doit s'encadrer dans son milieu, se conformer au but dans lequel elle a été créée. Créer une chose inutile, c'est absurde. Voilà pourquoi tous les rocher et toutes les planètes obéissent aux lois établies de l'Éternel.

À la naissance de Jean le Baptiseur, aîné de Jésus de six mois, Zacharie, son père, regagna sa voix et prophétisa en ces termes : »Et toi, petit enfant, tu seras appelé prophète du Très-Haut, car tu marchera devant la face du Seigneur, pour préparer ses voies, afin de donner à son peuple la connaissance du salut par le pardon de ses péchés. » (Luc 1 :76,77)

En effet, Jean allait marcher devant la face de Christ pour préparer les voies de celui-ci dans les cœurs humains, en prêchant la repentance.

Quant à Joseph, il traversa une période pénible après avoir appris que sa fiancée était enceinte. Il pensa à la quitter secrètement pour ne pas l'exposer à l'opprobre commun.

« Comme il y pensait, voici un ange du Seigneur lui apparut en songe, et dit : Joseph, fils de David, ne crains pas de prendre avec toi Marie, ta femme, car l'enfant qu'elle a conçu vient du Saint Esprit. Elle enfantera un fils, et tu lui donneras le nom de Jésus ; c'est lui qui sauvera son peuple de ses péchés. Tout cela arriva afin que s'accomplisse ce que le Seigneur avait prononcé par le prophète : Voici la vierge sera enceinte, elle enfantera un fils, et on lui donnera le nom d'Emmanuel, ce qui signifie Dieu est avec nous. Joseph s'étant réveillé fit ce que l'ange du Seigneur lui avait ordonné, et il prit sa femme avec lui. Mais il ne l'a connue point jusqu'à ce qu'elle ait enfanté un fils, auquel il donna le nom de Jésus. » (Matthieu 1 :20-24)

Si Joseph n'avait pas été croyant authentique, l'ange du Seigneur ne lui serait point apparu. Joseph crut au monde invisible des esprits et obéit à l'ordre de l'ange.

Le nom de Jésus (Jeshouah) que devait porter le nouveau-né a deux significations : 1. Yahweh est Sauveur, 2. Le Salut de Yahweh. La première a trait à la Divinité de Jésus, la seconde se rapporte à son humanité.

Plusieurs prophètes de l'Ancien Testament proclamèrent la Divinité de Christ. (Ésaïe 9 :6 ; Michée 5 :2 ; Zacharie 12 :10) On peut y ajouter un témoignage adjacent de l'apôtre Paul : »Car la grâce de Dieu, source de salut pour tous les hommes, a été manifestée. Elle nous enseigne à renoncer à l'impiété et aux convoitises mondaines, et à vivre dans le siècle présent selon la sagesse, la justice et la piété, en attendant la bienheureuse espérance, et la manifestation de la gloire de notre grand Dieu et Sauveur Jésus Christ. » (Tite 2 :11-13) Paul eut donc la détermination de nommer Christ notre Dieu Sauveur, selon la première signification du nom de Jeshouah.

La naissance du bébé Jésus eut lieu du temps de César Auguste, qui eut ordonné un recensement de tous les habitants de son empire. À cette occasion, Marie et Joseph se rendirent à Bethléhem, parce qu'ils étaient de la famille de David.

« Pendant qu'ils étaient là, le temps où Marie devait accoucher arriva, et elle enfanta son fils premier-né. Elle l'emmaillota, et le coucha dans une crèche, parce qu'il n'y avait pas de place pour eux dans l'hôtellerie. Il y avait dans cette même contrée des bergers qui passaient dans les champs les veilles de la nuit pour garder leurs troupeaux. Et voici un ange du Seigneur leur apparut ; et la gloire du Seigneur resplendit autour d'eux. Ils furent saisis d'une grande frayeur. Mais l'ange leur dit : Ne craignez point car je vous annonce une bonne nouvelle, qui sera pour tout le peuple le sujet d'une grande joie : c'est aujourd'hui que, dans la ville de David, il vous est né un Sauveur, qui est le Christ, le Seigneur. Et voici à quel signe vous lez reconnaîtrez : vous trouverez un enfant emmailloté et couché dans une crèche.» (Luc 2 :6-12)

Le monde, représenté dans cette circonstance par l'hôtellerie, ne reçut point le Fils de Dieu, mais les bergers élus reçurent la bonne nouvelle prêchée par les anges, concernant la naissance d'un Sauveur dans la ville de David. « Ils y allèrent en hâte, et ils trouvèrent Marie et Joseph, et le petit enfant couché dans la crèche. » (Luc 2 :16) Les bergers racontèrent à Marie et à Joseph ce qui leur avait été dit au sujet de ce petit enfant. « Marie gardait toutes ces choses, et les repassait dans son cœur. » (Luc 2 :19) Cela prouve qu'entre les élus la communication est sans accroc, selon un principe formulé par Jean l'apôtre : » Nous sommes de Dieu. Celui qui connaît Dieu nous écoute, celui qui n'est pas de Dieu ne nous écoute pas. C'est par là que nous connaissons l'Esprit de la vérité et l'esprit de l'erreur. » (1Jean 4 :5,6) Marie, qui crut aux bergers, eut le même Esprit de vérité que le bergers qui crurent aux paroles des anges.

Mathieu met en relief un autre aspect de l'accueil de Christ sur la Terre. Des mages d'Orient vinrent à Jérusalem adorer le roi nouveau-né des Juifs, car ils ont vu son étoile. (Matthieu 2 :1-12) Le roi Hérode en fut troublé. Il s'enquit auprès des sacrificateurs sur le lieu de naissance de Christ. Ceux-ci lui indiquèrent la ville de Bethléhem. Alors, le roi envoya les sages à Bethléhem, en leur exigeant de lui rapporter des renseignements exacts sur le petit enfant.

« Ils entrèrent dans la maison, virent le petit enfant avec Marie, sa mère, se prosternèrent et l'adorèrent. Ils ouvrirent ensuite leurs trésors, et lui firent en présent de l'or, de l'encens et de la myrrhe. Puis divinement avertis en songe de ne pas retourner vers Hérode, ils regagnèrent leur pays par un autre chemin. » (Matthieu 2 :11,12)

Cette scène démontre que le peuple élu de Dieu ne se réduit point aux Israélites, par contre, il atteste que le Seigneur se permet de choisir ses serviteurs au milieu même des nations. Ces mages firent un long chemin pour pouvoir adorer celui dont ils ont vu l'étoile dans le ciel. De plus, ils offrirent à Christ des présents symboliques. L'or convient au roi, l'encens au sacrificateur et le myrrhe au prophète. Ils surent donc que le prince nouveau-né était à la fois : roi, sacrificateur et prophète.

Après la partance des mages, Joseph fut averti en songe que le roi Hérode chercherait à faire périr le petit enfant. L'ange lui enjoignit de partir en Égypte avec sa femme et avec son fils adoptif. « Joseph se leva, prit de nuit le petit enfant et sa mère, et se retira en Egypte. » (Matthieu 2 :14)

Si les élus firent de leur mieux pour accueillir royalement le Fils du Très-Haut, Satan entreprit par ses serviteurs de mettre fin à la vie de Christ. Dans ce but, Hérode envoya tuer tous les enfants de deux ans et au-dessous à Bethléhem.

Le nourrisson Jésus présenté dans le Temple de Jérusalem

Bien que porteur de la Grâce divine, Jésus est né sous la Loi de Moïse, étant éduqué dans l'Esprit de a Loi. L'époque de la Grâce ne commença pratiquement qu'après le sacrifice et la résurrection du Fils de Dieu.

Au moment de la naissance de Jésus, l'acte des ordonnances qui nous condamnent n'a point été cloué à la croix et les dominations ténébreuses, fondées sur cet acte vivifiant le péché, n'ont point été dépouillées de leur autorité. (Colossiens 2 :13-15 ; 1 Corinthiens 15 :56) Sur la croix, Jésus subit la mort qui est le salaire du péché pour rendre libre de toute sentence de mort ceux qui se fient à son sacrifice rédempteur. (Romains 6 :23)

Il n'est donc point étonnant que Jésus cherche toute sa vie à respecter les coutumes juives. Au huitième jour l'enfant Jésus fut circoncis, et quand les jours de purification de sa mère furent accomplis, il fut présenté dans le Temple de Jérusalem. (Luc 2 :21-38)

« Joseph et Marie le portèrent à Jérusalem pour le présenter au Seigneur, suivant ce qui est écrit dans la Loi du Seigneur : Tout mal premier-né sera consacré au Seigneur, et pour offrir en sacrifice deux tourterelles ou deux jeunes pigeons, comme cela est prescrit dans la Loi du Seigneur. Et voici, il y avait à Jérusalem un homme appelé Siméon. Cet homme était juste et pieux, il attendait a consolation d'Israël, et l'Esprit Saint était sur lui. Il avait été divinement averti par le Saint Esprit qu'il ne mourrait point avant d'avoir vu le Christ du Seigneur. Il vint au temple, poussé par l'Esprit. Et comme les parents apportaient le petit enfant Jésus pour accomplir à son égard ce qu'ordonnait la loi, il le reçut dans ces bras, bénit Dieu et dit : Maintenant, Seigneur, tu laisses ton serviteur s'en aller en paix, selon ta parole, car mes yeux ont vu ton salut, le salut que tu as préparé devant tous les peuples, lumière pour éclairer les nations, et gloire d'Israël, ton peuple. Son père et sa mère étaient dans l'admiration des choses qu'on disait de lui. Simon les bénit, et dit à Marie, sa mère : Voici cet enfant est destiné à amener la chute et le relèvement de plusieurs, et à devenir un signe qui provoquera la contradiction, et à toi-même une épée te transpercera l'âme, afin que les pensées de beaucoup de cœurs soient dévoilées. » (Luc 2 :25-35)

Siméon fut incontestablement un élu de Dieu, puisque le Saint Esprit lui prêtait la justice et la piété qui définit la Maison de l'Eternel. Il se rendit au temple sous la conduite du Saint Esprit et prit dans ces bras l'enfant Jésus pour bénir l'Éternel et le remercier d'avoir envoyé son fils en salut de tous les peuples. À cette occasion, il prophétisa sur l'enfant qu'il tenait dans ses bras. Cet enfant fut appelé à devenir pierre d'achoppement pour les uns et rocher de salut pour les autres. Siméon prophétisa de même sur Marie dont l'âme serait transpercée d'une épée. La douleur de la perte de son fils premier-né serait à même de dévoiler les cœurs de plusieurs. Le sacrifice du Fils est le pivot de l'Évangile de Paix. (1 Corinthiens 2 :1,2) Il relève la sainteté du Père qui condamne le péché, l'état de perditions des hommes nés en péché, l'obéissance du Fils qui rachète l'humanité à prix de sang, la défaite que Christ inflige au Satan.

Dans le temple il se trouva une prophétesse nommée Anne, fille de Phanuel de la tribu d'Aser. « Elle était fort avancée en âge, et elle avait vécu sept ans avec son mari depuis sa virginité. Restée veuve et âgé de quatre-vingt-quatre ans, elle ne quittait pas le temple, et elle servait Dieu nuit et jour dans le jeûne et dans la prière… elle parlait de Jésus à tous ceux qui attendaient la délivrance de Jérusalem. » (Luc 2 :36-38)

Anne est un modèle de dévotion spécifique à la Loi. Servir Dieu sans cesse dans le temple par le jeûne et par la prière est une manière de vivre qui ne déplaît point à l'Éternel, mais qui suscite l'opprobre des religieux formels. La suivante exhortation paulinienne n'a rien perdu de son actualité : »Priez sans cesse. » (1Thess.5 :17) Maintenant le Temple de Dieu, c'est l'Assemblée. (1 Corinthiens 3:16) Pour ce qui est du jeûne, il est encore pratiqué par les disciples de Jésus. (Matthieu 6 :16-18) Dieu a révélé à la prophétesse Anne l'identité du petit enfant qu'elle rencontra dans le temple. Anne et Siméon crurent en Christ lorsque celui-ci ne faisait encore aucun miracle.

D'ailleurs, l'Évangile ne mentionne aucun miracle accompli par l'enfant Jésus. Mettre à son compte des merveilles imaginaires, c'est ajouter à la Parole de Dieu les paroles des hommes, ce qui entraîne la condamnation divine. (Apocalypse 22 :18,19)

Concernant l'enfance de Jésus, Luc narre qu'à l'âge de douze ans, Jésus participa à la fête de Pâque dans Jérusalem. (Luc 2 :41-52) À cette occasion, il s'entretint avec les docteurs dans le temple des vérités de l'Écriture. En outre, il était soumis à ses parents. Comme tout enfant, il croissait en sagesse, en stature, et en grâce devant Dieu et devant les hommes.

La personnalité et l'œuvre de Jean Baptiste

Jean Baptiste est né de la même façon que Samson et Isaac. Tous les trois sont nés, en vertu d'une promesse divine, de femmes stériles, incapables de concevoir d'enfant. À leur nombre, on peut ajouter aussi le prophète Samuel. (Juges 13 :1-3 ; Genèse 18 :9-15 ; 1Samuel 1 :1-20)

Tous les évangélistes lui consacrent quelques pages. Marc lui dédie un passage dans son premier chapitre, puis un autre passage dans son sixième chapitre.

« Jean parut, baptisant dans le désert, et prêchant le baptême de la repentance, pour le pardon des péchés. Tout le pays de la Judée et tous les habitants de Jérusalem se rendirent auprès de lui ; et confessant leurs péchés, ils se faisaient baptiser par lui dans les eaux du Jourdain. Jean avait un vêtement de poils de chameau, et une ceinture de cuir autour des reins. Il se nourrissait de sauterelles et de miel sauvage. Il prêchait, disant : Il vient après moi celui qui est plus puissant que moi, et je ne suis pas digne de délier, en me baissant, la courroie de ses souliers. Moi, je vous ai baptisés d'eau, lui, il vous baptisera du Saint Esprit. » (Marc 1 :4-8)

Campé dans le désert de Judée, dans la vallée du Jourdain, Jean prêchait la repentance pour le pardon des péchés, vêtu à la manière des prophètes d'Israël et se nourrissant d'aliments purs, conformément la Loi. Il dirigea l'attention du son public vers Christ, qui baptiserait dans le Saint Esprit.

Matthieu le peint de plus près, en employant le discours direct : »Il disait : Repentez-vous, car le royaume de cieux est proche….Mais voyant venir à son baptême beaucoup de pharisiens et de sadducéens, il leur dit : Races de vipères, qui vous a appris à fuir la colère à venir ? Produisez donc du fruit digne de la repentance, et ne prétendez pas dire en vous-mêmes : Nous avons Abraham pour père ! Car je vous déclare que de ces pierres-ci Dieu peut susciter des enfants pour Abraham. Déjà la cognée est mise sur à la racine des arbres : Tout arbre donc qui ne produit pas de bons fruits sera coupé et jeté au feu. « (Matthieu 3 :1-10)

La repentance, prémisse de la foi en Christ, ouvre donc la porte du Royaume des Cieux et fait fuir la colère à venir. Jean se sentit surpris du fait que les conducteurs corrompus des Juifs cherchaient à être baptisés par lui dans le Jourdain. Selon lui, la vraie repentance transforme en bien la conduite des personnes repentis, tandis que la repentance formelle n'en apporte aucune modification. Jean utilise des mots acérés à l'adresse des hommes pleins de ruse, qui essaient de tromper Dieu.

Dans le langage biblique, l'arbre désigne l'homme, dont les bons fruits consistent en : amour, joie, paix, patience, bonté, bienveillance, foi, douceur, maîtrise de soi. (Galates 5 :22) Ces fruits mûrissent en Christ. Le lieu des hommes qui n'apporte point de bons fruits est dans le lac de feu et de soufre. (Apocalypse 20 :15-20)

Luc décrit des dialogues qui ont eu lieu entre Jean el les représentants de différentes couches sociales.

«La foule l'interrogeait, disant : Que devons-nous donc faire ? Il leur répondit : Que celui qui a deux tuniques partage avec celui qui n'en a point, et que celui qui a de quoi manger agisse de même. Il vint aussi des publicains pour être baptisés, et ils lui dirent : Maître, que devons-nous faire ? Il leur répondit : N'exigez rien au-delà de ce qui vous a été ordonné. Des soldats aussi lui demandèrent : Et nous, que devons-nous faire ? Il leur répondit : Ne commettez ni extorsion, ni fraude envers personne, et contenez-vous avec votre solde.

Ces conseils se résument dans une phrase : »Tout ce que vous voulez que les hommes fassent pour vous, faite-le de même pour eux. » (Matthieu 7 :12) Porter du bons fruits suppose la capacité de nous mettre à la place de nos semblables, ce qu'on nomme de l'empathie.

Les trois évangiles synoptiques (Matthieu, Marc, Luc) précisent que Jean vit en Jésus celui qui baptise dans le Saint Esprit. Le baptême dans le Saint Esprit revêtit les disciples de la puissance d'en Haut. (Luc 24 :49) Maintenant comment peut prétendre quelqu'un d'être baptisé dans le Saint Esprit s'il n'opère aucun miracle au nom de Christ ? Ce baptême munit les croyants des dons du Saint Esprit. (1Corinthins 12 :7-10) Ces dons caractérisent donc ceux qui ont été baptisés dans le Saint Esprit.

Jean rend un dialogue déroulé entre Jean le Baptiseur et les sacrificateurs envoyés de Jérusalem: »Ils lui dirent alors : Qui es-tu ?...Que dis-tu de toi-même ? Moi, dit-il, je suis la voix de celui qui crie dans le désert : Aplanissez le chemin du Seigneur, comme a dit Esaïe, le prophète. » (Jean 1 :19-24) Dans son humilité, Jeanne ne s'attribua point le titre de prophète, mais seulement celui de voix d'Esaïe.

Comme tout prophète authentique, Jean ne fit aucun compromis avec le péché. Aussi, avertit-t-il Hérode le roi, qui avait épousé Hérodias, la femme de son frère Philippe : « Il ne t'es pas permis de l'avoir pour femme. » (Matthieu 14 :4) Hérode l'a arrêté et l'a mis dans la prison.

Dans les circonstances de la détention, la foi de Jean a basculé. Il a envoyé ses disciples pour interroger Christ.

« Est-tu celui qui doit venir ou devons-nous en attendre un autre ? Jésus leur répondit : Allez rapporter à Jean ce que vous entendez et ce que vous voyez : les aveugles voient, les boiteux marchent, le lépreux sont purifiés, les sourds entendent, les morts ressuscitent, et la bonne nouvelle est annoncée aux pauvres. Heureux celui pour qui je ne serai pas une occasion de chute ! » (Matthieu 11 :2-6) Les miracles que le Seigneur accomplissaient parlaient éloquemment en sa faveur.

Pareillement à tous les prophètes du Seigneur, Jean subit à son tour le martyre. Cet événement arriva à l'anniversaire du roi. (Matthieu 14 :1-12 ; Marc6 :14-29

«Or, lorsqu'on célébra l'anniversaire de la naissance d'Hérode, la fille d'Hérodias dansa au milieu des convives, et plut à Hérode, de sorte qu'il promit avec serment de lui donner ce qu'elle demanderait. À instigation de sa mère, elle dit : Donne-moi ici, sur un plat, la tête de Jean-Baptiste. Le roi fut attristé, mais à cause de ses serments et des convives, il commanda qu'on lui la donne, et il envoya décapiter Jean dans la prison. Sa tête fut apportée sur un plat, et donnée à la jeune fille, qui la porta à sa mère. Les disciples de Jean vinrent prendre son corps, et l'ensevelir. Et ils allèrent l'annoncer à Jésus. » (Matthieu 14 :6-12)

Quel triomphe triste pour Hérodias, femme pleine de haine et de vengeance ! Au jour du jugement, Dieu demandera de sa main le sang d'un homme juste, serviteur de l'Eternel. Sa fille manquant de personnalité partagera son sort.

Jésus découvrit l'identité de Jean en ces termes : »Car tous les prophètes et la loi ont prophétisé jusqu'à Jean ; et si vous voulez le comprendre, c'est lui qui est Élie, qui devait venir. » (Matthieu 11 :13)

Le baptême du Seigneur Jésus et sa tentation dans le désert

La Bible entière a comme pivot la personne divine de Jésus, appelé à racheter devant la face du Père l'humanité entière, tombée sous la puissance du Malin. L'Éternel a créé l'homme pour lui, mais Satan l'a asservi par l'intermédiaire du péché. Le Fils incarné a assumé la tâche de récupérer ce qui a été perdu. Le baptême et la Cène sont des symboles, fondés sur l'œuvre de rédemption projetée par le Père et accomplie par le Fils.

Sans le baptême par immersion et sans la Cène du Seigneur, le christianisme est vide de son contenu essentiel. Ce sachant, Satan introduisit dans certaines confessions des hérésies pernicieuses qui diminuent et éliminent l'importance de ces deux actes de culte. On soutient de nos jours que le salut ne suppose pas le baptême par immersion, faite de manière consciente, et la Cène n'est point obligatoire pour toute âme sauvée par le sacrifice de Christ.

Le baptême du chrétien, calqué sur celui de Christ, équivaut à sa participation à la mort et à la résurrection de son Sauveur. (Romains 6 :3-7 ; Colossiens 2 :12) Quant à Christ, le baptême fut son option pour la mort rédemptrice et la résurrection promise selon le plan du Père. Par conséquent, le baptême marque le commencement de son œuvre missionnaire sur la Terre.

Les Évangiles synoptiques rendent compte du baptême du Seigneur, chacun s'imposant par son trait spécifique. (Matthieu 3 :13-17 ; Marc 1 :9-11 ; Luc 3 :21,22)

La description de Marc est la plus concise : »En ce temps-là, Jésus vint de Nazareth en Galilée, et il fut baptisé par Jean dans le Jourdain. Au moment où il sortait de l'eau, il vit les cieux s'ouvrir, et l'Esprit descendre sur lui comme un colombe. Et une voix fit entendre des cieux ces paroles : Tu es mon Fils bien-aimé, en toi j'ai mis toute mon affection. » (Marc 1 :9-11)

La signification du mot hébraïque « Jourdain », c'est « Mort ». Plonger dans la Mort, c'est mourir. Se soulever des eaux de la Mort, c'est retourner à la vie. Par son geste symbolique, Jésus fit preuve d'obéissance au Père. Comme réponse à son obéissance, le Père fit entendre des cieux son témoignage en faveur du Fils, et il envoya son Saint Esprit pour l'oindre.

Matthieu rend compte d'une discussion qui eut lieu entre Jean et Jésus avant le baptême : « Alors Jésus vint de la Galilée au Jourdain vers Jean, pour être baptisé par lui. Mais Jean s'y opposait, en disant : C'est moi qui ai besoin d'être baptisé par toi, et tu viens à moi ? Jésus lui répondit : Laisse faire maintenant, car il est convenable que nous accomplissions ainsi tout ce qui est juste. Et Jean ne lui résista plus. » (Matthieu 3 :13-15)

Dans le Royaume de Dieu il y a une hiérarchie rigoureuse, d'où il découle que le plus grand bénit le plus petit. C'est donc par humilité que Jean résista à Christ. Mais Jésus lui fit observer la nécessité d'accomplir ce qui est juste. Il a fallu que Christ soit plongé dans le Jourdain par un prophète. De plus, il se sentit contraint à fournir un exemple à ses fidèles, afin que ceux-ci puissent marcher sur ses traces.

Luc enrichit la description de la scène du baptême d'un détail significatif : »Jésus fut aussi baptisé, et pendant qu'il priait, le ciel s'ouvrit, et le Saint Esprit descendit sur lui sous une forme corporel, comme un colombe. » (Luc 3 :21,22)

Luc est seul à préciser que Jésus, après être sorti de l'eau, priait. Le Saint Esprit descendit donc sur lui en réponse à sa prière. C'est une précision très édifiant à ceux qui désirent le baptême dans le Saint Esprit. (cf. Luc 11 :13)

Après son baptême dans l'eau et dans le Saint Esprit, Jésus eut à se confronter avec le Tentateur, dans le désert. Deux évangélistes racontent la tentation dans le désert. (Matthieu 4 :1-14 ; Luc 4 :1-13)

« Alors Jésus fut emmené par l'Esprit dans le désert, pour être tenté par le diable. Après avoir jeûné quarante jours et quarante nuits, il eut faim. Le tentateur, s'étant approché, lui dit : Si tu es Fils de Dieu, ordonne que ces pierres deviennent des pains. Jésus répondit : Il est écrit : L'homme ne vivra pas de pain seulement, mais de toute parole qui sort de la bouche du Seigneur. Le diable le transporta dans la ville sainte, le plaça sur le haut du temple, et lui dit : Si tu es Fils de Dieu, jette-toi en bas, car il est écrit : Il donnera des ordres à ses anges à ton sujet, et ils te porteront sur les mains, de peur que ton pied ne heurte contre une pierre. Jésus lui dit : Il est aussi écrit : Tu ne tentera point le Seigneur, ton Dieu. Le diable le transporta aussi sur une montagne très élevée, lui montra tous les royaumes de ce monde et leur gloire, et lui dit : Je te donnerai toutes ces choses, si tu te prosternes et m'adores. Jésus lui dit : Retire-toi, Satan ! Car il est écrit : Tu adoreras le Seigneur, ton Dieu, et tu lui serviras lui seul. Alors le diable le laissa. Et voici des anges vinrent auprès de Jésus, et le servirent. » (Matthieu 4 :1-11)

Le tentateur se propose toujours de déterminer les hommes à transgresser les commandement de Dieu, c'est-à-dire à commettre des péchés. Il use des convoitises de la chair et des yeux, qu'il soutient d'arguments terrestres. Dans le jardin d'Eden, il convainquit Ève à manger de l'arbre défendu, celui de la connaissance du bien et du mal dont les fruits alléchaient Ève. (Genèse 3 :1-6)

Satan s'approche donc de Jésus pour le faire tomber en péché. Comme Jésus fut affamé et assoiffé après un jeûne noir de quarante jours et quarante nuit, le diable en profita pour lui faire faire un miracle sans le consentement du Père. Jésus n'a pas voulu transformer les pierres en pains, en arguant de ce que l'homme ne vit seulement de pain, mais de toute parole qui sorte de la bouche de Dieu. En effet, l'aliment spirituel prime l'aliment matériel. C'est la première leçon, qu'on tire de ce texte, à l'usage de ceux qui sont tentés par les convoitises du ventre.

La seconde tentation regarde la bravoure qui frôle le suicide. Satan exhorta Jésus à faire un saut du haut du Temple, car les anges de Dieu le protègeroit de tout péril. Jésus lui fit apprendre que s'exposer délibérément à toutes sortes de dangers est égal à tenter le Seigneur.

La troisième tentation a trait à l'idolâtrie, qui consiste à adorer une créature au lieu du Créateur. (Romains 2 :22-25) Satan, chérubin rebelle, qui n'a point participé à l'oeuvre de création, eut la hardiesse de prétendre à l'adoration de la part de son Créateur incarné. Jésus lui ferma la bouche par un commandement divin : « Tu adoreras le Seigneur, ton Dieu, et tu lui serviras lui seul. »

Les anges qui parurent après la tentation du désert, n'eurent point honte de servir Christ, leur Créateur. L'Éternel s'oppose véhémentement à toute forme d'idolâtrie, car il est un Dieu jaloux. Chez Ésaïe, il exprime sa jalousie par ces termes : »Je suis l'Éternel, c'est là mon nom, et je ne donnerai pas ma gloire à un autre, ni mon honneur aux idoles. » (Ésaïe 42 :8)

Chez Luc, la chronologie de ces trois tentations change. La seconde et la troisième tentation font la rocade.

Jésus vainquit le tentateur qui se retira de lui pour un temps. Cette victoire lui valut l'onction avec la force royale. Selon la Loi, il y a quatre sortes d'onctions : celle du lépreux guéri, celle du prophète, celle du sacrificateur et celle du roi. Pierre fait mention de deux onctions aux quelles eut part Jésus. Dans la maison du centenier Corneille, il fit une annonce remarquable : »Vous savez comment Dieu a oint de Saint Esprit et de force Jésus de Nazareth, qui allait de lieu en lieu faisant du bien et guérissant tous ceux qui étaient sous l'empire du diable. » (Actes 10 :38)

Pierre y fait mention de deux onctions : celle de l'Esprit Saint qui est une baptême et celle de la force (royale). Jésus reçut le baptême dans le Saint Esprit lors de son baptême dans l'eau, et l'onction de la force au désert, suite de sa victoire sur le Tentateur.

On peut distinguer clairement la chronologie de ses deux onctions au fil de l'Évangile selon Luc. Après avoir relaté les détails du baptême dans l'eau, Luc fait la mention suivante : »Jésus, rempli du Sain Esprit, revint du Jourdain, et il fut conduit par l'Esprit dans le désert. » (Luc 4 :1) On en déduit qu'il fut rempli du Saint Esprit lors de son baptême, quant l'Esprit vint sur lui comme une colombe. Après la description de la tentation dans le désert, Luc précise : »Jésus, revêtu de la puissance de l'Esprit, retourna en Galilée. » (Luc 4 :14) L'onction avec la puissance de l'Esprit se doit donc à sa victoire sur lez tentateur. Plus tard Luc insère l'annonce qui suit dans son Évangile : »Un jour Jésus enseignait. Des pharisiens et des docteurs de la loi étaient là assis…et la puissance du Seigneur se manifestait par des guérisons. » (Luc 5 :17) Depuis la tentation du désert, la puissance divine n'a point quitté Jésus.Ces deux onctions, celle de l'Esprit et celle de la force royale sont nécessaires de nosjours même aux apôtres qui ont la vocation de fonder des assemblées au milieu des païens.

Le début de l'activité de Christ, les premiers disciples

Le baptême dans l'eau et la tentation dans le désert furent les prémisses de l'activité missionnaire de Jésus sur la Terre.

Le début solennel de l'activité missionnaire de Jésus commença dans la synagogue de Nazareth. (Luc 4 :14-30)

« Jésus, revêtu de la puissance de l'Esprit, retourna en Galilée, et sa renommée se répandit dans tout le pays d'alentour. Il enseignait dans les synagogues, et il était glorifié par tous. Il se rendit à Nazareth, où il avait été élevé, et, selon sa coutume, il entra dans la synagogue le jour du sabbat. Il se leva pour faire la lecture ; et on lui remit le livre du prophète Esaïe. L'ayant déroulé, il trouva l'endroit où il était écrit : L'Esprit du Seigneur est sur moi, parce qu'il m'a oint pour annoncer une bonne nouvelle aux pauvres ; il m'a envoyé pour guérir ceux qu ont le cœur brisé, pour proclamer aux captifs la délivrance, et aux aveugles lez recouvrement de la vue, pour renvoyer libres les opprimés, pour publier une année de grâce du Seigneur. Ensuite il roula le livre, le remit au serviteur, et s'assit. Tous ceux qui se trouvaient dans la synagogue avaient les regards fixés sur lui. Alors il commença à leur dire : Aujourd'hui cette parole de l'Écriture que vous venez d'entendre est accomplie. Et tous lui rendaient témoignage, ils étaient étonné des paroles de grâce qui sortaient de sa bouche ; et il disaient : N'est-ce pas le fils de Joseph ? Jésus leur dit : Sans doute vous m'appliquerez ce proverbe : Médecin, guéris-toi, toi-même ; et vous me direz : Fais ici, dans ta patrie, tout ce que nous avons appris que tu as fait à Capernaüm. Mais, ajouta-t-il, je vous le dis en vérité, aucun prophète n'est bien reçu dans sa patrie. » (Luc 4 :14-24)

L'onction de puissance royale valut à Christ une grande renommée. Entré un jour de sabbat dans la synagogue de Nazareth, il lut deux versets du chapitre 61 dans le livre d'Ésaïe. Ce fut une prophétie sur l'œuvre de Christ, où le prophète énumère quelques aspects de la délivrance apportée par le Fils. Jésus guérit les cœurs brisés, il donne la liberté aux captifs, il ouvre les yeux des aveugles, il renvoi libres les opprimés. C'est qu'il inaugure l'année de grâce du Seigneur. En somme, Jésus eut la tâche de détruire l'œuvre du Diable.(1 Jean 3 :8)

Après avoir lu ce passage du livre d'Ésaïe, Jésus constata : »Aujourd'hui cette parole de l'Écriture, que vous venez d'entendre, est accomplie. » (v.21) Cela veut dire : »Moi, je suis la personne dont Ésaïe prophétisa ci-dessus.

Ce fut un aliment trop dur pour les habitants de Nazareth, qui connaissaient son père adoptif, Joseph. Le Seigneur se douta de leur incrédulité, et leur dit : »Aucun prophète n'est bien reçu dans sa patrie. » (v.24)

L'incrédulité a privé les Juifs de beaucoup de bénédictions divines. Au temps de la sécheresse de trois ans et demi, Élie fut envoyé vers une veuve de Sarepta pour multiplier son huile et sa farine. Au temps d'Élisée, Naaman, le Syrien, fut seul à être purifié de sa lèpre. À ces exemples cités par Jésus, les Juifs furent remplis de colère et chassèrent Jésus hors de la ville pour le précipiter en bas du sommet de la montagne. « Mais Jésus, passant au milieu d'eux, s'en alla. » (v.30)

Les Juifs ne purent mettre à mort Jésus, parce que ce n'était ni l'heure, ni le lieu de son sacrifice. Toutes choses arrivent selon le plan de l'Eternel.

Chaque évangéliste montre un autre aspect du début de la mission christique. Par exemple, Matthieu signale que Jésus, après l'incident décrit ci-dessus, quitta Nazareth et s'établit à Capernaüm. (Matthieu 4 :13) « Dès lors, Jésus commença à prêcher, et à dire : Repentez-vous, car le royaume de Dieu et proche. » (Matthieu 4 :17) Ce fut donc le sujet de base de sa prédication, que Marc complète ainsi : »Il disait : Le temps est accompli, et le royaume de Dieu est proche. Repentez-vous et croyez dans la Bonne Nouvelle. » (Marc 1 :15) Christ n'appelle donc seulement pas à la repentance, mais aussi à recevoir l'Évangile, en lui ajoutant foi. Les uns prêchent la foi, les autres prêchent la repentance, mais Christ prêcha toutes les deux. Paul procéda de même, car la repentance et la foi ouvrent la porte du Royaume de Dieu. (Actes 20 :20)

Pour ce qui est de Jean, il marque le début de l'œuvre de Christ par la description d'un miracle accompli par le Seigneur. (Jean 2 :1-12) Jésus fut invité avec ses disciples à des noces à Cana de Galilée. Le vin ayant manqué, sa mère lui demanda de sauver l'honneur du marié.

« Or il y avait là six vases de pierres, destinés aux purifications des Juifs, et contenant chacun deux ou trois mesures. Jésus leur dit : Remplissez d'eau ces vases. Et ils les remplirent jusqu'au bord. Puisez maintenant, leur dit-il, et apportez-en à l'ordonnateur du repas. Ils il lui en apportèrent. Quand l'ordonnateur du repas eut goûté l'eau changée en vin, ne sachant d'où venait ce vin, tandis que les serviteurs qui avaient puisé l'eau, le savaient bien, il appela l'époux, et lui dit : Tout homme sert d'abord le bon vin, puis le moins bon après qu'on s'est enivré ; toi, tu as gardé le bon vin jusqu'à présent. Tel fut, à Cana en Galilée, le premier des miracles que Jésus fit. Il manifesta sa gloire, et ses disciples crurent en lui. » (Jean 2 :6-11)

Maintenant il est répandu la conception conformément à laquelle il n'est pont besoin de miracles divins pour qu'on ajoute foi à la parole de l'Évangile. Cette conception sape toute la Sainte Écriture qui est pleins de miracles divins. Elle détruit la foi en l'Éternel qui écoute nos prières par des miracles. (Psaume 65 :6) Celui qui exclut les miracles de l'Assemblée, en exclut de même le Dieu des miracles. Sauvé de ses ennemis par un prodige, le peuple d'Israël se livra à des louanges: » Qui est comme toi parmi les dieux, ô Eternel ? Qui est comme toi magnifique en sainteté, digne de louages, opérant des prodiges ? » (Exode 15 :11) Modifier l'image biblique de Dieu, c'est conduire les foules vers un dieu étranger.

L'Éternel fait voir sa gloire par des prodiges. En tant que Fils de l'Eternel, Jésus manifesta sa gloire en changeant l'eau en vin, et ses disciples crurent en lui. Concernant la prédication de la Bonne Nouvelle, Marc remarqua le fait que l'Évangile va de pair avec les miracles divins. (Marc 16 :20)

En ce qui concerne l'appel des disciples, chaque évangéliste en fait mention. Commençons par le témoignage de Matthieu.

« Comme il marchait le long de la mer de Galilée, il vit deux frères, Simon, appelé Pierre, et André, son frère, qui jetaient un filet dans la mer, car ils étaient pêcheurs. Il leur dit : Suivez-moi et je vous ferai pêcheurs d'hommes ; Aussitôt, ils laissèrent les filet et le suivirent. De là étant allé plus loin, il vit deux autres frères, Jacques, fils de Zébédée, et Jean, son frère, qui étaient dans une barque avec Zébédée , leur père, et qui réparaient leurs filets. Il les appela, et aussitôt il laissèrent la barque et leur père, et le suivirent. » (Matthieu 4 :18-22)

« Jésus-Christ est le même hier, aujourd'hui et éternellement. » (Hébreux 13 :8) S'il avait appelé ses disciples selon son bon plaisir tant qu'il était dans le corps humain, il en fait de même, étant dans sa gloire céleste. Il nous appelle chacun par son Saint Esprit omniprésent. Ce ne sont pas les disciples qui choisissent leur Maître, mais c'est le Maître qui choisit ses disciples. (Jean 15 :15,16) À notre tour, nous ne faisons qu'accepter son invitation aux noces de l'Agneau. Pierre, André, Jacques et Jean obéirent à l'appel du Seigneur.

Jean signale que plusieurs disciples de Jean-Baptiste se sentirent attirés par le Seigneur Jésus et s'engagèrent à le suivre.

« Le lendemain, Jean était encore là, avec deux de ses disciple, et ayant regardé Jésus qui passait, il dit : Voilà l'Agneau de Dieu. Les deux disciples l'entendirent prononcer ces paroles, et ils suivirent Jésus. Jésus se retourna et voyant qu'ils le suivaient, il leur dit : Que cherchez-vous ? Il répondirent : Rabbi (ce qui signifie Maître) où demeures-tu ? Venez, leur dit-il, et voyez. Ils allèrent et ils virent où il demeurait ; et ils restèrent auprès de lui ce jour-là. C'était environ la dixième heure. André, frère de Simon Pierre, était l'un de deux qui avaient entendu les paroles de Jean, et qui avait suivi Jésus.» (Jean 1 :35-40)

André crut à Jean, son maître, et il suivit l'Agneau de Dieu. Il vit la demeure du Seigneur et passa un jour auprès de lui. Ensuite, il conduisit son frère, Pierre, à Jésus. Celui-ci en fit autant avec Philippe. Philippe parla à Nathanaël, lui disant : « Viens et vois. » (Jean 1 :41-46)

« Jésus, voyant venir à lui Nathanaël, dit de lui : Voici vraiment un Israélite, dans lequel il n'y a pas de fraude. D'où me connais-tu ? Lui dit Nathanaël. Jésus lui répondit : Avant que Philippe t'appelle, quand tu étais sous le figuier, je t'ai vu. Nathanaël répondit, et lui dit : Rabbi, tu es le Fils de Dieu, tu es le roi d'Israël. Jésus lui répondit : Parce que je t'ai dit que je t'ai vu sous le figuier, tu crois ; tu verras de plus grandes choses que celles-ci. Et il lui dit : En vérité, en vérité, vous verrez désormais le ciel ouvert et les anges de Dieu monter et descendre au-dessus du fils de l'homme. » (Jean 1 :47-51)

Dès lors, la phrase « Viens et vois. » est devenu un slogan chrétiens. Jésus eut un plaisir particulier à rencontrer Nathanaël, Israélite manquant de fraude. Celui-ci est né en corps adamique d'une semence spirituel de blé. Dieu ne lui imputa donc point de péché. (cf. Psaume 32 :2) Il y en a des personnes qui fuient la ruse et l'injustice. S'ils pèchent par inadvertance, Dieu les absout de leur faute. C'est à eux de rencontrer Christ et à s'engager à son service.

À une époque, Christ eut plus de soixante-dix disciples. Il décida d'en nommer douze apôtres. (Marc 3 :13-19 ; Luc 6 :12-16)

« Il monta ensuite sur la montagne ; il appela ceux qu'il voulut, et ils vinrent auprès de lui. Il en établit douze, pour les avoir avec lui, et pour les envoyer prêcher avec le pouvoir de chasser les démons. Voici les douze qu'il établit : Simon, qu'il nomma Pierre, Jacques, fils de Zébédée, et Jean, frère de Jacques, auxquels il donna le nom de Boanergès, qui signifie fils du tonnerre, André, Philippe, Barthélemy, Matthieu, Thomas, Jacques, fils d'Alphée, Thaddée, Simon le Cananite et Judas Iscariot, celui qui livra Jésus. » (Matthieu3 :13-19)

Mathieu énumère les apôtres selon une chronologie stricte, qui indique l'hiérarchie de ces princes du Royaume de Dieu. Il précise aussi le but dans lesquels ceux-ci ont été choisi : prêcher l'Évangile et chasser les démons.

Luc apporte un détail significatif : »En ce temps, Jésus se redit à la montagne pour prier, et il passa toute la nuit à prier. Quand le jour parut, il appela ses disciples, et il en choisit douze, auxquels il donna le nom d'apôtres. » (Luc 6 :12 ,13) Avant de faire ses choix, Jésus pria toute la nuit.

Le début de la collaboration de Jésus avec ses disciples a été marqué par ce qu'on appelle « La pêche miraculeuses ». (Luc 5 :1-11)

« Lorsqu'il eut cessé de parler, il dit à Simon : Avance en pleine eau ; et jetez vos filet pour pêcher. Simon lui répondit : Maître, nous avons travaillé toute la nuit sans rien prendre, mais sur ta parole, je jetterai le filet. L'ayant jeté, ils prirent une grande quantité de poissons, et leur filet se rompait. Ils firent signe à leurs compagnons qui étaient dans l'autre barque de venir les aider. Ils vinrent et ils remplirent les deux barques, au point qu'elles enfonçaient. Quand il vit cela, Simon Pierre tomba aux genoux de Jésus, et dit : Seigneur, retire-toi de moi, parce que je suis un homme pécheur…. Alors Jésus dit à Simon : Ne crains point, désormais tu seras pêcheur d'hommes ; et ayant ramené la barque à terre, ils laissèrent tout, et le suivirent. » (Luc 5 :4-11)

Cette prise de poissons était d'autant plus étonnante, que Pierre et ses compagnons n'ont rien pris toute la nuit. Mais sur la parole de Jésus ils jetaient le filet et la capture fut énorme. Pierre s'en rendit compte qu'il avait affaire à un saint. Cette partie de pêche fut le préambule de la pêche d'hommes. Jésus confia cette sorte de pêche à Pierre, premier de ses frères.

La pêche miraculeuse allait se répéter après la résurrection de Christ afin que les disciples aient la certitude que leur Maître est vivant. (Jean 21 :1-14)

Le sermon sur la montagne

Recueillis sous ce titre, les enseignements comparatifs de Christ eurent le don d'apporter pas mal de nouveauté par rapport à la Loi de Moïse. On peut dire même que sa doctrine contraste sur certains points avec celle de Moïse. Matthieu l'a rendue de manière suivie dans les chapitres 5, 6, 7 de son livre.

Assis sur une montagne, le Seigneur commença son sermon par la présentation des **béatitudes.** (Matthieu 5 :1-12)

« Heureux les pauvres en esprit, car le royaume des cieux est à eux ! Heureux les affligés, car ils seront consolés ! Heureux les humbles de cœur, car ils hériteront la terre ! Heureux qui ont faim et soif de la justice, car ils seront rassasiés ! Heureux les miséricordieux, car ils obtiendront miséricorde ! Heureux ceux qui ont le cœur pur, car ils verront Dieu ! Heureux ceux qui procurent la paix, car ils seront appelés fils de Dieu ! Heureux ceux qui sont persécutés pour la justice, car le royaume des cieux est à eux ! Heureux serez-vous lorsqu'on vous outragera, qu'on vous persécutera et qu'on dira faussement de vous toute sorte de mal, à cause de moi ! Réjouissez-vous et soyez dans l'allégresse, parce que votre récompense sera grande dans les cieux ; car c'est ainsi qu'on a persécuté les prophètes qui ont été avant vous. » (Matthieu 5 :3-12)

Les béatitudes comprises dans le Sermon sur la Montagne sont spécifiques aux fils du Royaumes qui sont étrangers et pèlerins sur cette terre. Ces béatitudes sont en contraste avec les félicités du sang et de la chair, puisqu'elles sont spirituelles.

Les pauvres en esprit sont ceux qui se rendent compte des limites de leurs capacités psychiques. Ils cherchent celles qui sont illimitées, et les trouvent dans le royaume de cieux.

L'humilité s'impose à ceux qui se voient des personnes bornées d'impuissance, de temps et d'espace. Il leur revient d'hériter la Terre pendant le millénaire de paix. Le prophète Sophonie fait comprendre que l'humilité conduit à la confiance en Dieu : « Je laisserai au milieu de toi un peuple humble et petit, qui trouvera son refuge dans le nom de l'Eternel. » (Sophonie 3 :12)

Qui a faim et soif de la justice, sinon celui qui se voit privé de justice et qui se voit ancré dans le péché ? Un tel homme sera rassasié de justice, de sainteté.

Ceux qui ont pitié de leurs semblables hériteront de la miséricorde divine, tandis que les cruels hériteront de la cruauté.

Le cœur pur suppose une conscience pure, dénuée de reproches. Celui qui garde une conscience pure, qui ne lui reproche rien, verra Dieu.

L'Éternel est le Dieux de la Paix. Aussi, ceux qui se fient à lui, ont-ils la paix au milieu des vicissitudes de cette vie terrestre. Procurer la paix, c'est rechercher la paix vis-à-vis même de nos ennemis. À ce sujet, il est écrit : »Recherchez la paix avec tous, et la sanctification, sans laquelle personne ne verra le Seigneur. » (Hébreux 12 :14)

La justice est un état spirituel sans tache et sans aucune souillure provenant des péchés. Or, la justice suppose une vie pieuse, menée selon les exigences de l'Évangile. Tout chrétien pieux doit prêter l'oreille au suivant avertissement apostolique : « Or tous ceux qui veulent vivre pieusement en Jésus-Christ seront persécutés. » (2 Timothée 3 :12) Endurer avec actions de grâce les persécutions, c'est s'assurer une entrée triomphale dans le Royaume des Ceux.

La doctrine des béatitudes se retrouve aussi dans l'Évangile selon Luc, mais plus concisément. (Luc 6 :20-23) Après cette doctrine, Jésus en exposa une autre sur **le sel de la terre** et sur **la lumière du monde.** Elles figurent aussi chez Marc et chez Luc. (Marc 4 :21-25 ; Luc 8 :16-18)

« Vous êtes le sel de la terre. Mais si le sel perd sa saveur, avec quoi la lui rendra-t-on ? Il ne sert plus qu'à être jeté dehors, et foulé aux pieds par les hommes. Vous êtes la lumière du monde. Une ville située sur une montagne ne peut être cachée ; et on n'allume pas une lampe pour la mettre sous le boisseau, mais on la met sur le chandelier, et elle éclaire tous ceux qui sont dans la maison. Que votre lumière luise ainsi devant les hommes, afin qu'ils voient vos bonnes oeuvres, et qu'ils glorifient votre Père qui est dans les cieux. » (Matthieu 5 :13-15)

Le sel a des propriétés conservatrices, il préserve les aliments de la corruption. Ce qui conserve la société de la corruption, c'est la foi dans un Dieu justicier, foi qui va de pair avec la crainte de l'Éternel. Aussi longtemps que notre foi est vivante et agissante, nous sommes le sel de la terre. Nous nous opposons aux vagues de la décadence morale. Si le chrétien ne s'oppose pas à la corruption de son milieu, son sel a déjà perdu sa saveur et ne vaut rien.

Un autre aspect de la foi et de la crainte de l'Éternel est comparable à la lumière qui bannit les ténèbres. Cette lumière consiste dans l'amour divin qui se concrétise en bonté et en miséricorde. Venir en aide à ceux qui sont dans la détresse indique de la lumière d'en Haut.

Jésus tint convenable d'élucider son rapport avec la Loi et les Prophètes, qui forment ensemble l'Ancien Testament.

« Ne croyez pas que je sois venu pour abolir la loi et les prophètes ; je suis venu non pour abolir, mais pour accomplir. Car je vous le dis en vérité, tant que le ciel et la terre ne passeront point, il ne disparaîtra pas de la loi un seul iota ou un seul trait de lettre, jusqu'à ce que tout soit arrivé. Celui donc qui supprimera l'un de ces plus petits commandements, et qui enseignera aux hommes à faire de même, sera appelé le plus petit dans le royaume des cieux, mais celui qui les observera, et qui enseignera à les observer, celui-là sera appelé grand dans le royaume des cieux. Car, je vous le dis, si votre justice ne surpasse pas celles des scribes et des pharisiens, vous n'entrerez point dans le royaume des cieux. » (Matthieu 5 :17 :20)

En tant que Parole écrite de Dieu, l'Ancien Testament, contient, d'une part, des renseignements précieux sur Dieu, sur les anges, sur l'homme et l'histoire du peuple d'Israël, et d'autre part, il contient un système de sanctification qui permet à l'homme né en péché de s'approcher du Dieu Saint sans des répercutions fâcheuses. Parlant de la Loi et des Prophète, Jésus entendit tout l'Ancien Testament comme parole inspirée de Dieu ; et il n'entendit point le vieux système de sanctification qui « n'a rien amené à la perfection ». (Hébreux 7 :19) Les docteurs qui ne tiennent pas compte de la précision ci-dessus tombent dans l'erreur lorsqu'ils examinent le passage dont nous nous occupons en ce moment.

L'Ancien Testament contient maintes prophéties sur Christ, qui était à venir en corps pour les remplir. L'Ancien Testament renferme aussi des prophéties sur la fin des temps et sur le Jour du Seigneur. On y trouve aussi la promesse de la Paix Millénaire. Ces choses arriveront sans faute dans leur temps.

Jésus adresse un avertissement solennel à ceux qui prêchent la parole de Dieu. Tout d'abord, ils ont l'obligation d'observer les prescriptions de la Bible afin de les enseigner en toute sincérité, non pas comme les pharisiens qui ne mettent point en pratique les enseignements promus. C'est pourquoi la justice qu'ils se procurent par la Loi ne leur permet pas d'entrer dans le royaume des cieux. On peut aller plus loin même, et dire qu'on n'entre pas dans la salle du Trône céleste par la justice qu'on se procure par l'observation de la Loi, car on y entre au nom de Jésus, par un seul Esprit. (Ephésiens 2 :18 ; Philippiens 3 :7-9)

Après ce plaidoyer pour le respect des Écritures Saintes, Jésus expose ses propres vues, en contrastes avec celles de Moïse, sur **l'hostilité,** sur **le divorce,** sur **le parjure** et sur **l'amour de l'ennemi.**

L'hostilité a comme source la haine qui mène souvent à l'homicide. De fait, l'hostilité est un esprit de nature diabolique, indomptable, qui fait mal. Dans son discours, Jésus met en garde contre cet esprit.

« Vous avez entendu qu'il a été dit aux anciens : Tu ne tueras point, celui qui tuera est passible de jugement. Mais moi, je vous dis que quiconque se met en colère contre son frère est passible de jugement ; que celui qui dira à son frère : »Raca ! » mérite d'être puni par le sanhédrin ; et celui qui lui dira : »Insensé ! » mérite d'être puni par le feu de la géhenne. Si donc tu présentes ton offrande à l'autel, et que là tu te souviennes que ton frère a quelque chose contre toi, laisse là ton offrande devant l'autel, et va d'abord te réconcilier avec ton frère, puis viens présenter ton offrande. » (Matthieu (5 :21-24)

Les paroles injurieuses mènent de coutume à des rixes qui conduisent parfois au meurtre. Moïse interdisait le meurtre, Jésus considère déjà comme péché l'injure qui prélude la bagarre. Il recommande la réconciliation avant l'offrande faite à Dieu qui ne reçoit pas d'offrande des individus qui ne pardonnent pas à leurs frères.

L'adultère qui mène au divorce est une chose horrible : l'un des conjoints transgresse en pratique son serment de fidélité, faite devant Dieu et devant les hommes. Jésus enseigne à prévenir l'adultère par des moyens psychiques.

« Vous avez appris qu'il a été dit : Tu ne commettras point d'adultère. Mais moi, je vous dis que quiconque regarde une femme pour la convoiter a déjà commis un adultère avec elle dans son cœur. Si ton œil droit est pour toi une occasion de chute, arrache-le et jette-le loin de toi ; car il est avantageux pour toi qu'un seul de tes membres périsse, et que ton corps entier ne soit pas jeté dans la géhenne. Et si ta main droite est pour toi une occasion de chute, coupe-la et jette-la loin de toi, car il est avantageux pour toi qu'un seul de tes membres périsse, et que ton corps entier n'aille pas dans la géhenne. Il a été dit : Que celui qui répudie sa femme lui donne une lettre de divorce. Mais moi je vous dis que celui qui répudie sa femme, sauf pour cause d'infidélité, l'expose à devenir adultère, et que celui qui épouse une femme répudiée, commet un adultère. » (Matthieu 5 :27-32)

Tous les péchés ont comme source les convoitises de la chair, les convoitises de yeux, et l'orgueil de la vie. (1Jean2 :15-17) Satan exploite les convoitises de la chair pour faire transgresser aux hommes les commandements de Dieu. Le Malin se sert d'une logique diabolique pour déterminer les humains à pécher. Il lance le lacet de cette logique aux moments de la tentation. Le tentateur s'appuie donc sur les convoitises de la chair.

Dans ce discours, Jésus défend de regarder la femme d'autrui avec convoitise, puisque la convoitise peut mener à un adultère commis en pensée. Échappe au péché d'adultère, et bien sûr à d'autres péchés aussi, celui qui peut étouffer ses convoitises charnelles. Lorsque Jésus nous recommande d'arracher les yeux et les jeter loin, il pense à la mortification des convoitises qui y naissent. Tout chrétien baptisé à la maturité peut mortifier les convoitises de ses yeux en portant journellement sa croix. L'étude sur le portement de la croix, insérée dans le présent volume, éclaircit en détail ce concept de base de l'Évangile. Celui qui ne porte pas sa croix court le risque d'être jeté dans la géhenne.

Christ avertit l'homme qui pratique le divorce, sauf cause d'adultère, qu'il s'expose à l'adultère et fait tomber dans ce péché la femme qu'il répudie. Dieu hait le divorce. La seule cause biblique du divorce c'est l'adultère commis par l'un des conjoints. Une fois commis, l'adultère fait libre le conjoint cocu. Il peut refaire sa vie sans se nommer adultère. (1 Corinthiens 7 :15) La parole défend qu'un époux retourne à son épouse répudiée, qui, entre temps, est devenue la femme d'un autre homme. (Jérémie 3 :1)

Au temps de Christ, les faux témoins furent très recherchés. De plus, les Juifs firent des serments qu'ils ne tenaient pas. Ce fut un monde du mensonge. Voilà pourquoi, Jésus s'éleva contre **le parjure.**

«Vous avez encore appris qu'il a été dit aux anciens : Tu ne parjureras point, mais tu t'acquitteras envers le Seigneur de ce que tu as déclaré par serment. Mais moi, je vous dis de ne jurer aucunement, ni par le ciel, parce qu c'est le trône de Dieu, ni par la terre, parce que c'est son marchepied, ni par Jérusalem, parce que c'est la ville du grand roi. Ne jure pas non plus par ta tête, car tu ne peux rendre blanc ou noir un seul cheveu. Que votre parole soit oui, oui, non, non, ce qu'on y ajoute vient du malin. » (Matthieu 5 :33-37)

Satan étant le père du mensonge, tout menteur se situe sous l'autorité du prince des ténèbres. À la fin, l'esprit de mensonge pénètre dans le corps du menteur et prend possession de son âme, de sorte qu'il ne puisse plus vivre sans mentir. Jean l'apôtre soutient que les menteurs n'entrent point dans le Royaume de Dieu. (Apocalypse 21 :8)

Parjurer, c'est mentir à dessein de tromper. Pour être crus, les menteurs jurent par le ciel, par Jérusalem, et par leur tête. Comme ils disent des choses énormes, ils ne sont point crus sans serment. Ainsi donc, en renonçant au serment, ils se voient dans l'obligation de renoncer aux mensonges.

L'amour de l'ennemi est présenté sous ses différents aspects selon que l'esprit de mépris et de haine qui maîtrise nos ennemis dévoile sa face.

« Vous avez appris qu'il a été dit : œil pour œil et dent pour dent. Mais moi, je vous dis de ne pas résister au méchant. Si quelqu'un te frappes sur la joue droite, présente-lui aussi l'autre. Si quelqu'un veut plaider contre toi, et prendre ta tunique, laisse-lui encore ton manteau. Si quelqu'un te force à faire un mille, fais-en deux avec lui. Donne à celui qui te demande, et ne te détourne pas de celui qui veut emprunter de toi. Vous avez appris qu'il a été dit : Tu aimera ton prochain et tu haïras ton ennemi. Mais moi, je vous dis : Aimez vos ennemis, bénissez ceux qui vous maudissent, faites du bien à ceux qui vous haïssent, et priez pour ceux qui vous maltraitent et qui vous persécutent, afin que vous soyez fils de votre Père qui est dans les cieux ; car il fait lever son soleil sur les méchants et sur les bon, et il fait pleuvoir sur les justes et sur les injustes. Si vous aimez ceux qui vous aiment, quelle récompense méritez-vous ? Les publicains n'agissent-ils pas de même ? Et si vous saluez seulement vos frères, que faites-vous d'extraordinaire? Les païens n'agissent-ils pas de même ? Soyez donc parfaits, comme votre Père céleste est parfait. » (Matthieu 5 :38-48)

Ce fut le comble pour les Israélites qui étaient tous frères et qui avaient pour ennemis les peuples d'environs ! Moïse les incita à se venger de leurs ennemis, et Christ les exhorta à aimer leurs ennemis. Au temps de Christ, l'ennemi principal, ce fut l'occupant romain.

Christ commence par exemplifier les cas où l'amour pour l'ennemi peut se manifester. C'est lorsqu'on est frappé sur la joue, qu'on est traduit faussement en justice, qu'on est opprimé et contraint à accomplir des choses en faveur de son oppresseur. Celui qui aime ses ennemis endure toutes ces choses et, qui plus est, prie pour son oppresseur et fait du bien à son ennemi. Aux malédictions, il répond par des bénédictions.

Naturellement, l'homme adamique est dans l'impossibilité d'aimer ses ennemis. Cet enseignement s'adresse donc à l'homme christique, à l'esprit de Jésus qui habite en nous. Christ peut aimer ses ennemis, il a prié pour ces bureaux qui le clouaient sur la croix de Golgotha. Celui qui a l'Esprit de Christ est parfait, ressemble au Père céleste qui fait lever son soleil sur les méchants et sur les bons.

Poursuivant son sermon, Jésus aborde d'autres sujets, comme par exemple **l'aumône, la prière, le jeûne, le trésor pérenne, le souci et l'inquiétude.**

La pratique de **l'aumône** est devenue une formalité de parade, accomplie pour impressionner les gens. Ce fait déplut à Jésus.

« Gardez-vous de pratiquer votre justice devant les hommes, pour être vus ; autrement vous n'aurez point de récompense auprès de votre Père qui est dans les cieux. Lors donc que tu fais l'aumône, ne sonne pas de la trompette devant toi, comme font les hypocrites dans les synagogues et dans les rues, afin d'être glorifiés par les hommes. Je vous le dis en vérité, ils ont leur récompense. Mais quand tu fais l'aumône, que ta main gauche ne sache pas ce que fait ta droite, afin que ton aumône se fasse en secret, et ton Père, qui voit dans le secret, te le rendra. » (Matthieu 6 :1-4)

Il conseille que l'aumône soit faite en secret, afin qu'elle soit reçue devant la face de l'Eternel, qui récompense ceux qui procèdent ainsi. Il ne faut pas oublier que la bienfaisance est un sacrifice agréable devant la face de Dieu. (Hébreux 13 :16) Celui qui secourt le pauvre prête à l'Éternel.

Concernant **la prière**, Jésus condamne les hypocrites qui prient debout dans les synagogues et aux coins des rues pour être vus des hommes. (Matthieu 6 :5-15) Il indique comme lieu de prière la chambre à la porte fermée.

« En priant, ne multipliez pas de vaines paroles, comme les païens, qui s'imaginent qu'à force de paroles ils seront exaucés. Ne leur ressemblez pas, car votre Père sait de quoi vous avez besoin, avant que vous le lui demandiez. Voici donc comment vous devez prier : Notre Père qui es aux cieux ! Que ton nom soit sanctifié, que ton règne vienne ; que ta volonté soit faite sur la terre comme au ciel. Donne-nous aujourd'hui notre pain quotidien, pardonne-nous nos offenses, comme nous aussi nous pardonnons à ceux qui nous ont offensés ; ne nous induis pas en tentation, mais délivre-nous du malin ; car c'est à toi qu'appartiennent dans tous les siècles le règne, la puissance et la gloire. Amen ! Si vous pardonnez aux hommes leurs offenses, votre Père céleste vous pardonnera aussi. Mais si vous ne pardonnez pas aux hommes, votre Père ne vous pardonnera pas non plus vos offenses. » (Matthieu 6 :7-15)

Les païens ont l'habitude de répéter certains mots à l'infini lorsqu'ils prient leurs dieux, qui ne sont que des anges déchus. (1 Corinthiens 10 :19, 20) Ils espèrent persuader, de cette sorte, leurs dieux à exaucer leurs prières. Les chrétiens ont affaire à un Dieu omniscient et tout-puissant, qui vient de bon gré à la rencontre de nos besoins. Jésus n'a point insisté devant le Père pour le convaincre à ressusciter Lazare. Il l'a simplement remercié de l'avoir déjà exaucé. (Jean 11 :41) Le Dieu vivant agrée les actions de grâce qui le glorifie. (Psaume 50 :23) Il faut le remercier pour l'accomplissement d'une chose désirable et puis il faut attendre.

« Notre Père » est la prière la plus connue dans l'Assemblée. Plus que par l'adoration, le nom de l'Eternel est sanctifié par l'observation de sa Parole. Là, où l'on obéit à sa Parole, il se trouve son Royaume. C'est le Saint Esprit qui conduit dans toute la vérité de la Parole, qui contient la volonté de Dieu. (Jean 16 :13) Sa volonté se fait entièrement dans le Ciel, lieu qui exclut la manifestation d'une volonté étrangère.

Dieu nous procure la pain quotidien et il pardonne nos offenses à la condition que nos aussi nous pardonnions à ceux qui nos ont offensés. Au cours des tentations, Dieu peut nous soutenir dans le combat spirituel avec Satan et nous délivrer de celui-ci.

Le jeûne lié à la prière a toujours été un moyen efficace de purification, qui permet d'approcher Dieu. Par malheur, il a tombé dans le formalisme.

« Lorsque vous jeûnez, ne prenez pas un air triste, comme les hypocrites, qui se rendent le visage tout défait, pour montrer aux hommes qu'ils jeûnent. Je vous le dis en vérité, ils ont leur récompense. Mais quand tu jeûnes, parfume ta tête et lave ton visage, afin de ne pas montrer aux hommes que tu jeûnes, mais à ton Père qui est là dans le lieu secret, et ton Père, qui voit en secret, te le rendra « . (Matthieu 5 :15-18)

Du temps du prophète Jonas, le roi de Ninive, ayant craint le jugement de Dieu, a proclamé un jeûne noir, et la ville l'échappa belle. (Jonas 3 :5-7) L'Éternel ne passe donc point sur la prière de ceux qui jeûnent. Mais les conducteurs religieux jeûnaient pour être vus des hommes. Jésus combattit leur hypocrisie. Le vrai jeûne, agréable devant le Père est toujours accompagné de bienfaisance et de douceur. (Ésaïe 58 :5-10)

Le vrai trésor n'est point celui qui périt avec ce monde matériel, enseigne Jésus, mais c'est celui qui reste éternellement dans le ciel.

« Ne vous amassez pas des trésors sur la terre, où la teigne et la rouille détruisent, et où les voleurs percent et dérobent. Mais amassez-vous des trésors dans le ciel, où la teigne et la rouille ne détruisent point et où les voleurs ne percent et ne dérobent. Car là où est ton trésor, là aussi sera ton cœur. L'oeil est la lampe du corps. Si ton œil est en bon état, tout ton corps sera éclairé, mais si ton œil est en mauvais état, tout ton corps sera dans les ténèbres. Si donc la lumière qui est en toi est ténèbres, combien seront grandes ces ténèbres. Nul ne peut servir deux maîtres. Car, où il haïra l'un, et aimera l'autre ; ou il s'attachera à l'un et méprisera l'autre. Vous ne pouvez servir Dieu et Mammon. » (Matthieu 5 :19-24)

Tandis que les trésors matériels et terrestres périront avec la terre, les trésors spirituels et célestes restent éternellement. Il est don sage que l'on recherche les trésors célestes que la teigne et la rouille ne détruisent point. Voilà les trésors impérissables que tout sage recherche : la foi salvatrice, l'amour divin, la paix, la joie, la douceur, la tempérance, la bonté divine. On accède à ces trésors par la Parole de l'Évangile.

L'homme recherche ce que son œil voit. L'œil matériel voit les choses matérielles, l'œil spirituel voit les choses spirituelles. Un œil matériel qui n'est point doublé d'un oeil spirituel est en mauvais état, telle une lampe ténébreuse.

Chez le chrétien, la nature matérielle est doublée d'une nature spirituelle. Par conséquent, il peut servir Mammon, amassant des trésors matériels, mais il peut à la fois servir Dieu, amassant des trésors spirituels. Aussi, chacun de nous doit s'engager de tout cœur au service de l'Éternel, sachant que Dieu n'aime pas les cœurs partagés.

Les soucis et l'inquiétude caractérisent les croyants qui usent plus de leurs yeux matériels que de leurs yeux spirituels, que Paul nomme le renouvellement de l'intelligence. (Romains 12 :2) Jésus enseigne que la confiance en Dieu préserve de l'inquiétude. (Matthieu 6 :25-34)

« C'est pourquoi je vous dis : Ne vous inquiétez pas pour votre vie, de ce que vous mangerez, ni pour votre corps, de quoi vous serez vêtus. La vie n'est-elle plus que la nourriture, et le corps plus que le vêtement ? Regardez les oiseaux du ciel : ils ne sèment, ni ne moissonnent, et ils n'amassent point dans des greniers, et votre Père céleste les nourrit. Ne valez-vous pas beaucoup plus qu'eux ? Qui de vous, par ses inquiétudes, peut ajouter une coudée à la durée de sa vie ? Et pourquoi vous inquiéter au sujet du vêtement ? Considérer comment croissent les lis des champs, ils ne travaillent ni ne filent, cependant, je vous dis, que Salomon même, dans toute sa gloire, n'a pas été vêtu comme l'un d'eux. Si Dieu revêt ainsi l'herbe des champs qui existe aujourd'hui et qui demain sera jeté au four, ne vous vêtira-t-il pas à plus forte raison, gens de peu de foi ?...Cherchez premièrement le royaume et la justice de Dieu, et toutes ces choses vous seront donnés par-dessus. Ne vous inquiétez donc pas du lendemain, car le lendemain aura soin de lui-même. À chaque jour suffit sa peine. » (Matthieu 6 :25-34)

Si le chrétien cesse d'user de ses yeux spirituels, de son intelligence renouvelée, il ne voit le Dieu tout-puissant à l'œuvre, et se remplit d'inquiétude concernant ses besoins naturels. C'est l'état d'âme des gens de peu de foi. L'homme plein de soucis se voit seul dans ses prises avec le monde, il ne compte plus au secours de Dieu. Les pensées de l'homme qui ne marche pas dans la voie de la foi se tournent autour de sa propre personne et non pas autour de la justice et du royaume de Dieu. En somme, les soucis dénotent le manque de foi. Aussi, Jésus exhorte à renoncer à l'inquiétude qui ne peut augmenter d'une coudée la durée de la vie.

Dans la partie finale de son sermon, Jésus donne des instructions sur **l'esprit de jugement,** sur **la prière assidue,** sur **la porte étroite,** sur **les faux prophètes** et sur **la maison bâtie sur un roc.**

Les hommes examinent la conduite de leur semblables afin d'en pouvoir médire. **L'esprit de jugement** va généralement de pair avec la calomnie. Voilà pourquoi Jésus s'oppose décidément à cet esprit.

« Ne jugez point afin que vous ne soyez pont jugés. Car on vous jugera du jugement dont vous jugez, et l'on vous mesurera avec la mesure dont vous mesurerez. Pourquoi vois-tu la paille qui est dans l'œil de ton frère, et n'aperçois-tu pas la poutre qui est dans ton œil. Ou comment peux-tu dire à ton frère : Laisse-moi ôter une paille de ton œil, toi qui as une poutre dans le tien ? Hypocrite, ôte premièrement la poutre de ton œil, et alors tu verras comment ôter la paille de l'œil de ton frère. Ne donnez pas les choses saintes aux chiens, et ne jetez pas vos perles devant les pourceaux, de peur qu'ils ne les foulent aux pieds, ne se retournent et ne vous déchirent. » (Matthieu 7 :1-6)

Il y a un principe bien connu dans le Royaume de Dieu, formulé par l'un des anciens prophètes : »Il te sera fait comme tu as fait, tes œuvres retomberont sur ta tête. » (Abdias 1 :15) Conformément à ce principe, celui qui juge l'autrui sans miséricorde, sera jugés sans miséricorde par Dieu. Celui qui désire corriger le comportement des autres doit premièrement amender ses propres comportements.

Parmi les choses saintes qu'on peut donner aux pourceaux figurent les paroles de Dieu et le témoignage de Christ. Les pourceaux symbolisent les hommes qui aiment patauger dans le bourbier du péché. Ils foulent aux pieds les perles de la parole et ils s'attaquent méchamment aux prédicateurs.

La prière assidue porte toujours du fruit. En conséquence, Jésus encourage son public à prier avec ténacité.

« Demandez, et l'on vous donnera, cherchez et vous trouverez, frappez et l'on vous ouvrira. Car quiconque demande reçoit, celui qui cherche trouve, et l'on ouvre à celui qui frappe. Lequel de vous donnera une pierre à son fils, s'il lui demande du pain ? Ou s'il demande du poisson, lui donnera-t-il un serpent ? Si donc, méchants comme vous l'êtes, vous savez donner de bonnes choses à vos enfants, à combien plus forte raison votre Père qui est dans les Cieux donnera-t-il de bonnes choses à ceux qui les lui demandent ? » (Matthieu 7 :7-11)

Le Seigneur y exhorte à demander des choses désirables à Dieu, à chercher ces choses-là, à frapper à la porte de la miséricorde divine. Comme l'Éternel est le Père des hommes, ceux-ci peuvent s'approcher de lui avec confiance filiale. L'argument final de ce passage se retrouve un peu modifié chez Luc : »Si donc, méchants comme vous l'êtes, vous savez donner de bonnes choses à vos enfants, à combien plus forte raison le Père céleste donnera-t-il le Saint Esprit à eux qui le lui demandent. » (Luc 11 :13) La meilleure chose que le Père puisse donner à ses enfants, c'est la plénitude du Saint Esprit. Demander la plénitude du Saint Esprit est donc une démarche scripturaire.

La porte étroite est un concept christique qui se prête à plusieurs interprétations, conformément au niveau de sagesse où se situe l'exégète en question.

« Tout ce que vous voulez que les hommes fassent pour vous, faites-le de même pour eux, car c'est la loi et les prophètes. Entrez par la porte étroite. Car large est la porte, spacieux est le chemin qui mènent à la perdition, et il y en a beaucoup qui entrent par là. Mais étroite est la porte, resserré le chemin qui mène à la vie, et il y en a peu qui les trouvent. » (Matthieu 7 :12-14)

Selon certains prédicateurs, la porte étroite et le chemin resserré symbolisent la repentance et la foi, sans lesquelles il n'y a pas de salut. Mais la repentance et la foi sont rigoureusement personnelles. Or, la porte qui mène à la vie éternelle doit être absolue, ayant la plénitude de la Divinité. Cette porte est Christ même. (Jean 10 :7) On entre dans le Royaume Éternel par lui, en le recevant dans le cœur. (Jean 1 :12)

Quant au chemin resserré, c'est la vie de Christ. Celui qui reçoit Christ comme son Sauveur et son Maître doit mener la vie de Christ. (Galates 2 :20) À ce sujet, Paul tint à préciser : »Car si, lorsque nous étions ennemis, nous avons été réconciliés avec Dieu par la mort de son Fils, à plus fort raison, étant réconciliés, serons-nous sauvés par sa vie. » (Romains 5 :10)

Dès qu'on reçoit Christ et que l'on mène sa vie, on remplit automatiquement la Loi et les Prophètes qui consiste à aimer Dieu et ses prochains. Si Christ vit en moi, je fais à mes prochains tout ce que je désire qu'ils fassent à moi, et rien d'autre.

Les faux prophètes ressemblent à de fausses monnaies, qui induisent en erreur ceux qui en usent. Tout ce qui est artificiel vient du diable qui imite les œuvres de Dieu. Jésus met en garde contre les faux prophètes qui annoncent des mensonges au nom du Dieu vrai et juste.

« Gardez-vous des faux prophètes. Ils viennent à vous en vêtements de brebis, mais au-dedans ce sont des loups ravisseurs. Vous les reconnaîtrez à leurs fruits. Cueille-t-on des raisins sur des épines, ou des figues sur des chardons ? Tout bon arbre porte de bons fruits, mais le mauvais arbre porte de mauvais fruits. Un bon arbre ne peut porter de mauvais fruits, ou un mauvais arbre porter de bons fruits. Tout arbre qui ne porte pas de bons fruits est coupé et jeté au feu. C'est donc à leurs fruits que vous les reconnaîtrez. Ce qui me disent : Seigneur, Seigneur, n'entreront pas tous dans le royaume des cieux, mais seulement celui qui fait la volonté de mon Père qui est dans les cieux. Plusieurs me diront en ce jour-là : Seigneur, Seigneur, n'avons-nous pas prophétisé par ton nom ? N'avons-nous pas chassé des démons par ton nom ? N'avons-nous pas fait beaucoup de miracles par ton nom ? Alors je leur dirai ouvertement : Je ne vous ai jamais connus, retirez-vous de moi, vous qui commettez l'iniquité. » (Matthieu 7 :15-23)

On distingue les faux prophètes des vrais prophètes par leur attitudes et comportements. Les vrais prophètes manifestent de l'amour divin, de la joie, de la paix, de la patience, de la bonté, de la bienveillance, de la foi, de la douceur, de la maîtrise de soi. (cf. Galates 5 :22) Tandis que les faux prophètes se caractérisent par la débauche, l'impureté, le dérèglement, l'idolâtrie, la magie, la rivalité, la querelle, la jalousie, l'ivrognerie, les excès de la table. (cf. Galates 5 :19-21) Les faux prophètes manquent d'amour divin. Ils ne peuvent pardonner à leurs adversaires.

La volonté de l'Éternel envers ses enfants, c'est qu'ils pratiquent l'amour envers Dieu et envers leurs semblables. Cette chose est possible par l'Esprit de Christ qui habite en eux. Par conséquent, ceux qui aiment pratiquement entrent dans le Royaume de Dieu et ceux qui n'aiment pas n'y entrent point.

En outre, la vocation principale de la foi salvatrice est celle d'œuvrer de l'amour divin. (Galates 5 :6) Sans doute, par la foi, accomplit-on des miracles, mais la foi qui se borne seulement à accomplir des prodiges est égarée. C'est le cas des ouvriers repris en ces termes : »Je ne vous ai jamais connus, retirez-vous de moi, vous qui commettez l'iniquité. » Certes, les gens démunis d'amour divin pataugent dans l'iniquité.

La maison bâtie su le roc est la doctrine qui parachève l'échafaudage du sermon sur la montagne.

« C'est pourquoi, quiconque entend ces paroles que je dis et les met en pratique, sera semblable à un homme prudent qui a bâti sa maison sur le roc. La pluie a tombé, les torrents sont venus, les vents ont soufflé et se sont jetés contre cette maison : elle n'est point tombée, parce qu'elle était fondée sur le roc. Mais quiconque entend ces paroles que je dis, et ne les met pas en pratique, sera semblable à un homme insensé qui a bâti sa maison sur le sable. La pluie est tombée, les torrents sont venus, les vents ont soufflé et ont battu cette maison : elle est tombée et sa ruine a été grande. Après que Jésus eut achevé ces discours, la foule fut frappé de sa doctrine, car il enseignait comme ayant autorité, et non pas comme leurs scribes. » (Matthieu 7 :24-28)

Nous y sommes en présence d'un enseignement sur la manière de bâtir notre foi qui siège dans notre homme intérieur qu'elle meuble. Notre foi est un esprit christique siégeant dans le cœur. (2 Corinthiens 4 :13) Elle naît de la Parole, se nourrit de la Parole et se fortifie par la mise en pratique de la Parole. (Romains 10 :17 ; Hébreux 5 :12-14 ; Jacques 1 :22) Le fondement de notre foi est Christ. (1 Corinthiens 3 :11) En mettant en pratique les paroles de Christ, chacun de nous bâtit son âme afin que celle-ci puisse résister aux vagues et aux vents des épreuves. Si l'échafaudage de ma foi résiste aux épreuves et ne s'effondre pas, j'entrerai à coup sûr dans le Royaume de Dieu, mais si je renie Christ sous l'effet des persécutions, la porte de la Nouvelle Jérusalem se fermera devant moi.

De nos jours même, les ouvriers de l'Église qui sont en Christ enseignent avec autorité et non pas les comme les docteurs de la Loi de Moïse.

Le début des guérisons divines et de la chasse aux démons

Tous les évangélistes sont unanimes à constater que la prolifération des guérisons divines et la multiplication des cas de chasse aux démons ont contribué à l'augmentation de la renommée de Christ.

Marc est le premier à en donner l'exemple : »Ils se rendirent à Caparnaüm. Et le jour du sabbat, Jésus entra d'abord dans la synagogue, et il enseigna. Ils étaient frappés de sa doctrine, car il enseignait comme ayant autorité, et non pas comme leurs scribes. Il se trouva dans leur synagogue un homme qui avait un esprit impur, et qui s'écria : Qu'y a-t-il entre nous et toi, Jésus de Nazareth ? Tu es venu pour nous perdre. Je sais qui tu es : le Saint de Dieu. Jésus le menaça, disant : Tais-toi et sors de cet homme. Et l'esprit impur sortit de cet homme, en l'agitant avec violence, et en poussant un grand cri. Tous furent saisis de stupéfaction, de sorte qu'ils se demandaient les uns aux autres : Qu'est-ce que ceci ? Une nouvelle doctrine ! Il commande avec autorité même aux esprits impurs, et ils lui obéissent ! Et sa renommée se répandit aussitôt dans tous les lieux environnants de la Galilée. » (Marc 1 :21-28)

Après son discours inaugural, tenu à Nazareth, Jésus se réfugia à Caparnaüm. Il entra dans la synagogue, où il rencontra un homme démonisé. Le démon employa les cordes vocales de son hôte pour s'adresser à Jésus, qu'il reconnut pour le Saint de Dieu. Le Seigneur lui ordonna de se taire et de sortir du corps de l'homme. L'esprit impur agita avec violence son hôte et sortit de lui en poussant un grand cri. La nouvelle de l'autorité de Christ sur les esprits impurs se répandit aussitôt dans la Galilée.

Étant sorti de la synagogue, Jésus se rendit chez Simon Pierre. « La belle mère de Simon était couchée, ayant la fière, et aussitôt on parla d'elle à Jésus. S'étant approché, il la fit lever en lui prenant la main, et à l'instant la fièvre l'a quittée. Puis elle les servit. » (Marc 1 :30,31)

Lorsque Jésus eut pris la main de la belle-mère de Pierre, la fièvre quitta la malade. Luc enrichit cette description d'un élément nouveau : »S'étant penché sur elle, il menaça la fièvre, et la fièvre la quitta. » (Luc 4 :39) Reliant ces deux descriptions, on arrive à s'en faire une image d'ensemble : Jésus se pencha sur la malade et ordonna à l'esprit de fièvre de partir, puis il prit la main de a malade. À ce geste de Jésus l'esprit de fièvre abandonna sa proie.

Le fait même que Jésus s'adressa à la fièvre et le lui ordonna de quitter sa proie démontre que la fièvre est un esprit, une créature ayant sa propre personnalité.

La guérison de la belle-mère de Pierre déclancha une série entière de guérisons à Capernaüm, que Marc décrit en ces mots : »Le soir, après le coucher du soleil, on lui amena tous les malades et les démoniaques. Et toute la ville était rassemblée devant la porte. Il guérit beaucoup de gens qui avaient diverses maladies, il chassa aussi beaucoup de démons ; et il ne permettait pas aux démons de parler, parce qu'ils le connaissaient. » (Marc 1 :32-34)

Jésus traversa les bourgades voisines, en prêchant et en chassant les démons. Dans l'une d'elles, le Seigneur guérit un lépreux à la foi vivante. (Matthieu 8 :1-4 ; Marc 1 :40-45 ; Luc 5 :12-16)

«Un lépreux vint à lui, et se jetant à genoux, il lui dit d'un ton suppliant : Si tu le veux, tu peux me rendre pur. Jésus, ému de compassion, étendit la main, le toucha, et dit : Je le veux, sois pur. Aussitôt la lèpre le quitta, et il fut purifié. Jésus le renvoya sur-le-champ avec des sévères recommandations, et lui dit : Garde-toi de rien dire à personne, mais va te montrer au sacrificateur, et offre pour ta purification ce que Moïse a prescrit, afin que cela leur serve de témoignage. » (Marc 1 :40-44)

La lèpre étant contagieuse, les lépreux vivaient isolés des communautés humaines. Cependant, un lépreux eut la chance de rencontrer Jésus. Il lui rendit hommage et lui dit : Si tu veux, tu peux me rendre pur. Cette confiance lui valut la purification.

Parmi les premières guérisons figure aussi celle d'un paralytique, porté par quatre hommes. (Matthieu 9 :1-8 ; Marc 2 :1-12 ; Luc 5 :17-26)

« Quelques jours après, Jésus revint à Capernaüm. On apprit qu'il était à la maison, et il s'assembla un grand nombre de personnes que l'espace devant la porte ne pouvait plus les contenir. Il leur annonçait la parole. Des gens vinrent à lui, amenant une paralytique porté par quatre hommes. Comme ils ne pouvaient l'aborder, à cause de la foule, ils découvrirent le toit de la maison où il était, et ils descendirent par cette ouverture le lit sur lequel le paralytique était couché. Jésus, voyant leur foi, dit au paralytique : Mon enfant, tes péchés sont pardonnés. Il y avait là quelques scribes, qui étaient assis, et qui se disaient au-dedans d'eux : Comment cet homme parle-t-il ainsi ? Il blasphème. Qui peut pardonner les péchés, si ce n'est Dieu ? Jésus, ayant aussitôt connu par son esprit ce qu'ils pensaient au-dedans d'eux, leur dit : Pourquoi avez-vous de telles pensées dans vos cœurs ? Lequel est le plus aisé de dire au paralytique : Tes péchés sont pardonnés, ou dire : Lève-toi, prends ton lit, et marche ? Or, afin que vous sachiez que le Fils de l'homme a sur la terre le pouvoir de pardonner les péchés : Je te l'ordonne, dit-il au paralytique, lève-toi, prends ton lit, et va dans ta maison. Et, à l'instant, il se leva, prit son lit, et sortit en présence de tout le monde, de sorte qu'ils étaient tous dans l'étonnement et glorifiaient Dieu, disant : Nous n'avons jamais rien vu de pareil ; » (Marc 2 :1-12)

Cette scène atteste que Jésus pardonne les péchés avant de guérir les maladies, étant donné que les maladies, la vieillesse et la mort se doivent aux péchés. (Romains (5 :12) Il a été impressionné par la foi des amis de ce paralytique, qui découvrirent le toit de la maison afin d'approcher Christ. Les scribes le prirent pour un blasphémateur qui assume le rôle de Dieu. Mais Jésus démontra d'être Dieu en guérissant le malade. Il a même donné au paralytique guéri l'ordre de porter son lit en un jour de sabbat, car il est aussi le Maître du sabbat. (Matthieu 12 :8)

Il est notable que Jésus, au début de son activité, guérit un homme à la main sèche. (Matthieu 12 :9-14 ; Marc 3 :1-6 ; Luc 6 :6-11)

« Jésus entra de nouveau dans la synagogue. Il s'y trouvait un homme qui avait la main sèche. Ils observaient Jésus pour voir s'il le guérirait le jour du sabbat : c'était afin de pouvoir l'accuser. Et Jésus dit à l'homme qui avait la main sèche : Lève-toi, là au milieu. Puis il leur dit : Est-il permis le jour du sabbat, de faire du bien ou de faire du mal, de sauver une personne ou de la tuer ? Mais ils gardèrent le silence. Alors, promenant ses regards sur eu avec indignation, et en même temps affligé de l'endurcissement de leur cœur, il dit à l'homme : Étends ta main. Il l'étendit, et sa main fut guérie. Les pharisiens sortirent, et aussitôt ils se consultèrent avec les hérodiens sur les moyens de le faire périr. » (Marc 3 :1-6)

La Loi qui règle les rapports de l'homme naturel avec Dieu et avec ses semblables est intangible. On n'y peut ajouter rien et l'on n'en peut retrancher rien. (Deutéronom 4 :2) Le système de la Loi reste intact. Dieu même ne le modifie pas. Mais il peut élaborer un autre système, appliqué à l'homme spirituel de nature christique. Ainsi donc le système de la Grâce, qui s'applique à l'homme spirituel est tout à fait différent du système de la Loi. De son vivant même, Christ répandit les préceptes de la Grâce et les mit en pratique. La Grâce n'a quoi faire avec le sabbat. Pas un verset du Nouveau Testament n'exige pas le respect du sabbat. En conclusion, Jésus guérit des malades les jours de sabbat et ordonna aux malades guéris par lui de porter leur lit.

Les pharisiens qui assistèrent à la guérison de l'homme à la main sèche virent en Jésus un corrupteur de la Loi et se remplirent de haine, et ils cherchèrent un moyen de le faire périr. Le Seigneur promena sur eux des regards indignés à cause de l'endurcissement de leurs cœurs. Ces gens de religion aux prises avec la Loi devinrent insensibles aux souffrances humaines. Sur l'ordre de Jésus, le malade étendit la main qui redevint fonctionnelle.

Ceux qui sont remplis de l'esprit de la Loi ont en horreur ceux qui se laissent conduire par l'esprit de la Grâce. À l'époque de l'Église Primaire, les disciples de Moïse ont lapidé le diacre Étienne. (Actes 7 :54-60) Dans son Épîtres adressée aux Thessaloniciens, Paul se plaint des Juifs, « qui ont fait mourir le Seigneur Jésus et les prophètes, qui nous ont persécuté, qui ne plaisent point à Dieu, et qui sont ennemis de tous les hommes, nous empêchant de parler aux païens pour qu'ils soient sauvés, en sorte qu'ils ne cessent de mettre le comble à leurs péchés. Mais la colère finit par les atteindre. » (1Thessaloniciens 2 :15,16)

Rencontres mémorables, saturés d'enseignements

De son vivant, Jésus rencontra plusieurs élus, auxquels il prodigua des révélations nécessaires pour mener une vie agréable à Dieu. Parmi ces élus, on distingue :Nicodème, la femme samaritaine, Zachée le publicain, la femme adultère, la femme cananéenne, le jeune homme riche, le pharisien du nom de Simon, les deux fils de Zébédée et Simon nommé Pierre.

Nicodème fut un docteur et chef des Juifs, qui vint de nuit à Jésus pour s'entretenir avec lui. (Jean 3 :1-21)

« Rabbi, nous savons que tu es un docteur venu de Dieu, car personnes ne peut faire ces miracles que tu fais, si Dieu n'est avec lui. Jésus lui répondit : En vérité, en vérité, je te le dis, si un homme ne naît de nouveau, il ne peut voir le royaume de Dieu. Nicodème lui dit : Comment un homme peut-il naître quand il est vieux ? Peut-il rentrer dans le sein de sa mère et naître ? Jésus répondit : En vérité, en vérité, je te le dis, si un homme ne naît d'eau et d'Esprit, il ne peut entrer dans le royaume de Dieu. Celui qui est né de la chair est chair, est celui qui est né de l'Esprit est esprit. Ne t'étonne pas que je t'aie dit : Il faut que vous naissiez de nouveau. Le vent souffle où il veut, et tu en entends le bruit, mais tu ne sais d'où il vient, ni où il va. Il en est ainsi de tout homme qui est né de l'Esprit....En vérité, en vérité, je te le dis, nous disons ce que nous savons, et nous rendons témoignage de ce que nous avons vu, et vous ne recevez pas notre témoignage. Si vous ne croyez pas quand je vous ai parlé des choses terrestres, comment croiriez-vous quand je vous parlerai des choses célestes ? Personne n'est monté au ciel, si ce n'est celui qui est descendu du ciel, le Fils de l'homme qui est dans le ciel. » (Jean 3 :2-13)

Dans ce discours, Jésus rend compte de deux sortes de naissance. L'homme naturel est né de la chair, l'homme spirituel est né de l'Esprit de Dieu. Certains exégètes se plaisent à répandre un jeu de mot sur ce sujet : Celui qui est né une seule fois meurt deux fois, celui qui est né deux fois meurt une seule fois. Ils y font allusion, d'un côté, à la naissance charnelle et à la naissance spirituel, et d'autre côté, à la mort biologique et à la seconde mort dans le lac de feu et de soufre. (Apocalypse 20 :15-20)

Nicodème est venu en cachette à Jésus pour l'interroger sur la vie éternelle. En réponse, Jésus lui révéla que ceux qui sont nés de l'Esprit, verront le Royaume de Dieu, et ceux qui sont nés d'eau et d'Esprit y entreront à coup sûr.

De nos jours, la doctrine de la naissance spirituelle christique est ignorée à dessein dans plusieurs confessions chrétiennes, puisqu'elle rend superflu le grand nombre de médiateurs à la mode. Pierre éclaircit cette doctrine de manière concise : » vous avez été régénérés, non par un semence corruptible, mais par une semence incorruptible, par la parole vivante et permanente de Dieu. » (1Pierre 1 :23) Comme Jésus révèle que sa Parole est Esprit, on en déduit que la Naissance de la Parole coïncide avec la naissance de l'Esprit. (cf. Jean 6 :63) Cette naissance se trouve en rapport avec la foi en la résurrection de Christ. (Romains 10 :9,10)

Concernant la naissance d'eau, plusieurs prédicateurs divaguent. Il ne s'y agit point de l'eau purifiant de la Parole, mais de l'eau prise au sens concret. Dans l'eau du baptême, le catéchumène meurt symboliquement en Christ, au moment où il est plongé dans l'eau, et il ressuscite en Christ, au moment où il s'en relève. Cette résurrection compte pour une naissance survenue après la mort, et assure l'entrée dans la Jérusalem céleste. La naissance de l'Esprit est validée et la naissance de l'eau est produite à l'occasion du baptême qui constitue la nouvelle alliance entre Dieu et homme.

Après avoir ponctuer l'importance de la naissance de nouveau de l'esprit de l'homme croyant, Jésus explique par une comparaison l'essence de notre homme intérieur de nature christique. L'esprit né de nouveau ressemble au vent invisible à l'oeil charnel, mais qui se signale par le bruit qu'il fait dans le monde visible. Les gens ne savent pas d'où il vient ni où il va. Mais nous, chrétiens, nous savons que notre homme intérieur né de nouveau vient du Ciel et il y rentre, son séjour une fois terminé dans le corps.

Naturellement, il se pose la question pourquoi il est nécessaire que notre esprit soit régénéré par l'Esprit qui vient du Père. Parce que l'esprit de l'homme né en péchés est mort vis-à-vis du service de Dieu. (Ephésiens 2 :1,2) L'Esprit nouveau qui vient du Ciel pénètre dans notre vieil esprit et le rend vivant pour le service de l'Éternel.

L'enseignement sur la naissance de nouveau vient d'une personne qui est descendue du Ciel et qui se trouvait à la fois sur la Terre et dans le Ciel. En tant que Parole de Dieu, Jésus se trouvait dans l'Éternel, mais en tant que Fils de Dieu, Jésus se trouvait sur la Terre. La Parole est Esprit. (Jean 6 :6 3) Or, l'Esprit de Dieu est omniprésent. Sur ce principe, Jésus, avant son élévation au Ciel, a fait une promesse éblouissante : »Et voici, je suis avec vous tous les jours, jusqu'à la fin du monde. » (Matthieu 28 :20) Cette promesse est valable pour toutes les générations de disciples christiques.

Jésus trouva bon d'annoncer à Nicodème l'amour du Père pour toute l'humanité et la vertu salvatrice de son propre sacrifice : »Car Dieu a tant aimé le monde qu'il a donné son Fils unique, afin que quiconque croit en lui ne périsse point, mais qu'il ait la vie éternelle. » (Jean 3 :16)

Le Dieu Saint hait le péché, mais il aime les hommes subis à la puissance de Satan et il a trouvé un prix de rachat pour eux, le sang de son Fils bien-aimé. Tout pécheur repentant qui se fie au sacrifice du Fils échappe aux souffrances éternelles.

La femme samaritaine, que le Seigneur rencontra au puits de Jacob près de la ville de Sychar, a été rejetée de cinq hommes. (Jean 4 :1-26)

Fatigué du voyage, Jésus s'assit au bord d'un puits. Ses disciples étaient allés à la ville pour acheter des vivres.

« Une femme de Samarie vint puiser de l'eau. Jésus lui dit : Donne-moi à boire. La femme samaritaine lui dit : Comment toi, qui es Juif, me demandes-tu à boire, à moi qui suis femme samaritaine ? Les Juifs, en effet, n'ont pas de relations avec les Samaritains. Jésus lui répondit : Si tu connaissais le don de Dieu, et qui est celui qui te dit : Donne-moi à boire ! Tu lui aurais toi-même demandé à boire, et il t'aurait donné de l'eau vive. Seigneur, lui dit la femme, tu n'as rien pour puiser, et le puits est profond, d'où aurais-tu donc cette eau vive ? Es-tu plus grand que notre père, Jacob qui nous a donné ce puits, et qui en a bu lui-même, ainsi que ses fils et ses troupeaux ? Jésus lui répondit : Quiconque boit de cette eau aura encore soif, mais celui qui boira de l'eau que je lui donnerai n'aura jamais soif, et l'eau que je lui donnerai deviendra en lui une source d'eau qui jaillira jusque dans la vie éternelle. La femme lui dit : Seigneur, donne-moi cette eau, afin que je n'aie plus soif, et que je ne vienne plus puiser ici. Va, lui dit Jésus, appelle ton mari, et viens ici. La femme répondit : Je n'ai point de mari. Jésus lui dit : Tu as eu raison de dire : Je n'ai point de mari. Car tu as eu cinq maris, et celui que tu as maintenant n'est pas ton mari. En cela tu as dit vrai. Seigneur, lui dit la femme, je vois que tu es prophète. Nos pères ont adoré sur cette montagne, et vous dites, vous, que le lieu où il faut adorer est à Jérusalem. Femme, lui dit Jésus, crois-moi, l'heure vient où ce ne sera ni sur cette montagne ni à Jérusalem que vous adorerez le Père. Vous adorez ce que vous ne connaissez pas, nous, nous adorons ce que nous connaissons, car le salut vient des Juifs. Mais l'heure vient et elle est déjà venue, où les vrais adorateurs adorent le Père en esprit et en vérité, car ce sont là les adorateurs que le Père demande. Dieu est Esprit, et il faut que ceux qui l'adorent, l'adorent en esprit et en vérité. La femme lui dit: Je sais que le Messie doit venir (celui qu'on appelle Christ) ; quand il sera venu, il nous annoncera toutes choses. Jésus lui dit : Je le suis, moi qui te parle. » (Jean 4 :7-26)

S'entretenant avec cette femme délaissée, Jésus s'est progressivement révélé à elle. Ce fut le but qu'il poursuivit. Jésus est le de don de grâce qui abreuve ses fidèles de l'eau de vie qui se transforme dans leurs cœurs en une source d'eau. Il parla du Saint Esprit. Ensuite, Jésus découvre le grand déboire de cette femme : elle a été rejetée de cinq hommes et elle vivait avec un homme qui n'était point son mari. Cette révélation arracha à la samaritaine une exclamation de surprise : je vois que tu es un prophète. Elle profita de ce cette occasion pour le questionner sur le lieu de prière agréable à Dieu. Le Seigneur lui fit connaître que dès lors ce n'était pas le lieu de prière qui comptait, mais la manière dont on adorait Dieu : »Dieu est Esprit, et il faut que ceux qui l'adorent, l'adorent en esprit et en vérité. » (v.24)

L'adoration faite en esprit signifie qu'on prononce, en sa langue natale, des paroles inspirées par l'Esprit de Dieu. Selon Paul, l'adoration en esprit consiste à prier dans une langue inconnue dont l'intelligence humaine ne pénètre pas les profondeurs. (1Corinthiens 14 :2,14) Adorer Dieu en vérité, c'est prier conformément à l'Évangile qui est la vérité absolue. (Jean 17 :17)

À la fin, la femme exprime son espérance dans la venue du Messie qui annoncera toutes choses. C'est alors que Jésus se présenta à elle : »Je le suis, moi qui te parle. » (v.26) C'est le premier cas que le Seigneur Jésus se découvre à un homme. Il en fit de même avec l'aveugle-né et avec le grand sacrificateur, Caïphe. (Jean 9 :35-38 ; Matthieu 26 :63,64)

Lorsque les disciples furent venus, ils s'étonnèrent de voir Jésus causer avec une femme samaritaine. Comme les disciples le pressèrent de manger, Jésus leur répondit : »Ma nourriture est de faire la volonté de celui qui m'a envoyé et d'accomplir son œuvre. » (v. 34) À y penser, on se rend compte du niveau de piété qui caractérise Jésus Christ.

La femme samaritaine répandit la nouvelle d'avoir rencontré le Messie. Les Samaritains sont venus le voir et le prièrent de rester avec eux. Il resta là deux jours.

Puisque chez Dieu un jour est comme mille ans, et mille ans sont comme un jour, on peut en déduire que les nations jouiront deux mille ans de la grâce de Christ, après quoi la grâce retournera aux Juifs. (2 Pierre 3 :8 ; Romains 11 :25,26)

Zachée fut le chef des publicains dans la ville de Jéricho. Il eut le désir de voir Jésus. (Luc 19 :1-10)

« Jésus, étant entré dans Jéricho, traversa la ville. Et voici un homme riche, appelé Zachée, chef des publicains, cherchait à voir qui était Jésus. Mais il n'y pouvait pas parvenir, à cause de la foule, car il était de petite taille. Il courut en avant, et monta sur un sycomore pour le voir, parce qu'il devait passer par là. Lorsque Jésus fut arrivé à cet endroit, il leva les yeux et dit : Zachée, hâte-toi de descendre, car il faut que je demeure aujourd'hui dans ta maison. Zachée se hâta de descendre, et le reçut avec joie. Voyant cela, tous murmuraient, et disaient : Il est allé loger chez un homme pécheur. Mais Zachée, se tenant devant le Seigneur, lui dit : Voici, Seigneur, je donne aux pauvres la moitié de mes biens, et, si j'ai fait tort de quelque chose à quelqu'un, je lui rends le quadruple. Jésus lui dit : Le salut est entré aujourd'hui dans cette maison, parce que celui-ci est un fils d'Abraham. Car le Fils de l'homme est venu chercher et sauvé ce qui était perdu. » (Luc 19 :1-10)

Dieu qui donne la volonté et le faire à ses élus, suscita l'intérêt de Zachée pour Jésus de Nazareth, que celui-ci voulut voir à tout prix. Jésus l'appela lui signalant sa décision de loger chez lui. À la rencontre de Jésus, la conscience de Zachée s'éveilla et il eut des remords à cause de ses iniquités. Il promit de donner aux pauvres la moitié des ses biens et de rendre le quadruple à ceux qu'ils avait dépouillés.

Cette manifestation de repentance fit arracher à Christ une constatation à part : »Le salut est entré aujourd'hui dans cette maison. » Parce qu'ils croient en Dieu, les fils d'Abraham se repentent de leurs péchés en présence du Saint d'Israël, qui pardonne leurs péchés. Jésus est venu chercher et sauver les fils d'Abraham.

À la lumière qui resplendit de la Parabole de l'ivraie, on comprend que ce sont les semences de blé spirituel qui sont perdues dans le corps du péché que Jésus est venu chercher et sauvés.

La femme adultère est un sujet qui met en contraste la Loi représenté par Moïse et la Grâce apportée par Jésus. (Jean 8 :1-11)

« Jésus se rendit à la montagne des Oliviers. Mais dès le matin, il alla de nouveau dans le temple, et tout le peuple vint à lui. S'étant assis, il les enseignait. Alors les scribes et les pharisiens amenèrent une femme surprise en adultère, et la plaçant au milieu du peuple, il dirent à Jésus : Maître, cette femme a été prise en flagrant délit d'adultère. Moïse dans la loi nous a ordonné de lapider de telles femmes. Toi donc que dis-tu ? Ils disaient cela pour l'éprouver, afin de pouvoir l'accuser. Mais Jésus, s'étant baissé, écrivait avec le doigt sur la terre. Comme ils continuaient à l'interroger, il se releva et leur dit : Que celui de vous qui est sans péché jette le premier la pierre contre elle. Et s'étant de nouveau baissé, il écrivait sur la terre. Quand ils entendirent cela, accusés par leur conscience, ils se retirèrent un à un, depuis les plus âgés jusqu'au derniers, et Jésus resta seul avec la femme qui était là, au milieu. Alors, s'étant relevé, et ne voyant plus que la femme, Jésus lui dit : Femme, où sont ceux qui t'accusaient ? Personne ne t'a-t-il condamné ? Elle répondit : Non, Seigneur. Jésus lui dit : Je ne te condamne pas non plus. Va et ne pèche plus. » (Jean 8 :1-11)

La loi sainte de Dieu, promue par Moïse, exige la mort de ceux qui la transgressent. Le salaire du péché, c'est la mort. (Romains 6 :23) Celui qui piétine les commandements de la Loi se place sous la malédiction de Dieu. (Jérémie 11 :3,4) C'est Christ seul qui puisse délivré l'homme né en péché de la malédiction de la Loi. (Galates 3 :13,14)

Jésus donc eut la puissance de délivrer la femme adultère de la malédiction de la Loi, chose ignorée des scribes, qui leur eurent apporté cette femme pour l'éprouver afin de pouvoir l'accuser. Jésus aurait pu leur dire : Ne lapidez point cette femme, car je l'absous de sa faute. Ce serait été un motif de scandale, puisque les scribes le prenaient pour un farceur. S'il avait dit : Lapidez-la selon a Loi, il aurait renoncé à sa propre vocation. Alors, il trouva une solution, en faisant appel à la conscience humaine. Comme ils se trouvaient pécheurs dans leur conscience, ils renoncèrent à l'idée de lapider la femme prise en flagrant délit d'adultère.

Jésus trouva bon de consoler cette femme qui avait traversé des moments de frayeur : »Femme où sont ceux qui t'accusaient ? Personne ne t'a-t-il condamné ?...Je ne te condamne non plus, va et ne pèche plus. » (v.10, 11)

Cette scène rappelle un passage célèbre de l'Épître adressée aux Romains : »Si Dieu est pour nous, qui sera contre nous ? Lui, qui n'a point épargné son propre Fils, mais qui l'a livré pour nous tous, comment ne nous donnera-t-il pas toutes choses avec lui ? Qui accusera les élus de Dieu ? C'est Dieu qui justifie. Qui les condamnera ? Christ est mort, bien plus il est ressuscité, il est à la droite de Dieu, et il intercède pour nous. » (Romains 8 :31-34) La femme prise en adultère fut l'une des élus de Dieu, car elle a rencontré Christ qui l'a absoute de ses péché.

La femme cananéenne eut un problème humainement insoluble qui l'a contrainte à chercher Christ. (Matthieu 15 :21-28 ; Marc 7 :24-30)

« Jésus, étant parti de là, se retira dans le territoire de Tyr et de Sidon. Et voici une femme cananéenne, qui venait de ces contrées, lui cria : Aie pitié de moi, Seigneur, Fils de David ! Ma fille est cruellement tourmentée par le démon. Il ne lui répondit pas un mot ; et ses disciples s'approchèrent et lui dirent avec insistance: Renvoie-la car elle crie derrière nous. Il répondit : Je n'ai été envoyé qu'aux brebis perdues de la maison d'Israël. Mais elle vint se prosterner devant lui, disant : Seigneur, secours-moi ! Il répondit : Il n'est pas bien de prendre le pain des enfants, et de le jeter aux petits chiens. Oui, Seigneur, dit-elle, mais les petits chiens mangent les miettes qui tombent de la table de leur maître. Alors Jésus lui dit : Femme, ta foi est grande. Qu'il te soit fait comme tu veux. Et, à l'heure même, sa fille fut guérie. » (Matthieu 15 :21-28)

Cette femme eut une fille cruellement tourmentée par les démons. Concernant sa délivrance, elle n'eut qu'une seule chance : obtenir l'intervention de Jésus. Elle le retrouva et insista auprès de lui en faveur de a fille. Jésus le refusa trois fois pour mettre à l'épreuve les carates de sa foi. En fin de compte, la femme accepta le qualificatif de chien que la Loi désigna pour les nations. En faisant cela, elle s'est profondément humiliée, tout en persévérant dans sa requête. Sa foi persévérant arracha à Christ une appréciation inattendue : »Femme, ta foi est grande. » Sans conteste, cette Cananéenne fut un vase élu de l'Éternel. Sa foi fit honneur à Dieu.

Le jeune homme riche s'intéressait à la vie éternelle. À ce sujet, il voulait à tout prix s'entretenir avec Jésus de Nazareth. (Matthieu19 :16-26 ; Marc 10-17-27 ; Luc 18 :18-30)

« Un chef interrogea Jésus et dit : Bon maître, que dois-je faire pour hériter la vie éternelle ? Jésus lui répondit : Pourquoi m'appelles-tu bon ? Il n'y a de bon que Dieu seul. Tu connais les commandements : Tu ne commettras point d'adultère, tu ne tueras point, tu ne déroberas point, tu ne diras point de faux témoignages, honore ton père et ta mère. J'ai, dit-il, observé toutes ces choses dès ma jeunesse. Jésus, ayant entendu cela, lui dit : Il te manque encore une chose : Vends tout ce que tu as, distribue-le aux pauvres, et tu auras un trésor dans les cieux. Puis viens et suis-moi. Lorsqu'il entendit ces paroles, il devint tout triste, car il était très riche. Jésus, voyant qu'il était devenu tout triste, dit : Qu'il est difficile à ceux qui ont des richesses d'entrer dans le royaume de Dieu. Car il est plus facile à un chameau de passer par le trou d'une aiguille qu'à un riche d'entrer dans le royaume de Dieu. Ceux qui l'écoutèrent dirent : Et qui peut être sauvé ? Jésus répondit : Ce qui est impossible aux hommes est possible à Dieu. » (Luc 18 :18-23)

Voilà un jeune homme riche, hanté par la pensée de la vie éternelle. (Ecclésiaste 3 :11) En effet, Dieu a mis dans l'âme humaine l'idée de l'éternité, à laquelle s'opposent plusieurs personnes aveuglées par l'esprit de l'erreur qui maîtrise ce monde.

Ce chef des Juifs s'est adressé à Jésus par l'appellatif « bon maître ». Jésus l'a ôté d'erreur, en précisant que Dieu seul est bon. Cette réplique venait de la nature humaine de Christ, qui était à la fois Dieu et Homme.

Ensuite, Jésus dirigea l'attention de ce jeune homme vers la Loi qui assure à ses sujets une certaine justice. (Philippiens 3 :7-9) Mais Paul même renonça à cette justice afin d'avoir la justice qui vient par la foi en Christ. L'horizon sombre de la Loi, que personne ne peut observer sans broncher, ouvre la voie vers l'horizon lumineux de la Grâce que Dieu accorde au nom de Christ.

Comme la Loi n'a rien amené à la perfection, Jésus recommanda à ce jeune homme la voie de la perfection : «Vends tout ce que tu as, distribue-le aux pauvres, et tu auras un trésor dans les cieux. Puis, viens et suis moi. » (Hébreux 7 :19) En égrenant certains commandements de la Loi, Jésus n'a point mentionné le respect pour le septième jour, le sabbat hébraïque. Cela passe inobservé dans l'esprit des partisans « chrétiens » de la Loi mosaïque.

Pour ce jeune homme, dont le cœur fut attaché à son grand trésor, ce fut un enseignement trop fort. Il s'en alla, attristé. En conclusion, Jésus fit une remarque : »

Car il est plus facile à un chameau de passer par un trou d'aiguille qu'à un riche d'entrer dans le Royaume de Dieu. » C'est qu'on ne peut servir deux maîtres : Mammon et Dieu.

Toujours est-il que plusieurs élus de Dieu disposaient de grands richesses : Job, Abraham, Isaac, David, Salomon etc. Mais ils se fiaient plus à Dieu qu'à la richesse. À toute règle générale, donnée aux hommes, il y a des exceptions. Cette idée a été suggérée ainsi : »Ce qui est impossible aux hommes est possible à Dieu ».

Le pharisien nommé Simon le Lépreux invita Jésus à sa table, occasion à laquelle il apprit quelque chose. (Mathieu 26 :6-13 ; Marc 14 :3-11 ; Luc 7:36-50)

« Un pharisien pria Jésus de mange avec lui. Jésus entra dans la maison du pharisien et se mit à table. Et voici une femme pécheresse, qui se trouvait dans la ville, ayant su qu'il était à la table dans la maison du pharisien, apporta un vase d'albâtre plein de parfum, et se tint derrière, aux pieds de Jésus. Elle pleurait, et bientôt elle lui mouilla les pieds de ses larmes, puis les essuya avec les cheveux, les embrassa et les oignit de parfum. Le pharisien qui l'avait invité, voyant cela, dit en lui-même : Si cet homme était prophète, il saurait qui et de quelle espèce est la femme qui le touche, il saurait que c'est une pécheresse. Jésus prit a parole, et lui dit : Simon, j'ai quelque chose à te dire. Maître, parle, répondit-il. Un créancier avait deux débiteurs : l'un devait cinq cents deniers, l'autre cinquante. Comme ils n'avaient pas de quoi payer, il remit à tout deux leur dette. Lequel l'aimera le plus ? Simon répondit : Celui, je pense, auquel il a le plus remis. Jésus lui dit : Tu as bien jugé. » (Luc 7 :36-43)

Quelle adoration pourrait surpasser celle de cette femme pécheresse ? Elle a mouillé les pieds de Jésus de ses pleurs de repentance, elle les a essuyé des ses cheveux, puis elle les embrassa et les oignit de parfum. Le Fils de Dieu, qui a la puissance de pardonner les péchés ne l'en empêcha pas. Les anges de l'Éternel n'acceptent point d'être adorés par les hommes. (Apocalypse 19-10) Ce serait de l'idolâtrie. Mais le Fils est adoré dans la Salle du Trône, sur la Terre et sous la Terre. (Apocalypse 5 :13 ; Luc 24 :52 ; Philippiens 2 :9-11)

Comme Jésus eut permis à une pécheresse de le toucher, Simon se douta déjà de sa qualité de prophète. Dans le but de lui faire comprendre ce qui venait de se passer, Jésus lui conta cette parabole du créancier et de ses débiteurs. Le créancier, c'est Dieu, les débiteurs, ce sont, en l'occurence, Simon et la femme pécheresse. Christ a plus remis à cette femme qu'à Simon. En revanche, elle a plus aimé Jésus que Simon ne l'aimait.

Ensuite, Le Seigneur fit une comparaison entre Simon et la femme pécheresse, en démontrant que celle-ci l'aimait plus que celui-là. À la fin, Jésus pardonna les péchés de cette femme et il lui dit : »Ta foi t'as sauvée, va en paix. » (Luc 7 :50)

Chez Matthieu et chez Marc, ce dialogue entre Jésus et Simon manque parce que l'intérêt du narrateur porta sur la malveillance de certains disciples contre cette femme. L'un d'eux considéra comme une perte le parfum répandu sur la tête de Jésus. Mais le Seigneur prit le parti de Marie de Béthanie : »Laissez-la. Pourquoi lui faites-vous de la peine. Elle a fait une bonne action à mon égard….Je vous le dis en vérité, partout où la bonne nouvelle sera prêchée, dans le monde entier, on racontera aussi en mémoire de cette femme, ce qu'elle a fait. » (Marc 14 :6-9)

Cette prophétie s'est déjà accomplie. L'Évangile est prêché dans le monde entier et l'on n'oublie pas de rappeler ce que Marie de Béthanie a fait à Jésus.

Les fils de Zébédée, Jacques et Jean, ont eu deux entrevues notables avec le Seigneur Jésus Christ. La première a comme point de départ une requête des deux frères.

« Les fils de Zébédée, Jacques et Jean, s'approchèrent de Jésus, et lui dirent : Nous voulons que tu fasses pour nous ce qu nous te demanderons. Il leur dit : Que voulez-vous que je fasse pour vous ? Accorde-nous, lui dirent-ils, d'être assis l'un à ta droite et l'autre à ta gauche, quand tu seras dans ta gloire. Jésus leur répondit : Vous ne savez ce que vous me demandez. Pouvez-vous boire la coupe que je dois boire, ou être baptisés du baptême dont je dois être baptisé ? Nous le pouvons, dirent-ils. Jésus leur répondit : Il est vrai que vous boirez la coupe que je dois boire, et que vous serez baptisés du baptême dont je dois être baptisé, mais pour ce qui est d'être assis à ma droite ou à ma gauche, cela ne dépend pas de moi, et ne sera donné qu'à ceux à qui cela est réservé. » (Marc 10 :35-40)

La requête des deux frères ne dénote point de fatuité, car elle ne se rapporte pas aux choses de ce monde visible, mais aux choses du monde invisibles à l'œil charnel. Leur requête dénote donc de la foi. Aussi, Jésus n'en était-il point fâché. Il leur signala que les deux premières places, situées tout près de son trône, sont déjà prédestinées. Il n'a point la latitude de les leur accorder. Dans sa prescience, Dieu réserve toutes les fonctions de son Royaume, à ceux qui se trouvent sur les différents échelons de l'échelle du service de son Fils. Le salut se donne comme réponse à notre foi. Mais les récompenses sont attribuées selon la manière dont on sert Christ. (1Corinthiens 3 :14,15 ; Luc 19 :11-27)

Pour la seconde fois, Jacques et Jean, indignés par l'attitude hostile d'un village samaritaine contre Jésus, consultèrent le Seigneur à propos de la destruction de ce village-là. (Luc 9 :51-56)

« Lorsque le temps où il devait être enlevé du monde s'approcha, Jésus prit la résolution de se rendre à Jérusalem. Il envoya devant lui des messagers, qui se mirent en route et entrèrent dans un bourg des Samaritains, pour lui préparer un logement. Mais on ne le reçut pas, parce qu'il se dirigeait sur Jérusalem. Les disciples Jacques et Jean, voyant cela, dirent : Seigneur, veux tu que nous commandions que le feu descende du ciel et le consume ? Jésus, se tourna vers eux, et les réprimanda, disant : Vous ne savez de quel esprit vous êtes animés. Car le Fils de l'homme est venu, non pour perdre les âmes des hommes, mais pour les sauvez. Et ils allèrent dans un autre bourg. » (Luc 9 :51-56)

Évidemment, les deux frères eurent en pensée l'exemple du prophète Élie, qui avait fait descendre le feu céleste sur cinquante soldats et sur leur officier. (2 Rois 1 :9,10) Il l'a fait par peur d'être emprisonné par eux. Les deux frères ont été animés par le même esprit que le prophète Élie. Ce fut l'Esprit de la Loi, qui demande la mort des pécheurs. Mais, à l'époque de la grâce, ceux qui sont animés par l'Esprit de la Loi méritent d'être réprimandés. Ce fut le cas des fils de Zébédée.

Simon Pierre eut plusieurs conversations avec le Seigneur Jésus, dont on va aborder trois.

Premièrement, il a répondu correctement à une question posée sur l'identité de Jésus-Christ.

« Jésus, étant arrivé dans le territoire de Césarée de Philippe, demanda à ses disciples : Qui suis-je aux dires des hommes, moi le Fils de l'homme ? Ils répondirent. Les uns dirent que tu es Jean Baptiste ; les autres, Élie ; les autres, Jérémie, ou l'un des prophètes. Et vous, leur dit-il, qui dites-vous que je suis ? Simon Pierre répondit : Tu es le Christ, le Fils du Dieu Vivant. Jésus, reprenant la parole, lui dit : Tu es heureux, Simon, fils de Jonas, car ce ne sont pas la chair et le sang qui t'ont révélé cela, mais c'est mon Père qui est dans les cieux. Et moi, je te dis que tu es Pierre, et que sur ce roc je bâtirai mon église, et que les portes du séjour des morts ne prévaudront point contre elle. Je te donnerai les clés du royaume de cieux : ce que tu lieras sur la terre sera lié dans les ceux, et ce que tu délieras sur la terre sera délié dans les cieux. Alors, il recommanda aux disciples de ne dire à personne qu'il était le Christ. » (Matthieu 16 :13-20)

Sans conteste, l'axe du monde est Christ. « Celui qui a le Fils a la vie, celui qui n'a pas le Fils de Dieu n'a pas la vie. » (1Jean 5 :12) Tout homme arrive, à la longue, à émettre un avis sur l'identité de Jésus de Nazareth. Cet avis déterminera le lieu où il passera son éternité. Par son Esprit, Jésus adresse à chaque homme cette question : Qui dis-tu que je suis ? La réponse peut venir de la chair et du sang ou bien par le Saint Eprit de Dieu qui inspire les élus. Pierre en fut un. Sa réponse étonna Pierre même : Tu es le Fils du Dieu Vivant. Ce fut le témoignage de la foi salvatrice. Jésus bâtit son Église sur ce témoignage, et les princes des Ténèbres ne pourront point l'ébranler. Unis en groupes de deux ou trois, ceux qui ont ce témoignage obtiennent l'acceptation des Cieux dans tout ce qu'ils entreprennent. (Matthieu 18 :19,20)

Encore une remarque en marge de ce texte s'impose : le fondement de l'Église n'est point Pierre, mais son témoignage que Christ est Fils de Dieu. À ce sujet, Paul énonce une grande vérité : »Car personne ne peut poser un autre fondement que celui qui a été posé, savoir Jésus Christ. » (1 Corinthiens 3 :11)

Deuxièmement, Pierre a donné lieu à une initiative qui ne venait point du Père céleste. Le Seigneur s'en est rendu compte et réprimanda Pierre.

« Dès lors, Jésus commença à faire connaître à ses disciples qu'il fallait qu'il aille à Jérusalem, qu'il souffre beaucoup de la part des anciens, des principaux sacrificateurs et des scribes, qu'il soit mis à mort, et qu'il ressuscite le troisième jour. Pierre, l'ayant pris à part, se mit à le reprendre et dit : À Dieu ne plaise, Seigneur ! Cela ne t'arrivera pas. Mais Jésus, se retournant, dit à Pierre : Arrière de moi, Satan ! Tu m'es en scandale, car tes pensées ne sont pas les pensées de Dieu, mais celles des hommes. » (Matthieu 16 :21-23)

Humainement pensant, Pierre n'a commis aucune erreur en se prononçant contre la mort de Jésus. Personne ne se réjouit de la nouvelle du décès d'un ami. Mais Pierre ne prêta point l'oreille au message entier de Jésus, qui parlait de sa mort et de sa résurrection. Or, la mort expiatoire et la résurrection triomphante de Jésus figuraient dans le plan de salut de l'humanité déchue, que Dieu avait conçu avant la création du monde. Sans s'en rendre compte, Pierre parla contre l'accomplissement de ce plan. À cette occasion-là, il parla sous l'inspiration satanique. Les pensées des hommes qui ne connaissent pas Dieu ressemblent souvent aux pensées démoniques. Aussi, Pierre a-t-il été repris par le Seigneur.

Pierre tomba dans le piège tendu par le Tentateur, puisqu'il donna place à une pensée de la chair. Paul fournit un critère à laquelle on peut distinguer les pensées de la chair de celles de l'esprit. Voilà ce qu'il enseigne : » Et l'affection de la chair, c'est la mort, tandis que l'affection de l'esprit, c'est la vie et la paix. » (Romains 8 :6) La chair est donc hantée de la pensée de la mort, tandis que l'esprit ne pense qu'à la vie et à la paix.

Jésus découvrit à Pierre qu'il allait passer par une rude épreuve sans en perdre la foi.

« Le Seigneur dit à Simon : Simon, Simon, Satan vous a réclamés, pour vous cribler comme un froment. Mais j'ai prié pour toi, afin que ta foi ne défaille point ; et quand tu seras revenu, affermis tes frères. Seigneur, lui dit Pierre, je suis prêt à aller avec toi et en prison, et à la mort. Et Jésus dit : Pierre, je te le dis, le coq ne chantera pas aujourd'hui que tu n'aie nié trois fois de me connaître. » (Luc 22 :31-34)

Il s'ensuit donc que Satan remplit la fonction de crible des serviteurs de Dieu, en éprouvant leur foi. Le tentateur a réclamé Pierre pour le cribler comme le froment. Il se peut que le serviteur éprouvé perde sa foi au cours de la tentation. Voilà pourquoi Jésus pria le Père que la foi de Pierre ne s'écroule pas.

Les enseignements occasionnels et les prophéties de Christ

En traversant le pays d'Israël, Jésus répandit maints **enseignements occasionnels** que les évangélistes mirent en écrit.

Parmi ces enseignements se distinguent les suivants :1. Le blasphème contre le Saint Esprit, 2. Le signe du prophète Jonas, 3. La mère et les frères de Jésus, 4. Le levain des pharisiens, 5. Ce qui souille l'homme, 6. Le portement de la croix, 7. Le divorce et le célibat, 8. Comment suivre Christ, 9.La reprise des scribes et des pharisiens, 10. La puissance de la foi, 11. La prière assidue, 12. L'humilité aux festins, 13. Jésus le pain de vie, 14. Jésus le bon berger, 15. La Vérité qui rend libre, 16. Le service du Consolateur, 17. Le cep et les sarments, 18. L'amour fraternel, 19. La haine qui émane du monde, 20. Le pardon des péchés.

Le blasphème contre le Saint Esprit est le seul péché impardonnable. Il a été traité par trois évangélistes. (Matthieu 12 :22-37 ; Marc 3 :20-30 ; Luc 11 :17-28) Pour méditer ce thème, on opte pour la description de Matthieu.

« Alors on lui amena un démoniaque aveugle et muet, et il le guérit, de sorte que le muet parlait et voyait. Toute la foule étonnée disait : N'est-ce point là le fils de David ? Les pharisiens, ayant entendu cela, dirent : Cet homme ne chasse les démons que par Béelzébul, prince des démons. Comme Jésus connaissait leurs pensées, il leur dit : Tout royaume divisé contre lui-même est dévasté, et toute ville ou maison divisée contre elle-même ne peut subsister. Si Satan chasse Satan, il est divisé contre lui-même. Comment donc son royaume subsistera-t-il ? Et si moi, je chasse les démons par Béelzébul, vos fils par qui les chassent-ils ? C'est pourquoi ils seront eux-mêmes vos juges. Mais, si c'est par l'Esprit de Dieu que je chasse les démons, le royaume de Dieu est donc venu vers vous. Ou comment quelqu'un peut-il entrer dans la maison d'un homme fort et piller ses biens, sans avoir auparavant lié cet homme fort ? Alors seulement il pillera sa maison. Celui qui n'est pas avec moi est contre moi, et celui qui n'assemble point avec moi disperse. C'est pourquoi je vous dis : Tout péché et tout blasphème sera pardonné aux hommes, mais le blasphème contre l'Esprit ne sera point pardonné. Quiconque parle contre le Fils de l'homme, il lui sera pardonné, mais quiconque parlera contre le Saint Esprit, il ne lui sera pardonné ni dans ce siècle, ni dans le siècle à venir.» (Matthieu 12 :22-32)

Le péché contre le Saint-Esprit est nommé, décrit et expliqué en détail dans deux passages d'Évangile, par le Seigneur même. (Matthieu 12:22-37; Marc 3:22-30) Dès que le Seigneur eût chassé des démons en présence des pharisiens, ceux-ci se hâtèrent de dire: *«Cet homme ne chasse les démons que par Béelzébul, prince des démons.»* Pour les tirer d'erreur, Jésus leur explique que Satan ne chasse pas les démons, de peur de créer une rupture dans sa maison et de mettre, en cette sorte, en danger sa propre subsistance.

Par la suite, le Seigneur donne son opinion sur les mots calomnieux que ces gens religieux ont proférés à son égard. Oint d'Esprit et de puissance, Jésus accomplissait toute chose par la puissance de Dieu. (Luc 5:17; Actes 10:38) Par conséquent, les calomniateurs dirigeaient leurs flèches aiguës contre le Saint-Esprit, par lequel le Seigneur chassait les démons. (Matthieu 12:28) Ainsi donc, le péché contre le Saint-Esprit est un acte de calomnie à l'adresse d'un ouvrier oint de l'Esprit de Dieu. Plus précisément, le calomniateur s'attaque à un disciple plein d'Esprit et de force, en attribuant ses œuvres miraculeuses à des esprits impurs.

Dans le passage dont nous nous occupons, l'ouvrier oint d'Esprit était Christ, en tant qu'esclave de Dieu. (Philippiens 2:5-8; Luc 22:27; Ésaïe 42:1-4; 49:6) Ses ennemis l'accusaient d'être en connivence avec Béelzébul. La même chose arrive de nos jours à ses disciples oints de la puissance d'en haut. (Matthieu 10:25; Luc 24:49) Comme ils parlent des paroles de sagesse et de connaissance divine, ils exercent le don de guérison, ils accomplissent des miracles, prophétisent et parlent en langues, les malavisés pleins de haine se hasardent d'affirmer que de tels miracles résultent d'une collaboration avec les puissances ténébreuses. (cf. 1.Corinthiens 12:7-10; Marc 3:30) Accuser un disciple de Christ d'être possédé par un démon, c'est la manifestation actuelle du péché contre le Saint-Esprit, péché ineffaçable qui en compromet à jamais l'éternité son sujet.

Du moment qu'on peut se méprendre et confondre un miracle ténébreux avec un miracle venant du Royaume de Lumières, on a le devoir d'examiner minutieusement le caractère de l'ouvrier par lequel ce miracle se produit. (Matthieu 7:16) Un disciple de Christ ressemble à son Maître il mène, par la foi, une vie christique. Il peut dire avec l'apôtre Paul: «*j'ai été crucifié avec Christ; et si je vis, ce n'est plus moi qui vis, c'est Christ qui vit en moi*». (Galates 2:20) Un chrétien qui fait des miracles au nom du Seigneur a l'obligation de se sonder pour voir si Jésus-Christ est en lui. (2.Corinthiens 13:5) S'il s'en rend compte, les gens le feront de même. Le Saint-Esprit accomplit des miracles par un disciple qui marche sur les traces du Maître, portant le fruit de l'Esprit: amour, joie, paix, patience, bonté, bénignité, fidélité, douceur et tempérance. (cf. Galates 5:22,23) Il en cuira à quiconque médira d'un tel homme, disant qu'il serait possédé d'un démon.

Malheureusement, la plupart des dénominations chrétiennes ne font pas de cas du blasphème contre le Saint-Esprit. Cet état de choses se doit à l'école « anti-miracle » qui se répand de plus en plus dans les assemblées invoquant le nom du Seigneur Jésus. Partant de leur propre expérience de chrétiens charnels, certains prédicateurs proclament que l'époque des miracles divins est arrivée à son terme. Les saints prophètes et apôtres ont quitté ce monde, les chrétiens qui sont restés ne s'élèvent point à la hauteur de leur appel céleste. Aussi le Saint-Esprit n'opère-t-il plus de miracles, ceux de nos jours étant mensongers. Les vrais miracles reviendront à l'époque où les Juifs auront recommencé à prêcher le Royaume de Dieu. Jusque là, il n'y a aucun péril de blasphémer le Saint-Esprit, du moment qu'il s'est arrêté d'opérer des miracles.

À vrai dire, l'orientation « anti-miracles » défavorise les disciples provenant des nations, les rendant impropres à collaborer avec le Saint-Esprit, incapables d'égaler en sainteté les chrétiens Juifs. Mais l'apôtre Pierre est d'autre avis: « *je reconnais que Dieu ne fait point acception de personnes, mais qu'en toute nation celui qui le craint et qui pratique la justice lui est agréable* ». (Actes 10:34,35) L'apôtre Paul s'exprime en ces termes sur l'Assemblée: « *Il n'y a ici ni Grec ni Juif, ni circoncis ni incirconcis, ni barbare ni Scythe, ni esclave ni libre; mais Christ est tout et en tous* ». (Colossiens 3:11) Bibliquement parlant, qu'en est-il de la priorité des Juifs?

Dans l'Église de Dieu, les miracles ne se doivent point aux prophètes et aux apôtres israélites. Ils se doivent à la présence du Saint-Esprit et à la foi en Jésus-Christ. Voilà un témoignage du Seigneur que les docteurs du mouvement « anti-miracles » semblent ignorer: « *En vérité, en vérité, je vous le dis, celui qui croit en moi fera aussi les œuvres que je fais, et il en fera de plus grandes, parce que je m'en vais à mon Père; et tous ce que vous demanderez en mon nom, je le ferai, afin que le Père soit glorifié dans le Fils* ». (Jean 14:12,13) Cela veut dire que Dieu accomplit des choses merveilleuses comme réponse à une prière faite par une simple foi d'enfant. (cf. Luc 10:17-21) La confiance spécifique aux enfants honore Dieu et donne accès au Royaume des Lumières. La foi purement rationnelle des adultes cherche toujours des motifs pour contourner les versets évangéliques. Un adulte se dit souvent: « Ce que ce verset contient n'est plus actuel. Cela était valable au temps des apôtres ». Il pense de cette manière parce qu'il n'a pas confiance en la Parole vivante. Le manque de confiance en Dieu a chassé les miracles de maintes assemblées chrétiennes. Jésus même n'a pu faire beaucoup de miracles dans une atmosphère d'incrédulité spécifique aux adultes. (Matthieu 13:58) À plus forte raison, il ne fait pas de miracles dans les communautés où l'on prêche que c'en est fini des prodiges.

Les docteurs qui s'opposent à toute manifestation surnaturelle dans les églises locales se sentent mal à l'aise, quant ils lisent les Actes des Apôtres: ce livre abonde en guérisons divines, en actes d'exorcisme; on y trouve même un cas de résurrection des morts. Aussi l'ont-ils catalogué dans l'ordre des livres aux histoires inimitables. Selon eux, il est périlleux de prendre les Actes des Apôtres pour sources d'enseignements pratiques. À supposer que ce livre ne fasse point partie des Saintes Écritures, ils auraient raison. Mais s'il en fait partie, alors il est utile « *pour enseigner, pour convaincre, pour corriger, pour instruire dans la justice* ». (2.Tim.3:16,17) L'esprit d'erreur ne se contente pas de bannir les versets de grande confiance en Dieu, mais il met encore son ambition à annuler entièrement le livre qui évoque la vie de l'Église Primitive.

Quant aux dons du Saint-Esprit par lesquels Dieu édifie et défend l'Église contre les princes des ténèbres, on en fait mention comme étant des choses d'une époque révolue, bien qu'ils figurent dans une épître de Paul. (1.Corinthiens12:1-10) On réitère d'habitude une révélation paulinienne: « *les prophéties prendront fin, les langues cesseront, la connaissance disparaîtra* », quand ce qui est parfait sera venu. (cf. 1.Corinthiens13:8-10) Les adeptes du mouvement « anti-miracles » entendent par l'expression *ce qui est parfait* la Bible avec ses 66 livres. À leur avis, celui qui dispose de la Bible entière peut se dispenser des dons de l'Esprit, y compris la prophétie et les langues.

À coup sûr, la Bible n'a pas été donnée pour remplacer les dons de l'Esprit. Elle sert plutôt à juger ces dons, à attester la véridicité de ces dons. (1.Corinthiens 14:29) Par la locution *ce qui est parfait*, on entend le Seigneur Jésus (Colossiens 2:9) « *Lorsqu'il paraîtra nous serons semblables à lui, parce que nous le verrons tel qu'il est* » (1.Jean 3:2) Étant semblables à lui, nous n'aurons plus besoin de prophétie, de langues et de connaissances partielles, car nous aurons accès à la perfection.

Concluant ce qui a été dit ci-dessus, on affirme que les miracles divins ne cesseront de se produire tant que la foi et les dons de l'Esprit se signalent dans l'Église. Aussi longtemps que deux ou trois chrétiens authentiques s'assemblent et se concertent pour demander quoi que ce soit au Nom du Seigneur, les autres gens courent le péril de commettre un péché irrémissible. (cf. Matthieu 18:19,20)

Le roi Salomon est l'auteur du proverbe suivant: « *De celui qui rend le mal pour le bien le mal ne quittera point la maison* ». (Proverbe 17:13) Or, notre meilleur bienfaiteur est le Saint-Esprit, par lequel Jésus s'est donné en sacrifice agréable à Dieu, et lequel nous conduit à Christ pour être sauvés. (Hébreux 9:14; Jean16:8) C'est pourquoi quiconque blasphème l'Esprit de Dieu se charge d'un péché impardonnable.

Le signe du prophète Jonas renvoie à la mort et à la résurrection de Christ. Le Seigneur recourut à une comparaison entre lui-même et le prophète Jonas pour fermer la bouche à ceux qui lui demandaient un signe céleste. (Matthieu 12 :38-42 ; Marc 8 :11-13 ; Luc 11 :29-32)

« Alors quelques-uns des scribes et des pharisiens prirent la parole, et dirent : Maître, nous voudrions te voir faire un miracle. Il leur répondit : Une génération méchante et adultère demande un miracle ; il ne lui sera donné d'autre miracle que celui du prophète Jonas. Car, de même que Joas fut trois jours et trois nuits dans le ventre d'un grand poisson, de même le Fils de l'homme sera trois jours et trois nuits dans le sein de la terre. Les hommes de Ninive se lèveront au jour du jugement avec cette génération, et la condamneront, parce qu'ils se repentirent à la prédication de Jonas, et voici il y a ici plus que Jonas. La reine du Midi se lèvera au jour du jugement avec cette génération et la condamnera, parce qu'elle vint des extrémités de la terre pour entendre la sagesse de Salomon, et voici, il y a plus que Salomon. » (Matthieu 12 :38-42)

Nous allons voir que Jésus fit des miracles en guise de signe céleste, mais seulement à l'intention de ses disciples. Quant aux étrangers à la Maison de Dieu, Il leur refusa décidément les miracles qui comptent pour signes célestes. C'est que les conducteurs religieux le prirent en grippe et lui firent la fronde. En revanche, Dieu ne leur donne d'autre signe céleste que la mort et la résurrection de son Fils.

La mère et les frères de Jésus présente la famille spirituelle du Seigneur. Jésus y donne un critère à laquelle on peut reconnaître ceux qui lui appartiennent. (Matthieu 12 :46-50 ; Marc 3 :31-35 ; Luc 8 :19-21)

« Comme Jésus s'adressait encore à la foule, voici sa mère et ses frères, qui étaient dehors, cherchaient à lui parler. Mais Jésus répondit à celui qui le lui disait : Qui est ma mère et qui sont mes frères. ? Puis, étendant la main sur ses disciples, il dit : Voici ma mère et mes frères. Car quiconque fait la volonté de mon Père, qui est dans les cieux, est mon frère, ma sœur et ma mère. » (Matthieu 12 :46-50)

Naturellement, Jésus avait des sœurs et des frères charnels, nés d'une même mère. (cf. Matthieu 13 :55,56) Mais pour lui, c'est la famille spirituelle qui prime. Cette famille est reconnaissable à ce que ses membres accomplissent journellement la volonté du Père céleste. On y arrive par la naissance de nouveau, par le baptême dans l'eau et par le portement de la croix christique. Accomplir la volonté de l'Esprit, cela exclut la volonté de la chair. (Galates 5 :17) Le chrétien élimine souvent sa propre volonté, celle de la chair, pour pouvoir accomplir la volonté de l'Esprit. Ce qui élimine la volonté de la chair, c'est le portement de la croix.

La formulation du concept de famille spirituelle servit de motif à annuler la famille charnelle de Christ. Plusieurs docteurs soutiennent que Christ n'aurait pas eu de frères charnels. Pour démontrer leur supposition, ils se sont fait des traductions adéquates, où le terme de « frères » est remplacé par celui de « neveux », et le terme de »sœur » est remplacé par celui de « nièce ». Pour eux la « virginité » de Marie est devenue un motif d'adoration.

Ce qui souille l'homme est un enseignement qui défie le concept légal de pureté. Selon Moïse les aliments impurs souillent l'homme. Selon Christ les pensées, les paroles, les intentions impures souillent l'homme. (Matthieu 15 :10-20 ; Marc 7 :14-23

« Ensuite, ayant de nouveau appelé la foule à lui, il lui dit : Écoutez-moi tous, et comprenez. Il n'est hors de l'homme rien qui, entrant en lui, puisse le souiller. Mais ce qui sort de l'homme, c'est ce qui le souille. Si quelqu'un a des oreilles pour entendre, qu'il entende. Lorsqu'il fut entré dans la maison, loin de la foule, ses disciples l'interrogèrent sur cette parabole. Il leur dit : Vous aussi, êtes-vous sans intelligence ? Ne compreniez-vous pas que rien de ce qui du dehors entre dans l'homme ne peut le souiller ? Car cela n'entre pas dans le cœur, mais dans le ventre, puis s'en va dans les lieux secrets, qui purifient tous les aliments. Il dit encore : Ce qui sort de l'homme, c'est ce qui souille l'homme. Car c'est du dedans, c'est du cœur des hommes que sortent les mauvaises pensées, les adultères, les débauches, les meurtres, les vols, le cupidités, les méchancetés, la fraude, le dérèglement, le regard envieux, la calomnie, l'orgueil, la folie. Toutes ces choses mauvaises sortent du dedans, et souillent l'homme. » (Marc7 :14-23)

Les restrictions alimentaires font partie de la Loi mosaïque, à laquelle on ne peut ajouter rien, et de laquelle on ne peut retrancher rien, sans la corrompre. Or, Jésus présente les restrictions alimentaires comme nulles. Selon lui, ces restrictions ne servent de rien puisqu'elles ne préviennent pas les souillures spirituelles. Par exemple, la viande de porc ne souille pas l'homme, car elle n'entre pas dans le cœur, mais dans l'estomac. Ce qui souille l'homme, ce sont les pensées, les paroles et les intentions mauvaises qui sortent du cœur. Dans la conception du Saint Esprit, auteur des Écritures Saintes, le cœur est le siège de l'esprit. Si le Tentateur réussit à y susciter des pensées mauvaises, notre homme intérieur en reste souillé.

Le portement de la croix christique est la clé d'une vie juste, qu'on peut mener en Jésus le Seigneur. Jésus tint à souligner plusieurs fois l'emploi de la croix dans la vie de la chair.

« Puis il dit à tous : Si quelqu'un veut venir après moi, qu'il renonce à lui-même, qu'il se charge chaque jour de sa croix, et qu'il me suive. Car celui qui voudra sauver sa vie la perdra, mais celui qui la perdra à cause de moi la sauvera. » (Luc 9 :23,24)

« Celui qui ne prend pas sa croix, et ne me suit pas, n'est pas digne de moi. Celui qui conserve sa vie la perdra, et celui qui perdra sa vie à cause de moi la retrouvera. » (Matthieu 10 :38,39)

À coup sûr, pas une doctrine n'a plus été endommagée que celle du portement de croix. Quant on souffre à cause d'une maladie quelconque, on prétend avoir une croix pénible. Lorsqu'on a part aux tribulations, on pense à avoir une croix lourde. Mais les maladies et les tribulations n'ont rien à voir avec la croix de Christ.

La croix est un instrument qui sert à anéantir en lange les œuvres de la chair. (Galates 5:18-21) C'est une arme précieuse dans le combat que mène le Saint-Esprit contre les désirs de la chair, hostiles à Dieu. (Galates 5:17) Il faut que, dans ce combat, l'homme né de nouveau d'une semence incorruptible se range du côté de l'Eprit. Sous la conduite du Saint-Esprit, l'homme spirituel fait mourir, à l'aide de sa croix, les actions du corps. (Romains 8:12-14) Cette œuvre de l'homme christique se nomme portement de croix. De même que Jésus perdit son sang, symbole de la vie charnelle, sous l'action des clous de sa croix, de même son disciple perd, portant sa croix, les jouissances égoïstes de la chair et des yeux siégeant dans le sang.

La croix s'obtient dans l'eau de la Nouvelle Alliance. Là, on meurt, par la foi, avec et en Christ pour le péché, œuvre du diable, et l'on ressuscite avec et en Christ pour mener une vie agréable à Dieu. (Romains 6:3-11) Le catéchumène n'y meurt seulement pas, mais il y ressuscite aussi en Christ. (Colossiens 2:12) Cela veut dire que toutes les fois qu'il active en soi, par la foi, la mort du Seigneur, il aura part à la puissance de la résurrection. (2. Corinthiens 4:10) Cette puissance nous rend capables de répandre la bonne odeur de Christ, d'être lumière dans ce monde.

La croix est loin d'être un motif de lamentations, elle est, à l'opposé, un motif de se glorifier en Christ. Paul ne se glorifia en d'autre chose, qu'en la croix de Christ, qui l'eut délivré du monde, cette foire de vanités. (Galates 6:14) L'amour du monde égare plusieurs.

Le verset qui nous offre le mécanisme du portement de croix est le suivant: *«Ainsi vous-mêmes, regardez-vous comme morts au péché, et comme vivants pour Dieu en Jésus-Christ, notre Seigneur.»* (Romains 6:11) Il y a un conditionnement inévitable. On ne pourra être vivant pour Dieu, si l'on ne se regarde préalablement comme mort au péché. Mais quiconque se regarde comme mort au péché, se manifestera comme vivant à Dieu. La croix de Christ renverse les rapports établis par la marche dans le péché. Avant la conversion, l'homme, né en péché, était vivant pour servir les Ténèbres, et mort pour servir Dieu. Par le portement de croix, le néophyte meurt vis-à-vis de Satan, et devient vivant pour servir Dieu.

Le service envers Satan consiste à produire des péchés, tandis que le service envers Dieu consiste à marcher dans la sainteté. Celui qui pèche ressemble à Satan, celui qui se sanctifie ressemble à Dieu. La croix est un instrument de sanctification.

La croix s'applique aux convoitises pécheresses qui gisent dans le sang et dans la chair adamiques. L'homme charnel guète constamment l'occasion pour satisfaire ses convoitises égoïstes. Il est en éveil sans cesse et prend toute occasion pour s'engager dans la voie de l'adultère, de la dissolution, de l'idolâtrie, de la magie, de la jalousie, des disputes, des sectes, de l'envie, de l'ivrognerie, des excès de la table et des meurtres. (Galates 5:19-21) Lorsque, par exemple, l'occasion de commettre l'adultère se présente, on éprouve dans sa chair et dans son âme des désirs, des pensées et des intentions qui concourent à la réalisation de ce péché. À ce moment-là, le chrétien en éveil se regarde comme mort pour l'adultère et, par ce geste même, il détruit en lange l'œuvre de la chair appelée « adultère ».Qui plus est, l'Esprit Saint fait éclore dans son âme la fleur de la fidélité, produite par la puissance de la résurrection en Christ. Lorsqu'on meurt en Christ pour l'adultère, on ressuscite sans faute en Christ pour la fidélité conjugale. Voilà comment la tentation tourne au profit de celui qui prend journellement sa croix et suit Jésus.

S'appuyant sur son expérience millénaire, Satan possède des centaines de méthodes pour contraindre les gens à pécher. Il ne manque pas de prendre dans son filet l'homme charnel qui vit. Mais, il reste impotent devant l'homme charnel qui est mort. Le vivant cherche à satisfaire ses convoitises et tombe dans le piège tendu par le malin. Le mort en Christ renonce délibérément à ses convoitises, de sorte qu'il glisse des mains du diable. La tentation consiste dans les pensées destinées à rendre irrésistibles les convoitises pécheresses qu'on ressent dans sa chair. À l'instant où l'on se considère comme mort pour ses convoitises égoïstes, la tentation échoue. Le malin n'a pas comment déterminer un homme mort à commettre l'adultère, car les morts sont incapables de commettre des péchés.

Dans le chapitre 10 de l'Évangile selon Matthieu, Jésus envisage le portement de croix comme la perte de la vie charnelle. L'homme charnel vit pour satisfaire ses besoins personnels, pour amasser des biens, pour son honneur et sa gloire, et pour imposer ses avis et sa volonté à ses semblables. Il tient aux membres de sa famille et les défend de la malveillance des autres. Jésus prétend que ses sauvés du courroux du Père l'aime mieux que personne, mieux que leur propre vie charnelle. (Luc 14:26,27) Ce renoncement à soi constitue la prémisse de tout portement de croix. (Luc 9:23,24) Celui qui renonce à son « moi » peut aisément se considérer comme mort au monde et au péché. Le chrétien se dit souvent: « Ce ne sont pas les intérêts de la chair qui comptent, mais les intérêts de l'Esprit. Qu'il se fasse la volonté de Christ dans ma vie et non pas la volonté de ma chair. » Ce renoncement à soi ouvre la voie du portement de croix.

Celui qui renonce à soi-même chaque jour et prend sa croix mène une vie christique, agréable à Dieu. La croix le rend victorieux sur la chair, sur le monde et sur Satan. Un tel disciple s'avère être digne de son Maître. C'est vrai qu'il perd sa vie charnelle, mais il gagne la vie éternelle, et un lieu sur le Trône de l'Éternel. (Apocalypse 3:21)

Le divorce et le célibat, c'est un sujet qui garde son actualité aussi longtemps que la Terre sera peuplée de gens. Jésus tint à régler les conditions du divorce et à éclaircir le rôle du célibat. (Matthieu 19 :1-12 ; Marc 10 :1-12)

« Les pharisiens l'abordèrent, et dirent, pour l'éprouver : Est-il permis à un homme de répudier sa femme pour un motif quelconque ? Il leur dit : N'avez-vous pas lu que le Créateur, au commencement, fit l'homme et la femme et qu'il dit : C'est pourquoi l'homme quittera son père et sa mère, et s'attacher à sa femme, et les deux deviendront une seule chair ? Ainsi ils ne sont plus deux, mais une seule chair. Que l'homme ne sépare pas ce que Dieu a joint. Pourquoi donc, lui dirent-ils, Moïse a-t-il prescrit de donner à la femme une lettre de divorce et de la répudier ? Il leur répondit : C'est à cause de la dureté de votre coeur que Moïse vous a permis de répudier vos femmes. Au commencement il n'en état pas ainsi. Mais je vous dis que celui qui répudie sa femme, sauf pour infidélité, et qui en épouse une autre, commet un adultère. Ses disciples lui dirent : Si telle est la condition de l'homme à l'égard de sa femme, il n'est pas avantageux de se marier. Il leur répondit : Tous ne comprennent pas cette parole, mais seulement ceux à qui cela est donné. Car il y a des eunuques qui le sont dès le ventre de leur mère ; il y en a qui le sont devenus par les hommes ; et il y en a qui se sont rendus eux-mêmes eunuques pour le royaume des cieux. Que celui qui peut comprendre comprenne. » (Matthieu 19 :3-12)

Les bonnes mœurs saillissent de l'alliance matrimoniale, respectée par les conjoints. Les époux fidèles éduquent leurs enfants dans l'amour de la fidélité et de a justice. Tandis que les divorces corrompent et font écrouler l'institution de la famille. Satan n'aime pas l'homme créé à l'image de Dieu et fait tout son possible pour le rendre malheureux. Or, le divorce est l'un des plus grands malheurs qui puissent arriver à l'homme. Dieu est contre le divorce, parce que les époux forment une seule chair. « Que l'homme ne sépare pas ce que Dieu a joint. »

Toutefois, il y a un seul motif valable pour le divorce. L'homme peut répudier sa femme s'il la surprend en flagrant délit d'adultère. Mais s'il répudie sa femme fidèle, il la rend adultère. Et celui qui épouse une femme répudiée commet un adultère. Mais si l'époux qui répudie sa femme a déjà commis l'adultère, avant de la répudier, la femme répudiée peut être épousée par un autre homme, sans qu'elle se fasse coupable d'adultère, puisque la partie adultérine rend libre la partie trompée de l'alliance matrimoniale qui vient d'être rompue. L'adultère rompt l'alliance. L'alliance subsiste tant que les conjoints se gardent de l'adultère. L'adultère une fois commis, l'alliance matrimoniale s'anéantit. La peine en revient à la partie adultère.

En ce qui concerne le célibat, Jésus en établit trois sources. Il y a des eunuques qui le sont dès le ventre de leur mère. Ils sont incapables de se coupler avec des femmes. Il y a des eunuques qui le sont par des interventions humaines. Il y a des eunuques qui renoncent délibérément à la vie conjugale pour mieux servir Dieu. L'apôtre Paul en était un. (1 Corinthiens 7 :1-7 ; 15 :10) Paul a délibérément choisi le célibat pour le royaume de Dieu, mais forcer les gens à se priver de la vie conjugale, c'est un péché semblable à la magie. (cf. 1Timothée 4 :1-4)

Comment suivre Jésus, c'est un question que se pose tout chrétien sauvé par le sang de l'Agneau céleste. (Matthieu 8 :19-22 ; Luc 9 :57-62)

« Pendant qu'ils étaient en chemin, un homme lui dit : Seigneur, je te suivrai partout où tu iras. Jésus lui répondit : Les renards ont des tanières, et les oiseaux du ciel ont des nids, mais le Fils de l'homme n'a pas un lieu où il puisse reposer sa tête. Il dit à un autre : Suis-moi. Et il répondit : Seigneur, permets-moi d'aller d'abord ensevelir mon père. Mais Jésus lui dit : Laisse les morts ensevelir les morts, et toi va annoncer le royaume de Dieu. Un autre dit : Je te suivrai Seigneur, mais permets-moi d'aller d'abord prendre congé de ceux de ma maison. Jésus lui répondit : Quiconque met la main à la charrue, et regarde en arrière, n'est pas propre au royaume de Dieu. » (Luc 9 :57-62)

Suivre Jésus dans son voyage missionnaire et mener une vie religieuses dans sa propre maison et dans son cité, ce sont deux choses distinctes. Toute sa vie de mission, Jésus n'eut pas de maison, ne jouit point de l'atmosphère parentale, ne s'occupa point des choses de ce monde passager. Celui qui désire emboîter ses pas doit assumer les mêmes conditions. Une bonne partie des disciples actuels de Christ perdent leur temps à se bâtir des villas, à festoyer avec leurs parents, à se soucier des choses de ce monde.

L'homme est né en péché, comme mort pour servir Dieu. (Psaume 51 :7) Il revient donc à un fils croyant d'appeler son père incroyant à Jésus, plutôt que de l'ensevelir après son décès charnel. Celui qui met la main à la charrue de l'Évangile n'en peut plus détourner le regard.

La reprise des scribes et des pharisiens s'imposa à cause de l'hypocrisie des conducteurs religieux. (Matthieu 23 :1-39 ; Marc 12 :38-40 ; Luc 14 :34-57) Ceux-ci se placent entre Dieu et les hommes afin de recueillir tout l'honneur que mérite Dieu de la part de ses créatures.

« Alors Jésus, parlant à la foule et à ses disciples, dit : Les scribes et les pharisiens sont assis dans la chaire de Moïse. Faites donc et observez tout ce qu'ils disent, mais n'agissez pas selon leurs œuvres. Car ils disent et ne font pas. Ils lient des fardeaux pesants, et les mettent sur les épaules des hommes ; mais ils ne veulent pas les remuer du doigt. Ils font toutes leurs actions pour être vus des hommes. Ainsi ils portent de larges phylactères, et ils ont de longues franges à leurs vêtements. Ils aiment la première place dans les festins, et les premiers sièges dans les synagogues. Ils aiment être salués dans les places publiques, et être appelés par les hommes : Rabbi, Rabbi. Mais vous ne vous faites pas appelés Rabbi, car un seul est votre

Maître et vous êtes des frères. Et n'appelez personne sur la terre votre père, car un seul est votre Père, celui qui est dans les cieux....Quiconque s'élèvera sera abaissé, et quiconque s'abaissera sera élevé. » (Matthieu 23 :1-12)

Le Seigneur y réalise le portrait du conducteur religieux de tous les temps. Mais la religion n'a rien à faire avec la foi. L'homme religieux se trouve en Adam, tandis que le croyant se trouve en Christ.

Les conducteurs de la religion judaïque sont assis dans la chaire de Moïse, mais ils ne mettent point en application ce qu'ils enseignent. Ils s'attendent à être honorés de leurs paroissiens, ils aiment les premiers lieux aux festins, et les salutations aux places publiques. Ils se distinguent aussi par leurs vêtements aux longues franges. Ils prétendent aux titres de « père » et « maître ».

Le Seigneur défend à ses disciples de porter ces titres parce qu'ils sont tous frères, ayant un seul Père céleste et un seul Maître, Christ. Jésus attire leur attention à un principe inchangeable de son royaume : »Quiconque s'élèvera sera abaissé, quiconque s'abaissera sera élevé. » Dieu n'agrée point l'âme hautaine, mais il donne grâce à l'âme humble.

Jésus reprend sept fois les scribes et les pharisiens hypocrites, en leur disant sept fois : »Malheur à vous scribes et pharisiens hypocrites ! » Voilà maintenant les motifs pour lesquels il les reprend :a) ils ferment aux hommes le royaume des cieux, b)ils dévorent les maisons de veuve et ils font pour l'apparence de longues prières, c) ils transforment les prosélytes en fils de géhenne, d) ils apprécient l'or du temple plus que le temple même, e) ils paient la dîme de la menthe et du cumin, mais ils négligent la justice, la miséricorde et la fidélité, f) ils nettoient le dehors de la coupe et du plat, mais ils laissent impurs leur dedans, e) ils bâtissent les tombeaux des prophètes, en oubliant d'être les fils de leurs meurtriers. (Matthieu 23 :12-31)

À la fin, Jésus leur adresses des invectives : »Serpents, race de vipère ! Comment échapperez-vous au châtiment de la géhenne ? C'est pourquoi, voici, je vous envoie des prophètes, des sages et des scribes. Vous tuerez et crucifierez les uns, vous battrez de verges les autres dans vos synagogues, et vous les persécuterez de ville en ville, afin que retombe sur vous tout le sang innocent répandu sur la terre, depuis le sang d'Abel le juste jusqu'au sang de Zacharie, fils de Barachie, que vous avez tué entre le temple et l'autel. Je vous le dis en vérité, tout cela retombera sur cette génération. » (Matthieu 23 :33-36)

L'aigreur qui caractérise le final de ce discours s'explique par les maux que les plantes résultées de semences d'ivraie firent retombés sur les plantes résultées de semences de froment. Jésus, qui avait semé les semences de froment dans le corps d'Adam, se permet de nommer serpents leurs persécuteurs et meurtriers. Dieu envoie ses élus dans le mode pour y devenir la proie de cette race de vipères. Au jour du jugement les assassins n'échapperont pas à la justice divine. Quant aux martyres, ils resplendiront dans le royaume de leur Père.

La puissance de la foi est souvent contestée par l'école qui se plaît à discréditer les miracles en bloc. C'est quand même un sujet favori de Christ.

Après son entrée triomphale en Jérusalem, Jésus maudit au soir un figuier parce qu'il n'y a pas trouvé de figue. Le matin le figuier a séché. Ce fut le préambule à son discours sur la puissance de la foi. (Marc 11 :19-26 ; Matthieu 21 :18-22)

« Le matin, en passant, les disciples virent le figuier séché jusqu'aux racines. Pierre, se rappelant ce qui s'était passé, dit à Jésus : Rabbi, regarde, le figuier que tu as maudit a séché. Jésus prit la parole, et leur dit : Ayez foi en Dieu. Je vous le dis en vérité, si quelqu'un dit à cette montagne : Ote-toi de là et jette-toi dans la mer, et s'il ne doute point en son cœur, mais croit que ce qu'il dit arrive, il le verra s'accomplir. C'est pourquoi je vous dis : Tout ce que vous demanderez en priant, croyez que vous l'avez reçu, et vous le verrez s'accomplir. Et, lorsque vous êtes debout faisant une prière, si vous avez quelque chose contre quelqu'un, pardonnez, afin que votre Père qui est dans les cieux vous pardonne aussi vos offenses. Mais si vous ne pardonnez pas, votre Père qui est dans les cieux ne vous pardonnera pas non plus vos offenses. » (Marc 11 :20-26)

Il y a deux sortes de foi bibliques : a) croire à l'Éternel, créateur de la terre et des cieux, 2. croire au Fils rédempteur, qui s'est donné en rançon pour les péchés du monde. (Jean 14 :1) La première sorte de foi est spécifique au peuple d'Israël et a comme fondement l'Ancien Testament. La seconde sorte de foi, qu'on appelle aussi foi salvatrice, est spécifique à l'Église de Christ, axée sur l'Évangile. Ces deux sortes de foi opèrent également des miracles, qui jonchent les pages des deux Testaments. Dans le discours ci-dessus Jésus se rapporte à la foi des Israélites qui a comme source la Loi et les Prophètes. C'est pourquoi il y a beaucoup de faiseurs de miracles bibliques que Jésus ne connaît point, parce qu'ils ne sont pas nés de nouveau par la foi en Christ. (cf. Matthieu 7 :22,23)

En maudissant le figuier, Jésus même employa sa foi dans le Saint d'Israël. Et il enseigna à ses disciples d'avoir confiance dans le Père, car la foi dans le Fils allait devenir valable après le sacrifice et la résurrection du Fils. (Actes 4 :10) La foi dans le Créateur opère des miracles, si l'on ne se doute pas dans son cœur que la chose demandée au Père arrive. Le mieux, c'est croire avoir déjà reçu la chose demandée, fût-ce une montagne précipitée dans la mer. La demande de ceux qui ne pardonnent pas à leurs semblables ne sera point exaucée.

La prière assidue, promue par Chris, est traitée, dans plusieurs confessions, en manifestation fanatique. Ces confessions passent aisément sur ce qui est écrite, du fait qu'elles ne craignent plus Dieu. (Luc 11 :5-13 ; Matthieu 7 :7-11)

« Il leur dit encore : Si l'un de vous a un ami, et qu'il aille le trouver au milieu de la nuit pour lui dire : Ami, prête-moi trois pains, car un de mes amis est arrivé de voyage chez moi et je n'ai rien à lui offrir, et si de l'intérieur de sa maison cet ami lui répond : Ne m'importune pas, la porte est déjà fermée, mes enfant et moi sommes au lit, je ne puis me lever de te donner du pain. Je vous le dis, même s'il ne se levait pas pour lui donner parce que c'est son ami, il se lèverait à cause de son importunité et lui donnerait tout ce dont il a besoin. Et moi, je vous dis : Demandez et l'on vous donnera, cherchez et vous trouverez, et l'on ouvre à celui qui frappe. Quel est parmi vous un père qui donnera une pierre à son fils, s'il lui demande du pain ? Ou s'il demande un poisson lui donnera-t-il un serpent au lieu de poisson ? Ou, s'il demande un œuf, lui donnera-t-il un scorpion ? Si donc, méchants comme vous l'êtes, vous savez donner de bonnes choses à vos enfants, à combien plus fort raison le Père céleste donnera-t-il le Saint Esprit à ceux qui le lui demandent » (Luc 11 :5-13)

Ce quémandeur a réussi, par son insistance, à obtenir le pain qui lui manquait. Sur son exemple, on est invité à importuner Dieu, jusqu'à ce qu'il exauce notre prière. Plus on insiste à prier, plus on a de la foi en Dieu. En outre, Dieu, qui nourrit des sentiments paternels pour ses élus, est prêt à donner le Saint Esprit à ceux qui le lui demandent.

L'humilité aux festins s'encadre dans le thème général de l'humilité, vertu qui caractérise le peuple de Dieu. (Luc 14 :7-14)

« Il adressa ensuite une parabole aux conviés, en voyant qu'ils choisissaient les premières places, et il leu dit : Lorsque tu seras invité, ne te mets pas à la première place, de peur qu'il n'y ait parmi le invités une personne plus éminente que toi, et que celui qui vos a invités l'un et l'autre ne vienne te dire : Cède la place à cette personne-là. Tu aurais alors la honte d'aller occuper la dernière place. Mais lorsque tu seras invité, va te mettre à la dernière place, afin que, quand celui qui t'a invité viendra, il te dise : Mon ami, monte plus haut. Alors cela te fera honneur devant tous ceux qui seront à table avec toi. Car quiconque s'élève sera abaissé, et quiconque se baisse sera élevé. Il dit aussi à celui qui l'avait invité : lorsque tu donnes à dîner ou à souper, n'invite pas tes amis, ni tes frères, ni tes parents, ni des voisins riches, de peur qu'il ne t'invitent à leur tour et qu'on ne te rende la pareille. Mais lorsque tu donnes un festin, invites des pauvres, des estropiés, des boiteux, des aveugles. Et tu sers heureux de ce qu'ils ne peuvent pas te rendre la pareille, car elle te sera rendue à la résurrection des justes. » (Luc 14 :7-14)

Désirer et occuper la première place à une réunion dénote de l'orgueil, sentiment spécifique à Satan, adversaire de l'Éternel. (Ésaïe 14 :12-14) Jésus recommande à ses disciples de faire preuve d'humilité aux festins et n'y pas viser la première place. Il recommande à la fois à son hôte de donner à dîner et à souper aux pauvres et aux estropiés qui sont dans l'impossibilité de lui rendre la pareille. Celui qui a pitié des pauvres sera récompensé par l'Éternel à la résurrection des justes.

Le pain de vie est une révélation sur la Divinité de Christ, source et nourriture de vie céleste. (Jean 6 :22-71)

Après avoir multiplié les cinq pains et les deux poissons au point que cinq mille hommes s'en rassasièrent, Jésus se rendit à Capernaüm. La foule l'y rejoignit.

« Ils lui dirent : Que devons-nous faire pour accomplir les œuvres de Dieu ? Jésus leur répondit : L'œuvre de Dieu, c'est que vous croyiez en celui qu'il a envoyé. Quel miracle fais-tu donc, lui dirent-ils, afin que nous le voyions et que nous croyions en toi ? Que fais-tu ? Nos pères ont mangé la manne dans le désert, selon ce qui est écrit : Il leur donna le pain du ciel pour manger. Jésus leur dit : En vérité, en vérité, je vous le dis, Moïse ne vous a pas donné le pain du ciel, mais mon Père vous donne le vrai pain du ciel, car le pain du ciel ; c'est celui qui descend du ciel et qui donne la vie au monde. Ils lui dirent : Seigneur, donne-nous toujours ce pain. Jésus leur dit : Je suis le pain de vie. Celui qui vient à moi n'aura jamais faim, et celui qui croit en moi n'aura jamais soif. Mais je vous l'ai dit, vous m'avez vu, et vous ne croyez point. Tous ceux que le Père me donne viendront à moi, et je ne mettrai pas dehors celui qui vient à moi ; car je suis descendu du ciel pour faire, non ma volonté, mais la volonté de celui qui m'a envoyé. Or, la volonté de celui qui m'a envoyé, c'est que je ne perde aucun de tous ceux qu'il m'a donnés, mis que je les ressuscite au dernier jour. » (Jean 6 :28-39)

Beaucoup de gens prétendent servir Dieu le Père, en accomplissant ses œuvres, mais ne croient point à la résurrection du Fils. Or, Jésus soutient qu'on ne peut accomplir les œuvres du Père que par la foi en Fils. À proprement parler, c'est le Fils habitant dans le croyant qui accomplit les œuvres du Père.

Du temps de Moïse, la manne qui joncha chaque matin le champ du désert, fut un signe céleste. Les Juifs demandaient un signe semblable à Jésus afin qu'ils puissent croire en lui. Jésus leur révéla que le vrai pain céleste qui est descendu sur la terre pour offrir la vie éternelle aux gens, c'est lui-même. S'étant descendu sur la terre, Jésus poursuivit la volonté du Père, laquelle consiste dans la résurrection des élus confiés au Fils.

« Les Juifs, qui connaissaient la famille de Jésus, se mirent à murmurer. Jésus leur répondit : Ne murmurez pas entre vous. Nul ne peut venir à moi, si le Père qui m'a envoyé ne l'attire, et je le ressusciterai au dernier jour. » (v.43, 44) Le Seigneur insère dans ce discours une sentence de grand prix: »En vérité, en vérité, je vous le dis, celui qui croit en moi a la vie éternelle. » (v.47)

Jésus tient à mettre en relief la vérité que tous ne peuvent venir à lui, mais seulement ceux que le Père attire à son Fils. Et ceux qui mettent leur confiance dans le sacrifice et dans la résurrection du Fils reçoivent la vie éternelle, qui est l'Esprit du Fils.

Finalement, Jésus parle du symbole de la Cène : »En vérité, en vérité, je vous le dis, si vous ne mangez la chair du Fils de l'homme, et si vous ne buvez son sang, vous n'avez point la vie en vous. Celui qui mange ma chair et qui boit mon sang a la vie éternelle et je le ressusciterai au dernier jour. » (v.53, 54)

Après le dernier jour, il suit l'éternité. Dieu crée une nouvelle terre et de nouveaux cieux. (Apocalypse 21 :1) Avant d'entrer dans l'éternité, chaque créature passe devant le trône de Christ, qui lui désigne son lieu éternel. (Apocalypse 20 :11-15) Jésus promet de ressusciter les participants à la Cène, le dernier jour.

Le bon berger est un enseignement qui présente le rapport entre Dieu et homme sous une nouvelle lumière. (Jean 10 :1-19)

« En vérité en vérité, je vous les dis, celui qui n'entre pas par la porte dans la bergerie, mais qui y monte par ailleurs, est un voleur et un brigand. Mais celui qui entre par la porte est le berger des brebis. Le portier lui ouvre et les brebis entendent sa voix ; il appelle par leur nom les brebis qui lui appartiennent, et il les conduit dehors. Lorsqu'il a fait sortir toutes ses propres brebis, il marche devant elles ; et les brebis le suivent, parce qu'elles connaissent sa voix. Elles ne suivront point un étranger, mais elles fuiront loin de lui, parce qu'elles ne connaissent pas la voix des étrangers….Jésus leur dit encore : En vérité, en vérité, je vous le dis, je suis la porte des brebis. Tous ceux qui sont venus avant moi sont des voleurs et des brigands, mais les brebis ne les ont pas écoutés. Je suis la porte. Si quelqu'un entre par moi, il sera sauvé ; il entrera et il sortira, et il trouvera des pâturages. Le voleur ne vient que pour dérober, égorger et détruire ; moi je suis venu afin que les brebis aient la vie, et qu'elles l'aient en abondance ; je suis le bon berger. Le bon berger donne sa vie pour ses brebis. Mais le mercenaire, qui n'est pas le berger, et à qui n'appartiennent pas les brebis, voit venir le loup, abandonne les brebis, et prend la fuite…Je suis le bon berger. Je connais mes brebis, et elles me connaissent, comme le Père me connaît et comme je connais le Père, et je donne ma vie pour les brebis. J'ai encore d'autres brebis, qui ne sont pas de cette bergerie ; celles-là, il faut que je les amène ; elles entendront ma voix, et il y aura un seul troupeau, un seul berger. Le Père m'aime, parce que je donne ma vie, afin de la reprendre. Personne ne me l'ôte, mais je la donne de moi-même. J'ai le pouvoir de la donner, et j'ai le pouvoir de la reprendre. Tel est l'ordre que j'ai reçu de mon Père. » (Jean 10 :1-18)

Naturellement, les sacrificateurs de la religion judaïque remplissaient les fonctions de bergers du peuple élu de l'Éternel. Mais ils furent comme des mercenaires et non pas des propriétaires. Jésus est venu comme le propriétaire des brebis qui connaissait ses brebis par leur nom. Et les brebis connaissaient la voix de leur vrai berger et elles marchaient après lui.

Jésus est à la foi la porte de la bergerie de Dieu. Ceux qui essaient de pénétrer dans la Maison de Dieu par d'autres moyens sont des voleurs et des brigands qui ne font que détruire et égorger. Lorsque les loups s'approchent, les faux bergers prennent la fuite.

Le bon berger se reconnaît à ce qu'il donne sa vie pour ses brebis. Il se sacrifie volontairement en rançon pour ramener les siens à la bergerie divine. En Dieu tout-puissant, Christ aurait pu changer l'hostilité de ses bureaux en bonté. Mais il ne l'a pas fait. Il s'est laissé sacrifier. Il s'est offert en sacrifice agréable au Père pour apaiser la colère divine vis-à-vis de ceux qui se fient au pouvoir purificatoire de son sang.

Il va sans dire que Jésus a des brebis dans la bergerie des nations. Selon Ésaïe ; toutes les nations son appelés. (Ésaïe 55 :1-6) Les appelés des nations forment un seul troupeau avec les élus du peuple d'Israël, ayant tous comme berger Christ.

La vérité qui rend libre des liens du mensonge, c'est la Parole de Dieu : a)la Parole Incarnée, b) la Parole vivante qui a comme source le Saint Esprit siégeant dans les serviteurs de Christ, et c) la parole écrite par laquelle le Saint Esprit interpelle les élus et les appelés. (Jean 8 :31-47)

« Et il dit aux Juifs qui avaient cru en lui : Si vous demeurez dans ma parole, vous êtes vraiment mes disciples, vous connaîtrez la vérité, et la vérité vous affranchira. Ils lui répondirent : Nous sommes la postérité d'Abraham, et nous ne fûmes jamais esclaves de personne ; Comment dis-tu : Vous deviendrez libres ? En vérité, en vérité, je vous le dis, répliqua Jésus, quiconque se livre au péché est esclave du péché. Or, l'esclave ne demeure pas toujours dans la maison, le fils y demeure toujours. Si donc le Fils vous affranchit, vous serez réellement libres. Je sais que vous êtes la postérité d'Abraham, mais vous cherchez à me faire mourir, parce que ma parole ne pénètre pas en vous. Je dis ce que j'ai vu chez mon Père, et vous faites ce que vous avez entendu de la part de votre père. Ils lui dirent : Notre père est Abraham. Jésus leur dit : Si vous étiez enfants d'Abraham, vous feriez les œuvre d'Abraham. Mais maintenant vous cherchez à me faire mourir, moi, qui vous ai dit la vérité que j'ai entendu de Dieu. Cela, Abraham n'a point fait. Vous faites les œuvres de votre père. Ils lui dirent : Nous ne sommes pas des enfants illégitimes. Nous avons un seul Père, Dieu. Jésus leur dit : Si Dieu était votre Père, vous m'aimeriez, car c'est de Dieu que je suis sorti et que je viens. Je ne suis pas venu de moi-même, mais c'est lui qui m'a envoyé. Pourquoi ne comprenez-vous pas mon langage ? Parce que vous ne pouvez pas écouter ma parole. Vous avez pour père le diable, et vous voulez accomplir ses désirs de votre père. Il a été meurtrier dès les commencement, et il ne se tient pas dans la vérité, parce qu'il n'y a pas de vérité en lui. Lorsqu'il prononce le mensonge, il parle de son propre fonds, car il est menteur et père du mensonge. Et moi, parce que je dis la vérité, vous ne me croyez pas. Qui de vous me convaincra de péchés ? Si je dis la vérité, pourquoi ne me croyez-vous pas ? Celui qui est de Dieu écoute les paroles de Dieu, vous n'écoutez pas, parce que vous n'êtes pas de Dieu. » (Jean 8 :31-47)

  Ce discours reste clos aux yeux spirituels de ceux qui ne connaissent pas en profondeur la Parabole de l'ivraie. Jésus y renvoie à deux paternités spirituelles des descendants d'Adam. Il y a des gens qui sont nés en chair adamique de semences spirituelles de froment, il y en a d'autres qui sont né en chair de semences d'ivraie. La première catégorie a comme Père Dieu, la seconde catégorie a comme père Satan. Les Juifs qui cherchaient à faire mourir Christ étaient des fils de Satan. Les fils de Satan ne peuvent écouter les paroles de Christ, lesquelles ne peuvent pénétrer dans leur cœur. Comme Satan est menteur et meurtrier dès le commencement, ses fils cherchent à assassiner ceux qui prêchent la vérité de la Parole divine. Chaque homme cherche à accomplir les désirs de son père spirituel. Les Juifs hostiles cherchaient à égorger Christ afin d'accomplir le désir de Satan.

  Ceux qui sont né de semence de froment écoutent l'Évangile qui les délivres des liens du mensonge satanique. Le mensonge fait tomber en péché. (Genèse 3 :1-6) Tous ceux qui pèchent sont esclaves de Satan. Jésus est venu pour délivrer les esclaves des Ténèbres. Tous ceux qui reçoivent la vérité de l'Évangile, dont le noyau est Christ, sont délivrés des mensonges sataniques et de l'esclavage du péché. Le plus grand mensonge qui asservisse les hommes, c'est qu'il n'y ait pas de Créateur. L'athéisme ouvre la porte des plus graves péchés. S'il n'y a pas de Dieu, alors on peut se permettre quoi que ce soit. Le psalmiste qualifie d'insensé celui qui nie l'existence de Dieu : »L'insensé dit en son cœur : Il n'y a point de Dieu ! » (Psaume 14 :1)

Le service du Consolateur, c'est une allocution sur l'œuvre du Saint Esprit de Dieu en faveur des élus et des appelés. (Jean 16 :5-15)

« Cependant je vous dis la vérité : il vous est avantageux que je m'en aille, car si je ne m'en vais pas, le Consolateur ne viendra pas vers vous, mais si je m'en vais, je vous l'enverrai. Et quand il sera venu, il convaincra le monde en ce qui concerne le péché, la justice et le jugement. En ce qui concerne le péché, parce qu'ils ne croient pas en moi ; la justice, parce que je vais au Père, et que vous ne me verrez plus ; le jugement, parce que le prince de ce monde est jugé. J'ai encore beaucoup de choses à vous dire, mais vous ne pouvez pas les porter maintenant. Quand le Consolateur sera venu, l'Esprit de Vérité, il vous conduira dans toute la vérité, car il ne parlera pas de lui-même, mais il vous annoncera les choses à venir. Il me glorifiera parce qu'il prendra de ce qui est à moi, et vous l'annoncera. Tout ce que le Père a est à moi ; c'est pourquoi j'ai dit qu'il prend de ce qui est à moi, et qu'il vous l'annoncera. » (Jean 16 :7-15)

L'Esprit de Dieu y est présenté comme une personne qui peut convaincre les hommes en ce qui concerne le péché, la justice et le jugement. Le Saint Esprit collabore avec l'Évangile et interpelle ceux qui en écoutent le message. Il convainc l'homme naturel de son état de péché. Le péché est la transgression de la Parole de Dieu. Ceux qui transgressent la Loi ne croient pas en Jésus. Le rejet de Jésus renvoie donc aux péchés commis. Le Saint Esprit incline les cœurs vers la repentance et vers la foi.

Le Saint Esprit convainc les hommes en ce qui concerne la justice, qui siège en Christ. La justice permit au Christ de s'élever sur le trône du Père. Celui qui devient juste par la foi en Christ s'élèvera aussi au Ciel.

Le Saint Esprit convainc les hommes en ce qui concerne le jugement. Le prince de ce monde, inventeur du péché, a été jugé par Dieu. Ceux qui restent attachés au péché et à l'inventeur du péché n'échapperont point à la justice divine.

Le Consolateur a aussi la vocation de conduire les enfants de Dieu en Christ dans toute la vérité de l'Évangile. Dans chaque circonstance, il leur rappelle un verset à mettre en pratique. Il lui revient aussi d'annoncer les choses à venir par les vases purifiés de l'Église de Dieu. Ceux qui sont pleins de Saint Esprit aiment à glorifier Christ, non pas d'autres dieux, ni la Vierge, ni les martyres. Le Saint Esprit appartient également au Père et au Fils.

Le cep et les sarments, c'est l'enseignement qui rend l'image de l'unité organique qui existe entre Christ et ses disciples. (Jean 15 :1-17)

« Je suis le vrai cep, et mon Père est le vigneron. Tout sarment qui est en moi et qui ne porte pas de fruit, il le retranche ; et tout sarment qui porte du fruit, il l'émonde, afin qu'il porte encore plus de fruit. Déjà vous êtes purs, à cause de la parole que je vous ai annoncée. Demeurez en moi, et je demeure en vous. Comme le sarment ne peut de lui-même porter du fruit, s'il ne demeure attaché au cep, ainsi vous ne pouvez pas non plus, si vous ne demeurez en moi. Je suis le cep, vous êtes les sarments. Celui qui demeure en moi et en qui je demeure porte beaucoup de fruit, car sans moi vous ne pouvez rien faire. Si quelqu'un ne demeure pas en moi, il est jeté dehors, comme le sarment, et il sèche, puis on le ramasse, on le jette au feu, et il brûle. Si vous demeurez en moi, et que mes paroles demeurent en vous, demandez ce que vous voudrez, et cela vous sera accordé. Si vous portez beaucoup de fruits, c'est ainsi que mon Père sera glorifié, et que vous serez mes disciples. Comme le Père m'a aimé, je vous ai aussi aimés. Demeurez dans mon amour. Si vous gardez mes commandements, vous demeurez dans mon amour, de même que j'ai gardé les commandements de mon Père, et que je demeure dans son amour. Je vous ai dit ces choses, afin que ma joie soit en vous, et que votre joie soit parfaite. » (Jean 15 :1-11)

L'unité organique entre Christ et ses disciples se doit à la présence de son Esprit dans les corps de ses fidèles. Cette réalité fut connue de Paul, qui en instruit les frères de Corinthe en ces termes: »Nous avons tous, en effet, été baptisés dans un seul Esprit, pour former un seul corps, soit Juifs, soit Grecs, soit esclaves, soit libres, et nous avons tous été abreuvés d'un seul Esprit. » (1Corinthiens 12 :13) L'Église ou Corps de Christ a pris naissance lors de la descente de l'Esprit qui baptisa 120 disciples au jour de la Pentecôte. Ce corps terrestre de Christ augmente par le nombre de ceux qui sont abreuvés de son Esprit, mais n'y sont obligatoirement pas baptisés. L'abreuvage et le baptême sont deux concepts différents. Lorsque l'Esprit pénètre dans le vase humain, c'est l'abreuvage. Lorsque le vase humain est baptisé dans le Saint Esprit, il se remplit d'Esprit jusqu'au bord, par un processus d'immersion dans l'Esprit de Dieu.

Jésus s'adresse donc à des vases abreuvés de son Esprit, bien avant le jour de la Pentecôte. L'Esprit de Christ a déjà pénétré dans ses disciples par les paroles annoncées de lui. (Jean 6 :63) Grâce à la présence de son Esprit dans ses disciples, Jésus fut à même de leur dire : »Je suis le cep et vous êtes les sarments. » (v.5) Les sarments qui demeurent dans le cep portent du bon fruit, et les sarments qui ne demeurent pas dans le cep portent du mauvais fruit. Le vigneron (le Père céleste) retranche les sarments qui ne portent pas du bon fruit, et il émonde ceux qui portent du bon fruit.

La question capitale pour chaque disciple, c'est de savoir de quelle façon on peut demeurer en Christ et de quelle façon on peut quitter Christ. Le Seigneur Jésus entre en nous par son Esprit, au moment où nous croyons dans son sacrifice et dans sa résurrection. Quant à nous, nous entrons en Christ au moment du baptême dans sa mort et dans sa résurrection. Dans l'eau du baptême, le catéchumène meurt avec et en Christ, pour le péché, et ressuscite avec et en Christ, pour mener une vie sainte, agréable au Père. (Romains 6 :3-7) Celui qui renonce à porter sa croix quitte Christ, celui qui accepte journellement de porter sa croix reçue dans l'eau du baptême demeure en Christ. Celui qui rejette sa croix porte du mauvais fruit, celui qui porte sa croix porte du bon fruit.

Celui qui ne demeure pas en Christ sèche et est jeté au feu. Celui qui demeure en Christ garde les commandements évangéliques et jouit de l'amour de son Maître.

L'amour fraternel s'impose comme le pilon de la vie chrétienne. Ceux qui n'ont pas cet amour sont fourvoyés. (Jean 13 :33-35)

« Mes petits enfants, je suis pour un peu de temps encore avec vous. Vous me chercherez, et, comme j'ai dit aux Juifs : Vous ne pouvez venir où je vais, je vous le dis aussi maintenant. Je vous donne un commandement nouveau : Aimez-vous les uns les autres. Comme je vous ai aimés, vous aussi, aimez-vous les uns les autres. À ceci tous connaîtront que vous êtes mes disciples, si vous avez de l'amour les uns pour les autres. » (Jean 13 :33-35)

Jésus n'a pas dit que le monde reconnaisse ses disciples aux miracles qu'ils opèrent dans son nom, bien que les miracles restent toujours les signes d'une foi véridique, mais il a dit que le monde reconnaîtrait ses disciples à l'amour christique qu'il porterait l'un à l'autre. Il leur annonça un amour qui jaillit d'un commandement nouveau. L'ancien commandement, compris dans la Loi, exige que l'Israélite aime son prochain comme soi-même. Le nouveau commandement, compris dans l'Évangile, exige que le chrétien aime son frère comme Christ a aimé son troupeau. Le Seigneur s'est donné pour racheter les élus et les appelés de Dieu. Il attend donc que nous apportions des sacrifices semblables au profit de nos frères spirituels. Sans sacrifice, il n'y a point d'amour christique. Je dois donc sacrifier mon temps, ma force, mon argent et jusqu'à ma vie pour venir en aide de mes frères, qui constituent le Corps de Christ.

La haine du monde atteste certes notre qualité de disciple de Christ. Si le monde ne me hait pas, alors je suis sûr de ne pas marches sur les traces de mon Seigneur. Ceux qui ont la plénitude de l'esprit de ce monde décèlent les disciples de Jésus et leur font des chicanes. (Jean 15 :18-27)

« Si le monde vous hait, sachez qu'il m'a haï avant vous. Si vous étiez du monde, le monde aimerait ce qui est à lui, mais parce que vous n'êtes pas du monde, et que je vous ai choisi du milieu du monde, à cause de cela le monde vous hait. Souvenez-vous de la parole que je vous ai dite : Le serviteur n'est pas plus grand que son maître : S'ils m'ont persécuté, ils vous persécuteront aussi ; s'ils ont gardé ma parole, ils garderont aussi la vôtre. Mais ils vous feront toutes ces choses à cause de mon nom, parce qu'ils ne connaissent pas celui qui m'a envoyé. Si je n'étais pas venu et que je ne leur aie point parlé, ils n'auraient pas de péché, mais maintenant ils n'ont aucune excuse de leur péché. Celui qui me hait, hait aussi mon Père. Si je n'avais pas fait parmi eux des œuvres que nul autre n'a faites, ils n'auraient pas de péché, mais maintenant ils les ont vues, et ils ont haï et moi et mon Père. Mais cela est arrivé afin que s'accomplisse la parole qui est écrite dans leur Loi : Ils m'ont haï sans cause. » (Jean 15 :18-25)

La haine que le monde ressent pour Christ et pour ses disciples n'a pas de cause acceptable. Satan en fournit quand même plusieurs sur fondement d'étrangeté, de bizarrerie. Si le chrétien ne se laisse pas porter par les flots du péché, cela constitue pour le monde un motif de haine. Or, les chrétiens poursuivent la sanctification et la paix « sans laquelle personne ne verra le Seigneur. » (Hébreux 12 :14)

Si Dieu est amour, alors Satan est haine. (1Jean 4 :8) La haine et le mépris qui dominent le monde attestent l'esclavage satanique de l'humanité entière. Or, cette haine se dirige prioritairement contre les fils de Dieu en Christ.

Christ est venu en chair sur la terre, y faisant de grands miracles, qui attestaient son identité. Malgré ces miracles, qui inclinent les cœurs vers la repentance, la majorité des Juifs n'ont pas cru et ne se sont point repentis. C'est pourquoi leurs péchés restent comme des tâches sur le vêtement de leur âme.

Le pardon des offenses constitue l'un des sujets préférés du Seigneur Jésus. Dans la présente étude, il revient pour la troisième fois. (Matthieu 18 :15-35)

«Si ton frère a péché, va et reprends-le entre toi et lui seul. S'il t'écoute, tu as gagné ton frère. Mais, s'il ne t'écoute pas, prends avec toi deux ou trois personnes, afin que toute l'affaire se règle sur la déclaration de deux ou trois témoins. S'il refuse de les écouter, dis à l'Église, et s'il refuse aussi d'écouter l'Église, qu'il soit pour toi comme un païen et un publicain. Je vous dis en vérité, tout ce que vous lierez su la terre sera lié dans le ciel, et tout ce que vous délierez sur la terre sera délié dans le ciel. » (v.15-18)

Si un frère en Christ blâme, endommage et stigmatise son frère, c'est un signe sûr qu'il est tombé dans un piège tendu par le malin, qu'il s'est laissé conduire par une pensée de la chair. Christ y enseigne ce qu'on peut faire pour relever un frère tombé dans la fosse de la tentation. Tout d'abord, il faut le rencontrer entre quatre yeux et lui montrer sa faute. S'il se reconnaît fautif, il s'échappe de la fosse. S'il refuse de se reconnaître coupable, il faut lui en parler dans une communauté restreinte. S'il s'y obstine dans son refus, il faut le discuter dans l'assemblée. Ces démarches successives sont nécessaires afin d'aider le frère errant à revenir dans la bonne voie. S'il ne reconnaît pas sa faute, il ne peut être délivré du piège où il a donné. Si deux ou trois frères pardonnent au coupable repentant, il sera absous de sa culpabilité devant le trône de Christ.

En outre, pardonner personnellement à ceux qui nous ont offensés est un ordre divin. Ce pardon assure le pardon du Père et notre paix intérieure. Afin d'incliner le cœur de ses disciples à pardonner les fautes de leurs semblables, Christ leur présenta le récit du serviteur impitoyable. (Mathieu 18 :23-35)

« C'est pourquoi le royaume de cieux est semblable à un roi qui voulait faire rendre compte à ses serviteurs. Quand il se mit à compter, on lui en amena un, qui devait dix mille talents. Comme il n'avait pas de quoi payer, son maître ordonna qu'il soi vendu, lui, sa femme, ses enfants, et tout ce qu'il avait, et que la dette soit acquittée. Le serviteur, se jetant à terre, se prosterna devant lui, et dit : Seigneur, aie pitié envers moi, et je te paierai tout. Ému de compassion, le maître de ce serviteur le laissa aller, et lui remit la dette. Après qu'il fut sorti, ce serviteur rencontra un de ses compagnons qui lui devait cent deniers. Il le saisit et l'étranglait, en disant : Paie ce que tu me dois. Son compagnon, se jetant à terre, le suppliait, disant : Aie patience envers moi, et je te paierai. Mais l'autre ne voulait pas, et il alla le jeter en prison, jusqu'à ce qu'il ait payé ce qu'il devait. Ses compagnons, ayant vu ce qui était arrivé, furent profondément attristés, et ils allèrent raconter à leur maître tout ce qui s'était passé. Alors le maître fit appeler ce serviteur, et lui dit : Méchant serviteur, j'ai remis en entier ta dette, parce que tu m'en avais supplié. Ne devais-tu pas aussi avoir pitié de ton compagnon, comme j'ai eu pitié de toi ? Et son maître, irrité, le livra aux bourreaux jusqu'à ce qu'il ait payé tout ce qu'il devait. C'est ainsi que mon Père céleste vous traitera, si chacun de vous ne pardonne à son frère de tout son cœur. » (Matthieu 18 :23-35)

À vrai dire, c'est une parabole dont Jésus a tiré une leçon valable pour tous les croyants. Le roi qui veut faire rendre compte à ses serviteurs, c'est l'Éternel. Ses serviteurs, ce sont les hommes, dont chacun doit une somme démesurée à son Créateur. Le roi remit la dette au premier serviteur, mais celui-ci maintint la dette à son compagnon de service. C'est pourquoi il a été livré aux bourreaux qui le mirent au supplice. Le Père céleste traitera de la même manière ceux qui ne pardonnent point à leurs frères.

Les prophéties sur les derniers temps et les instructions conçues pour préparer les disciples en vue de leur rencontre avec le Maître restent toujours de grande actualité. Les voilà : a) Les logements préparés par Christ, b) Exhortation au réveil, c) L'écroulement de Jérusalem, d) La seconde venue du Fils de l'homme, e) Le jugement denier.

Les logements célestes, préparés par Christ, c'est un discours d'adieu et une consolation que le Seigneur adresse à ses disciples après la Cène. (Jean 14 :1-30)

« Que votre coeur ne se trouble point. Croyez en Dieu et croyez en moi. Il y a plusieurs demeures dans la maison de mon Père. Si cela n'était pas, je vous l'aurais dit. Je vais vous préparer une place. Et lorsque je m'en serai allé, et que je vous aurai préparé une place, je reviendrai, et je vous prendrai avec moi, afin que là, où je suis, vous y serez aussi. Vous savez où je vais, et vous en savez le chemin. Thomas lui dit : Seigneur, nous ne savons où tu vas, comment pourrions-nous en savoir le chemin ? Jésus lui dit : Je suis le chemin, la vérité et la vie ; Nul ne vient au Père que par moi. Si vous me connaissiez, vous connaîtriez aussi mon Père. Et dès maintenant vous le connaissez et vous l'avez vu. Philippe lui dit : Seigneur, montre-nous le Père, et cela nous suffit. Jésus lui dit : Il y a si longtemps que je suis avec vous, et tu ne m'as pas connu, Philippe ?! Celui qui m'a vu a vu le Père. Comment dis-tu : Montre-nous le Père ? Ne crois-tu pas que je suis dans le Père et que le Père est en moi ? Les paroles que je vous dis, je ne les dis pas de moi-même, et le Père qui demeure en moi, c'est lui qui fait les œuvres. En vérité en vérité, je vous le dis, celui qui croit en moi fera aussi les oeuvres que je fais, et il en fera de plus grandes, parce que je m'en vais au Père, et tout ce que vous demanderez en mon nom, je le ferai, afin que le Père soit glorifié dans le Fils. Si vous demandez quelque chose en mon nom, je le ferai. » (Jean 14 :1-14)

La perspective du départ de Christ vers les paysages célestes apporta du trouble dans les cœurs des disciples. Jésus leur donna l'antidote de tout trouble psychique : la foi en Dieu le Père et la foi en Dieu le Fils. La source de celle-ci est l'Évangile, la source de celle-là est la Loi et les Prophètes.

Jésus leur explique le but de son départ, celui de leur préparer des places dans la Nouvelle Jérusalem. Après avoir préparé des places, Jésus reviendra pour ravir son Église au Ciel. Le chemin qui conduit à la cité céleste, c'est le Seigneur même. Il est le seul chemin qui conduise au Père. Ainsi donc, les religions qui prétendent conduire les hommes à Dieu sont des chemins errants. Ce chemin vivant qui conduit à l'Éternel est à la fois vie éternelle et vérité absolue. Jésus possède toutes ces vertus parce que le Père omniscient et omniprésent demeure en lui. En conséquence, connaître Christ, c'est connaître l'Éternel. Celui qui a vu Christ a vu l'Éternel. Les paroles proférées par Christ et les œuvres accomplies par lui appartiennent de fait au Père. C'est pourquoi celui qui croit au Fils (a l'Esprit du Fils) peut faire les œuvres du Fils, car il reçoit du Père tout ce qu'il demande au nom nu Fils.

Dans la partie finale de ce discours, Jésus insiste sur l'observation de ses prescriptions. « Si vous m'aimez, gardez mes commandements. Et moi, je prierai le Père, et il vous donnera un autre Consolateur, afin qu'il demeure éternellement avec vous, l'Esprit de vérité, que le monde ne peut recevoir, parce qu'il ne le voit pas et ne le connaît point ; mais vous le connaissez, car il demeure avec vous et il sera en vous. Je ne vous laisserai pas orphelins, je viendrai à vous. Encore un peu de temps, et le monde ne me verra plus, mai vous, vous me verrez, car je vis et vous vivrez aussi. En ce jour-là, vous connaîtrez que je suis en mon Père, que vous êtes en moi, et que je suis en vous. Celui qui a mes commandements et qui les garde, c'est celui qui m'aime. Et celui qui m'aime sera aimé de mon Père, je l'aimerai, et je me ferai connaître à lui. (v.15-21)

L'observation des prescriptions évangéliques prouve notre amour pour Christ. Ceux qui obéissent à Christ ont la promesse du Saint Esprit. (Actes 5 :32) Le Consolateur, l'Esprit de vérité, qui réalise l'unité organique de la Maison de Dieu, demeure avec les disciples et il logera en eux après la résurrection du Seigneur. Le Saint Esprit donne la conviction que Christ est vivant et il rend vivants les disciples pour servir Dieu. L'Esprit rend capable de garder les commandements de Christ, et démontrer, de la sorte, de l'amour pour Jésus qui se fait connaître à ceux qu'ils aiment. Il se fait connaître par les dons de son Saint Esprit. (1Corinthiens 12 :7-10)

« Jude, non pas l'Iscariot, lui dit : Seigneur, d'où vient que tu te feras connaître à nous, et non au monde ? Jésus lui répondit : Si quelqu'un m'aime, il gardera ma parole, et mon Père l'aimera, nous viendrons à lui, et nous ferons notre demeure chez lui. Celui qui ne m'aime pas ne garde point mes paroles ; et la parole que vous entendez n'est pas de moi, mais du Père qui m'a envoyé. » (v.22-24)

Le monde ne garde pas la parole divine. Aussi, Dieu ne se révèle-t-il pas au monde par les dons du Saint Esprit.

Quittant la Terre, Jésus laisse sa paix au milieu de ses disciples. En voilà son aveu : »Je vous laisse la paix, je vous donne ma paix. Je ne vous donne pas comme le monde donne. Que votre cœur ne se trouble point, et ne s'alarme point. Vous avez entendu que je vous ai dit : Je m'en vais et je reviens à vous. Si vous m'aimiez, vous vous réjouiriez de ce que je vais au Père, car le Père est plus grand que moi. » (v.27, 28)

La révolte de Satan et de la tierce des anges a troublé la paix de l'Univers. (Apocalypse 12 :3,4) Ce trouble pénétra dans notre monde par la chute d'Adam. Christ est venu pour rétablir la paix à prix de sang. C'est la foi en Christ qui œuvre la paix. Laissant la foi en son nom sur la Terre, Jésus y laisse sa paix.

La mention christique : »le Père est plus grand que moi » a le don de nuancer le concept de la Sainte Trinité. Christ a paru sur la Terre portant en son corps la plénitude de la Divinité. (Colossiens 2 :9) En tant que Parole de Dieu, il avait participé à l'œuvre de création. Il est donc Créateur. Après sa naissance en corps, il est devenu Homme, Fils de Dieu, le dernier Adam. (1Corinthiens 15 :45) Bien que sa Divinité soit incontestable, son humanité en reste réelle. En sa qualité de Parole de l'Éternel et aussi en celle de Fils né en chair, Christ reste pour toujours sous l'autorité de son Dieu et Père.

L'exhortation au réveil contient de précieux conseils en vue de la rencontre du Seigneur quand il viendra sur les nuées du ciel. (Matthieu 24 :36-51 ; Luc 12 :35-40)

« Que vos reins soient ceints et vos lapes allumées ; Et vous soyez semblables à des hommes qui attendent que leur maître revienne des noces, afin de lui ouvrir dès qu'il arrivera et frappera. Heureux ces serviteurs que le maître, à son arrivée, trouvera veillant. Je vous le dis en vérité, il se ceindra, les fera mettre à table, et s'approchera pour les servir. Qu'il arrive à la deuxième ou à la troisième veille, heureux ces serviteurs s'il les trouve veillant ! Sachez bien si le maître de la maison savait à quelle heure le voleur doit venir, il veillerait et ne laisserait pas percer sa maison. Vous aussi, tenez-vous prêts, car le Fils de l'homme viendra à l'heure où vous n'y penserez pas. » (Luc 12 :35-40)

L'état d'éveil spirituel caractérise tout d'abord la psychique d'un homme qui se rend compte de tous les événements qui se déroulent autour de lui et en peut comprendre les conséquences. Secondement, le réveil spirituel suppose de l'activité dirigée vers un but précis. Le contraire du réveil, c'est la somnolence spirituelle, propice au tentateur qui égare les hommes. Ceux que Christ, à son retour, trouve en sommeil spirituel, sont à peine reconnaissables comme disciples, puisqu'ils pataugent dans la boue du péché. De plus, les chrétiens somnolents cessent de servir Christ, par la simple raison que ceux qui dorment ne travaillent pas. À son arrivée, Christ n'honorera que ces disciples en éveil, les somnolents resteront dehors.

La destruction de Jérusalem est l'un des signes qui précèdent la seconde venue du Seigneur Jésus. (Matthieu 24 :1-14 ; Marc 13 :1-13 ; Luc 21 :5-19)

« Comme Jésus s'en allait au sortir de la temple, ses disciples s'approchèrent pour lui en faire remarquer les constructions. Mais il leur dit : Voyez-vous tout cela ? Je vous le dis en vérité : il ne restera pas ici pierre sur pierre qui ne soit pas renversée. Il s'assit sur la montagne des Oliviers. Et les disciples vinrent en particulier lui poser cette question : Dis-nous, quand cela arrivera-t-il, et quel sera le signe de ton avènement et de la fin du monde ? Jésus leur répondit : Prenez garde que personne ne vous séduise. Car plusieurs viendront sous mon nom, disant : C'est moi qui suis le Christ. Et ils séduiront beaucoup de gens. Vous entendrez parler de guerres et de bruits de guerre : gardez-vous d'être troublés, car il faut que ces choses arrivent. Mais ce ne sera pas encore la fin. Une nation s'élèvera contre une nation, et un royaume contre un royaume, et il y aura en divers lieux des famines et des tremblements de terre. Tout cela ne sera que le commencement des douleurs. Alors on vous livrera aux tourments, et l'on vous fera mourir ; et vous serez haïs de toutes les nations, à cause de mon nom. Alors aussi plusieurs succomberont, et ils se trahiront et se haïront les uns les autres. Plusieurs faux prophètes s'élèveront et ils séduiront beaucoup de gens ; et parce que l'iniquité sera accrue, l'amour du plus grand nombre se refroidira. Mais celui qui persévérera jusqu'à la fin sera sauvé. Cette bonne nouvelle du royaume sera prêchée dans le monde entier, pour servir de témoignage à toutes les nations. Alors viendra la fin. » (Matthieu 24 :1-14)

Le second temple a été détruit en l'an 71 après Christ. Mais il sera rebâti au temps du grand malheur quant Jérusalem sera assiégée par toutes les nations. La fin viendra après la destruction du troisième temple. (Ezechiel 38 :1-23 ; Zacharie 14 :1-21)

Dans le passage cité ci-dessus, le Seigneur énumère d'autres signes encore de son avènement : il y aura des guerres, de famines, des tremblements de terre, et une multitude de faux prophètes dont plusieurs se donneront pour Christ. L'Évangile se prêchera jusqu'aux confins du monde. Il s'abattra une grande persécution sur ceux qui auront appelé le nom de Jésus Christ. Le péché refroidira l'amour de plusieurs. Aussi, les croyants se trahiront-ils les uns les autres. Celui qui persévérera dans la patience jusqu'à la fin aura l'âme sauvée.

Luc retint les bons conseils que Jésus avait donnés à ses disciples pour la période du grand malheur. « Prenez garde à vous-même, de crainte que vos cœurs ne s'appesantissent par les excès du manger et du boire, et par les soucis de la vie, et que ce jour ne vienne sur vus à l'improviste ; car il viendra comme un filet sur tous ceux qui habitent sur la surface de toute la terre. Veillez donc et priez en tout temps, afin que vous ayez la force d'échapper à toutes ces choses qui arriveront, et de paraître debout devant le Fils de l'homme. » (Luc 21 :34-36)

Afin qu'on garde sa foi dans ces temps d'épreuves, il faut se retenir des excès de la table et des soucis de la chair, en menant en vie de prière authentique.

L'avènement du Fils de l'homme est une prophétie qui décrit les circonstances de cet événement. (Matthieu 24 :15-31 ; Luc 20-28)

« C'est pourquoi, lorsque vous verrez l'abomination de la désolation, dont a parlé le prophète Daniel, établie en lieu saint, -que celui qui lit fasse attention- alors,que ceux qu seront en Judée fuient dans les montagnes ; que celui qui sera sur le toit ne descende pas pour prendre ce qui est dans sa maison, ; et que celui qui sera dans le champs ne retourne pas en arrière pour prendre son manteau....Si quelqu'un vous dit alors :Le Christ est ici, ou :il est là, ne croyez pas...Car comme l'éclaire part de l'orient et se montre jusqu'en occident, ainsi sera l'avènement du Fils de l'homme. En quelque lieu que soit le cadavre, là s'assembleront les vautours. Aussitôt après ces jours de détresse, le soleil s'obscurcira, la lune ne donnera plus sa lumière, les étoles tomberont du ciel, et les puissances des cieux seront ébranlées. Alors le signe du Fils de l'homme paraîtra dans le ciel, toutes les tribus de la terre se lamenteront, et elles verront le Fils de l'homme venant sur les nuées du ciel avec puissance et une grande gloire. Il enverra ses anges avec la trompette retentissante ; et ils rassembleront les élus des quatre vents, d'une extrémité de la terre à l'autre. » (Matthieu 24 :15-31)

Jésus adressa ce discours à ses disciples Juifs, éduqués dans l'Esprit de la Loi. Il les y avertit ainsi : »Priez que votre fuite n'arrive pas en hiver, ni un jour de sabbat. » (v.20) La Loi était contre une longue marche le jour de sabbat. Cette rigueur n'est point mentionnée dans les épîtres de Paul, apôtre des nations. Christ même enfreignit cette rigueur. (Matthieu 12 :1-8)

Jésus viendra en cachette pour son Église, bien avant le siège de Jérusalem. (1Thessaloniciens 4 : 13-18 ; Apocalypse 3 :10) Mais il sera vu de toute œil, lorsqu'il viendra pour le peuple d'Israël, au temps du siège. (Apocalypse 1 :7 ; Zacharie 14 :1-4) Le passage ci-dessus s'adresse exclusivement aux disciples juifs.

L'Antéchrist se sera déjà installé dans le Temple nouvellement construit, se montrant comme dieu. (2Thessaloniciens 2 :1-4) Christ viendra pour le détruire par le souffle de sa bouche. (2Thessaloniciens 2 :8)

L'abomination de la désolation une fois étant installée au lieu Saint, il commencera la persécution des croyants. Celui qui sera sur le toit, n'aura point le temps de descendre pour prendre quoi que ce soit de sa maison.

Certains dérèglements de la nature signalent l'avènement du Fils de Dieu : le soleil s'obscurcit, la lune ne donne plus sa lumière. Luc en offre plus de détails : »Il y aura des signes dans le soleil, dans la lune et dans les étoiles. Et sur la terre, il y aura de l'angoisse chez les nations qui ne sauront que faire, au bruit de la mer et des flots, les hommes rendant l'âme de terreur dans l'attente de ce qui surviendra sur la terre, car les puissances des cieux seront ébranlées. » (Luc 21 :25-27)

La parution du signe de Christ dans le ciel précède sa propre parution. Il arrivera sur les nuées, accompagné des anges de sa puissance, lesquels rassembleront les élus des quatre coins de la terre. Les élus se dirigeront vers Christ comme les vautours se dirigent vers leur proie.

Le jugement dernier, décrit par Christ, c'est le jugement qui précède le Millénium de Paix christique sur la Terre. (Matthieu 25 :31-46) C'est le jugement des vivants qui ne coïncide point avec le jugement dernier, celui des morts. (Apocalypse

20 :10-15) Paul a fait la différence entre le jugement des vivants et celui des morts. (2Timothée 4 :1,2)

« Lorsque le Fils de l'homme viendra dans sa gloire, avec les saints anges, il s'assiéra sur le trône de sa gloire. Toutes les nations seront assembles devant lui ; Il séparera les uns ave les autres, comme le berger sépare les brebis d'avec les boucs. Et il mettra les brebis à sa droite, et les boucs à sa gauche. Alors le roi dira à ceux qui seront à sa droite : Venez, vous qui êtes bénis de mon père, prenez possession du royaume qui vous a été préparé dès la fondation du monde. Car, j'ai eu faim, et vous m'avez donné à manger, j'ai eu soif, et vous m'avez donné à boire, j'étais étranger, et vous m'avez recueilli, j'étais nu, et vous m'avez vêtu, j'étais malade, et vous m'avez rendu visite, j'étais en prison, et vous êtes venu vers moi. Les justes lui répondront : Seigneur, quand t'avons-nous vu avoir faim, et t'avons donné à manger, ou avoir soif, et t'avons-nous donné à boire ? Quand t'avons-nous vu étranger, et t'avons recueilli, ou nu, et t'avons-nous vêtu ? Quant t'avons-nous vu malade ou en prison, et sommes-nous allés vers toi ? Et le roi leur répondra : Je vous le dis en vérité : toutes les fois que vous avez fait ces choses à l'un de ces plus petits de mes frères, c'est à moi que vous les avez faites. Ensuite il dira à ceux qui seront à sa gauche : Retirez-vous de moi, maudits, allez dans le feu éternel qui a été préparé pour le diable et pour ses anges. Car j'ai eu faim, et vous ne m'avez pas donné à manger, j'ai eu soif, et vous ne m'avez pas donné à boire, j'étais étranger, et vous ne m'avez pas recueilli, j'étais nu, et vous ne m'avez pas vêtu, j'étais malade et en prison, et vous ne m'avez pas rendu visite. Ils répondront aussi : Seigneur, quand t'avons-nous vu ayant faim, ou ayant soif, ou étranger, ou nu, ou malade, ou en prison, et ne t'avons-nous pas assisté ? Et il leur répondra : Je vous le dis en vérité, toutes les fois que vous n'avez pas fait ces choses à l'un de ces plus petits, c'est à moi que vous ne l'avez pas faites. Et ceux-ci iront au châtiment éternel, mais les justes à la vie éternelle. » (Matthieu 25 :31-46)

À ce jugement, Christ prend comme critère la pitié qu'on ressent pour ses semblables. Ceux qui, dans la période du grand malheur, ont fait preuve de pitié envers les Israélites persécutés, passent à la droite du roi, et ceux qui se sont manifestés cruels envers eux passent à sa gauche. Ceux qui sont capables d'empathie auront part à la vie éternelle et ceux qui n'en sont pas capables iront au châtiment éternel. L'empathie s'avère être une bénédiction divine, tandis que l'égoïsme est une malédiction.

Les guérisons divines, opérées par Christ

Les Seigneur Jésus accomplit tous les tâches de sa vocation de Rédempteur et de Fils de Dieu par la puissance du Saint Esprit, y compris bien sûr les guérisons divines. Il guérissait à la fois les maladies de l'âme et celles du corps.

La guérison d'un paralytique à la piscine de Béthesda est un récit lourd d'instructions.(Jean 5 :1-16)

« Après cela, il y eut une fête des Juifs, et Jésus monta à Jérusalem. Or, à Jérusalem, près de la porte des brebis, il y a une piscine qui s'appelle en en hébreu

Béthesda, et qui a cinq portiques. Sous ces portiques étaient couchés en grand nombre des malades, des aveugles, des boiteux, des paralytiques, qui attendaient le mouvement de l'eau. Car un ange descendait de temps en temps dans la piscine, et agitait l'eau ; et celui qui y descendait le premier, après que l'eau avait été agitée, était guéri, quelle que soit sa maladie. Là se trouvait un homme malade depuis trente-huit ans. Jésus, l'ayant vu couché, et sachant qu'il était malade depuis longtemps, lui dit : Veux-tu être guéri ? Le malade lui répondit : Seigneur, je n'ai personne pour me jeter dans la piscine quand l'eau est agitée, et, pendant que j'y vais, un autre descend avant moi. Lève-toi, lui dit Jésus, prends ton lit et marche. Aussitôt cet homme fut guéri : il prit son lit et il marcha. C'était un jour de sabbat. Les Juifs dirent donc à celui qui avait été guéri : C'est le sabbat, il ne t'es pas permis d'emporter ton lit. Il leur répondit : Celui qui m'a guéri m'a dit : Prends ton lit et marche. Ils lui demandèrent : Qui est l'homme qui t'a dit : Prends ton lit et marche ? Mais celui qui avait été guéri ne savait pas qui c'était, car Jésus avait disparu de la foule qui était en ce lieu. Depuis, Jésus le trouva dans le temple, et lui dit : Voici, tu as été guéri : ne pèche plus de peur qu'il ne t'arrive quelque chose de pire. Cet homme s'en alla, et annonça aux Juifs que c'était Jésus qui l'avait guéri. C'est pourquoi les Juifs poursuivaient Jésus, parce qu'il faisait ces choses le jour du sabbat. » (Jean 5 :1-16)

L'intelligence humaine relève que l'eau de la piscine fut troublée de temps en temps par le tourbillon de vent. Mais la révélation divine en dit plus long : »De plus, il dit des anges : Celui qui fait de ses anges des vents, et de ses serviteurs une flamme de feu. » (Hébreux 1 :7) Dans l'Apocalypse, Jean parle des anges qui surveillent les eaux et des anges qui surveillent le feu. (Apocalypse 15 :18 ; 16 :5) En fin de compte, l'eau de la piscine fut, en effet, troublée par un ange.

Mais cet homme, frappé de paralysie depuis trente-huit ans, ne put y entrer tout seul. Jésus lui demanda s'il voulait être guéri. Il le questionna afin de pouvoir procéder selon sa foi et sa volonté. Sans la foi, on ne peut être agréable à Dieu. (Hébreux 11 :6) Ensuite, Jésus lui dit : « Lève-toi, prends ton lit et marche. » Dieu a créé le monde par sa Parole et par son Esprit. (Psaume 33 :6) « Il dit, et la chose arrive, il ordonne, et elle existe. » (Psaume 33 :9 ; Genèse 1 :3) Voilà la manière dont Dieu procède aux guérisons des hommes qui se confient en sa puissance.

Ce qui scandalisa les pharisiens, c'était que Jésus ordonna au paralytique de porter son lit un jour de sabbat. Ils comprirent que Jésus s'est attaqué à la pause du septième jour. La loi de Moïse fut corrompue. Les Juifs en voulait à Jésus.

Ayant retrouvé dans le temple son ancien malade, le médecin divin lui dit : »Ne pèche plus, de peur qu'il ne t'arrive quelque chose de pire. » On en déduit que la paralysie dont il souffrit se devait à un péché quelconque. Smith Wigleswort, questionna les malades sur leurs péchés, avant de prier pour leur guérison. C'est que le pardon des péchée est la prémisse des guérisons divines. (cf. Jacques 5 :16)

La guérison du fils d'on officier du roi ne se retrouve que chez Jean. (Jean 4 :43-54)

« Lorsqu'il arriva en Galilée, il fut reçu des Galiléens, qui avaient vu tout ce qu'il avait fait à Jérusalem pendant la fête, car eux aussi étaient allés à la fête. Il retourna donc à Cana en Galilée, où il avait changé l'eau en vin. Il y avait à Capernaüm un officier du roi, dont le fils était malade. Ayant appris que Jésus était venu de Judée en Galilée, il alla vers lui, et le pria de descendre et de guérir son fils, qui était près de mourir. Jésus lui dit : Si vous ne voyez des miracles et des prodiges, vous ne croyez point. L'officier du roi lui dit : Seigneur, descends avant que mon enfant meure. Va, lui dit Jésus, ton enfant vit. Et cet homme crut à la parole que Jésus lui avait dite, et il s'en alla. Comme il descendait déjà, ses serviteurs venant à sa rencontre, lui apportèrent cette nouvelle : Ton enfant vit. Il leur demanda à quelle heure il s'était trouvé mieux. Il lui dirent : Hier à la septième heure, la fièvre l'a quitté. Le père reconnut que c'était à cette heure-là que Jésus lui avait dit : Ton fils vit. Et il crut, lui et toute sa maison. » (Jean 4 :45-53)

Voilà une espèce de guérison à distance. Le fils malade de l'officier du roi se trouva à Capernaüm, et Jésus, le guérisseur, à Cana. Le père désespéré et Jésus se sont rencontrés à une heure de l'après midi, ce qui compte pour sept heures chez les Israélites, parce qu'ils commencent à compter la durée du jour à six heures du matin. À treize heures donc, Jésus dit à l'officier : Va, ton enfant vit. À l'heure même l'enfant fut guéri.

La guérison du serviteur d'un centenier se retrouve chez deux évangélistes. (Matthieu 8 :5-13 ; Luc 7 :1-10)

« Comme Jésus entrait dans Capernaüm, un centenier l'aborda, le priant et disant : Seigneur, mon serviteur est couché à la maison, atteint de paralysie et souffrant beaucoup. Jésus lui dit : J'irai et je le guérirai. Le centenier répondit : Seigneur, je ne suis pas digne que tu entres sous mon toit, mais dis seulement un mot, et mon serviteur sera guéri ; car moi, qui suis soumis à des supérieurs, j'ai des soldats sous mes ordres, et je dis à l'un :Va ! et il va, à l'autre :Viens ! et il vient, et à mon serviteur : Fais cela ! et il le fait. Après l'avoir entendu, Jésus fut dans l'étonnement, et dit à ceux qui le suivaient : Je vous le dis en vérité, même en Israël je n'ai pas trouvé une aussi grande foi. Or, je vous déclare que plusieurs viendront de l'orient et d'occident, et seront à table avec Abraham, Isaac et Jacob, dans le royaume des cieux. Mais les fils du royaume seront jetés dans les ténèbres du dehors, où il y aura des pleurs et des grincements de dents. Puis Jésus dit au centenier : Va, qu'il te soit fait selon ta foi. Et à l'heure même le serviteur fut guéri. » (Matthieu 8 :5-13)

Cet officier romain a étonné Jésus, en comparant le monde invisible des esprits à l'armée romaine où chaque membre se trouve à un échelon précis de l'échelle des grades et où chacun exécute les ordres de ses supérieurs. L'officier s'attendait à ce que les esprits inférieurs en grade exécutent les ordres de Jésus, ce qui arriva sans retard.

Notre foi se rattache au monde des esprits, invisible à l'œil charnel. (Hébreux 11 :1) Le Créateur même est Esprit. (Jean 4 :24) Celui qui ne croit point au Dieu invisible ne peut être agréable devant lui. (Hébreux 11 :6) Le centenier eut une foi réelle, que le Seigneur honora, en exauçant sa prière. Ceux parmi les Israélites qui ne croient point au monde invisible seront jetés dehors du royaume éternel.

La guérison d'un démoniaque muet paraît chez Matthieu et chez Luc. (Matthieu 9 :32-34 ; Luc 11 :14-20)

« Comme il s'en allait, voici on amena à Jésus un démoniaque muet. Le démon ayant été chassé, le muet parla. Et la foule étonné disait : Jamais pareille chose ne s'est vue en Israël. Mais les pharisiens dirent : C'est par le prince des démons qu'il chasse les démons. » (Matthieu 9 :32-34)

Ce cas démontre que le mutisme est causé d'un démon qui endommage les organes phonatoires de l'homme. Une foi le démon chassé, ces organes redeviennent fonctionnels. Le Saint Esprit, qui bannit les esprits impurs, refait les tissus endommagés. Comme la foule s'était mise à s'émerveiller, les pharisiens jaloux accusèrent Jésus de collaboration avec un prince des Ténèbres, se chargeant ainsi d'un péché irrémissible.

Jésus guérit un sourd-muet. C'est une guérison rare par son espèce dont la description se retrouve chez Marc. (Marc 7 :31-37)

« Jésus quitta le territoire de Tyr, et revint par Sidon vers la mer de Galilée, en traversant les pays de Décapole. On lui amena un sourd qui avait de la difficulté à parler ; et on le pria de lui imposer les mains. Il le prit à part, loin de la foule, lui mit les doigts dans les oreilles, et lui toucha la langue avec sa propre salive ; puis, levant les yeux au ciel, il soupira et dit :Ephphatha, c'est-à-dire, ouvre-toi. Aussitôt ses oreilles s'ouvrirent, sa langue se délia, et il parla très bien ; Jésus leur recommanda de n'en parler à personne ; mais plus il le recommanda, plus ils le publièrent. Ils étaient dans le plus grand étonnement, et disaient : Il fait tout à merveille, même il fait entendre les sourds, et parler les muets. » (Marc 7 :31-37)

Le territoire de Tyr et de Sidon fut hanté des esprits impurs parce que ces deux villes furent les centres du culte des Baals. Le sourd-muet qu'on lui amena se trouva sous la puissance des esprits impurs qui démolissaient son corps. Jésus le prit à part, loin de la foule assujettie aux démons. Il lui mit le doigts dans les oreilles, il cracha sur sa langue, puis il soupira vers le Père et donna un ordre aux organes enchaînés : Ouvre-toi.

Jésus guérit une femme atteinte d'une perte de sang. Marc et Luc s'occupent également de ce récit. (Marc 5 :5-34 ; Luc 8 :43-48)

« Or, il y avait une femme atteinte d'une perte de sang depuis douze ans, et qui avait dépensé tout son bien pour les médecins, sans qu'aucun ait pu la guérir. Elle s'approcha par derrière, et toucha le bord du vêtement de Jésus. Au même instant la perte de sang s'arrêta. Et Jésus dit : Qui m'a touché ? Comme tous s'en défendaient, Pierre et ceux qui étaient avec lui dirent : Maître, la foule t'entoure et te presse, et tu dis : Qui m'a touché ? Mais Jésus répondit : Quelqu'un m'a touché, car j'ai connu qu'une force était sorti de moi. La femme se voyant découverte, vint toute tremblant se jeter à ses pieds, et déclara devant tout le peuple pourquoi elle l'avait touché, et comment elle avait été guérie à l'instant. Jésus lui dit : Ma fille, ta foi t'a sauvée. Va en paix. » (Luc 8 :43-48)

Cette femme malade qui toucha le bord du vêtement de Christ et fut guéri sur place est un cas à part. Mais Jésus se rendit compte, que quelqu'un l'a touché à dessein, car une force fut sortie de lui. Lorsque la femme se fut reconnue comme responsable de cette effusion de force divine, Jésus la consola : »Ma fille, ta foi t'a sauvée. » On déduit de ce cas à part que le Saint Esprit répond à un geste de foi.

La clé de cette guérison est cachée dans l'autre variante de ce récit. Marc a noté les suivants : »Elle se disait : Si je peux seulement toucher ses vêtements, je serai guérie. » Ce fut un suggestion. Qui aurait pu lui suggérer cette pensée qui allait se réaliser ? Lorsque Pierre avait répondu correctement à la question concernant l'identité de Jésus, le Seigneur lui a dit : »Tu es heureux, Simon, fils de Jonas, car ce ne sont pas la chair et le sang qui t'ont révélé cela, mais c'est mon Père qui est dans les cieux. » (Matthieu 16 :17) Par conséquent, la pensée qui conduisait inéluctablement à la guérison de cette femme était venu du Père. Par ailleurs, Paul enseigne hardiment qui Dieu donne la volonté et le faire aux siens. (Philippiens 2 :13)

La guérison d'un homme à la main sèche est un récit reproduit par trois évangélistes. (Matthieu 12 :9-14 ; Marc 3 :1-6 ; Luc 6 :6-11)

« Étant parti de là, Jésus entra dans la synagogue. Et voici, il s'y trouvait un homme qui avait la main sèche. Ils demandèrent à Jésus : Est-il permis de faire une guérison les jours de sabbat ? C'était afin de pouvoir l'accuser. Il leur répondit : Lequel d'entre vous, s'il n'a qu'une brebis et qu'elle tombe dans une fosse le jour du sabbat, ne la saisira pour l'en retirer ? Combien un homme ne vaut-il pas plu qu'une brebis ! Il est donc permis de faire du bien les jours de sabbat. Alors, il dit à l'homme : Étends ta main. Il l'étendit, et elle devint saine comme l'autre. » (Matthieu 12 :9-13)

Transgresser délibérément un commandement divin se considère comme rébellion. L'intention des chefs de la synagogue c'était donc de convaincre Jésus de rébellion afin de pouvoir obtenir sa peine de mort. La Loi interdit qu'on allume le feu au jour de sabbat. La question qu'on a posée à Christ fut donc tendancieuse. En outre, l'un des rôles de la Loi, c'est de fermer la bouche à tout homme et de convaincre le monde de culpabilité devant Dieu, afin qu'on puisse opter pour la Grâce. (Romains 3 :19 ; 11 :32)

Mais ce que les chefs ignoraient, ce fut la Divinité de Christ. Jésus est venu pour remplir par son sacrifice remplaçant la Loi exigeant la mort du pécheur, afin que ceux qui croient en lui aient part à la miséricorde et à l'amour de Dieu. Ainsi donc, Jésus sauve les croyants de la rigueur de l'Esprit de la Loi pour leur faire part à la douceur de l'Esprit de la Grâce. Ses accusateurs lui parlaient par l'Esprit de la Loi, lui, il proféra les paroles de la Grâce qui permet de faire du bien un jour de sabbat.

Opérer une guérison le jour du sabbat fut un risque pour le Fils de l'homme. Cependant, Jésus assuma ce risque et dit à l'homme malade : »Étends ta main. »

Celui-ci lui obéit et sa main devint saine. En général, l'élément intentionnel de la part du malade ne peut manquer du processus de guérison divine.

L'aveugle de Bethsaïda eut part à une guérison progressive qui se déroulait en deux phases. (Marc 8 :22-26)

« Ils se rendirent à Bethsaïda ; et on amena vers Jésus un aveugle qu'on le pria de toucher. Il prit l'aveugle par la main, et le conduisit hors du village ; puis il lui mit de la salive sur les yeux, lui imposa les mais, et lui demanda s'il voyait quelque chose. Il regarda et dit : J'aperçois les hommes, mais j'en vois comme des arbres, et qui marchent. Jésus lui mit de nouveau les mains sur les yeux, et, quand l'aveugle regarda fixement, il fut guéri, et il vit distinctement ; alors Jésus le renvoya dans sa maison, en disant :N'entre pas au village. » (Marc 8 :22-26)

Dans ce cas de guérison, l'esprit de cécité essaya de résister aux attaques du guérisseur. Jésus mit de la salive sur les yeux du malade et lui imposa les mains. L'aveugle commença à voir les hommes comme des arbres marchant. Jésus lui mit de nouveau les mains sur les yeux. Quand l'aveugle regarda fixement, il recouvra la vue. L'esprit de cécité se retira grâce à la collaboration entre Christ et le malade.

L'aveugle Bartimée fit preuve de persévérance dans ses efforts d'arriver en présence du Seigneur Jésus. (Marc 10 :46-52 ; Luc18 :35-43)

« Ils arrivèrent à Jéricho. Et, lorsque Jésus en sortit, avec ses disciples et une assez grande foule, le fils de Timée, Bartimée, mendiant aveugle, était assis au bord du chemin. Il entendit que c'était Jésus de Nazareth, et il se mit à crier : Fils de David, aie pitié de moi ! Plusieurs le reprenaient, pour le faire taire, mais il criait beaucoup plus fort : Fils de David, aie pitié de moi ! Jésus s'arrêta et dit : Appelez-le ! Ils appelèrent l'aveugle, en lui disant : Prends courage, lève-toi, il t'appelle. L'aveugle jeta son manteau, et, se levant d'un bond, vint vers Jésus. Jésus, prenant la parole, lui dit : Que veux-tu que je te fasse ? Rabbouni, lui répondit l'aveugle, que je recouvre la vue. Et Jésus lui dit : Va, ta foi t'a sauvé. Aussitôt il recouvra la vue, et suivit Jésus dans le chemin. » (Marc 10 :46-53)

Il est surprenant de constater quel mépris éprouvent les gens pour leurs semblables estropiés. Cet aveugle appela Jésus dans sa détresse, et la foule voulait le réduire au silence. Mais Bartimée ne se tut pas. Il continua à appeler le Fils de David. Alors Jésus l'entendit et lui accorda une entrevue. L'aveugle en profita et lui sollicita le recouvrement de sa vue, accordé sur place. Jésus tint à lui dire : »Va, ta foi t'a sauvé. » Le salut vient par la foi en Christ, et non pas par l'observation de la Loi.

La guérison d'une femme courbée renvoie derechef à l'activité destructive des esprits impurs causant des maladies corporelles. (Luc 13 :10-17)

« Jésus enseignait dans un des synagogues, le jour du sabbat. Et voici, il y avait une femme possédée d'un esprit qui la rendait infirme depuis dix-huit ans. Elle était courbée, elle ne pouvait pas du tout se redresser. Lorsqu'il la vit, Jésus lui adressa la parole, et lui dit : Femme, tu es délivrée de ton infirmité. Et il lui imposa les mains. À l'instant elle se redressa, et glorifia Dieu. Mais le chef de la synagogue, indigné de ce que Jésus avait opéré cette guérison un jour de sabbat, dit à la foule : Il y a six jours pour travailler, venez donc vous faire guérir ces jours-là, et non pas le jour du sabbat. Hypocrites, lui dit Jésus est-ce que chacun de vous, le jour du sabbat, ne détache pas de la crèche son boeuf ou son âne, pour le mener à boire ? Et cette femme, qui est une fille d'Abraham, et que Satan tenait liée depuis dix-huit ans, ne fallait-il pas la délivrer de cette chaîne le jour du sabbat ? Tandis qu'il parlait ainsi, tous ses adversaires étaient confus, et la foule se réjouissait de toutes les choses glorieuses qu'il faisait. » (Luc 13 :10-17)

Ce récit fait sous-entendre que les déformations des membres du corps se doivent à des liaisons sataniques. Cette femme fut liée depuis dix-huit ans d'un esprit qui sape l'organisme, la chair et l'os, hâtant la mort. Jésus trouva bon de délivrer cette femme, qui était, en fait, une fille d'Abraham. Il lui dit : « Femme, tu es délivrée de ton infirmité » et lui imposa les mains. Sur cette déclaration, l'esprit de maladie quitta sa proie.

Le chef de la synagogue, au lieu de se réjouir de cette délivrance, se mit à réprimander le public d'avoir désiré d'être guéri le jour du sabbat. L'Esprit de la Loi, dont il fut pénétré ne s'apitoie pas des souffrances des hommes nés en péchés. Cet Esprit ne poursuit que le châtiment des pécheurs qu'il considère de rebelles. À vrai dire, il en est ainsi. Tous les descendants d'Adam sont coupables devant Dieu. Mais Dieu éprouve de la pitié pour les descendants d'Abraham, qui croient à la résurrection des morts.

Jésus guérit un malade hydropique. Ce cas de guérison ne se retrouve que chez le médecin Luc. (Luc 4 :1-6)

« Jésus étant entré, un jour de sabbat, dans la maison de l'un des chefs des pharisiens pour prendre le repas, les pharisiens l'observaient. Et voici un homme hydropique était devant lui. Jésus prit la parole et dit aux docteurs de la loi et aux pharisiens : Est-il permis, ou non, de faire une guérison le jour du sabbat ? Ils gardèrent le silence. Alors Jésus avança la main sur cet homme, le guérit et le renvoya. Puis il leur dit : Lequel de vous, si son fils ou son bœuf tombe dans un puits, ne l'en retirera pas aussitôt, le jour du sabbat ? Et ils ne purent rien répondre à cela. » (Luc 14 :1-6)

L'hydropisie est une maladie qui consiste dans l'accumulation de sérosité dans une cavité naturelle du corps. Les hydropiques portent donc un poids superflu dans leur corps ce qui compromet le bon fonctionnement de leur organisme. Un jour Jésus rencontra un hydropique dans la maison d'un chef des pharisiens. Jésus avança la main sur cet homme et le guérit. Aux argumentations du Seigneur en faveur d'une guérison faite au jour du sabbat, les pharisiens ne répondirent rien. Ils furent les disciples de Moïse et ils ne purent contourner la Loi.

Jésus guérit dix lépreux. C'est Luc seul qui traite cette guérison. (Luc 17 :11-21)

« Jésus se rendant à Jérusalem, passa entre la Samarie et la Galilée. Comme il entrait dans un village, dix lépreux vinrent à sa rencontre. Se tenant à distance, ils élevèrent la voix, et dirent : Jésus, maître, aie pitié de nous ! Dès qu'il les eut vus, il leur dit : Allez vous montrer aux sacrificateurs. Et, pendant qu'ils allaient, il arriva qu'ils furent guéris. L'un deux, se voyant guéri, revint sur ses pas glorifiant Dieu à haute voix. Il tomba sur sa face aux pieds de Jésus, et il lui rendit grâce. C'était un Samaritain. Jésus, prenant la parole, dit : Les dix n'ont-ils pas été guéri ? Et les neuf autres, où sont-ils ? Ne s'est-il trouvé que cet étranger pour revenir et donner gloire à Dieu ? Puis il lui dit :Lève-toi, va, ta foi t'a sauvé. Les pharisiens demandèrent à Jésus quand viendrait le royaume de Dieu. Il leur répondit : Le royaume de Dieu ne vient pas de manière à frapper les regards. On ne dira point : Il est ici, ou : il est là. Car le royaume de Dieu est au milieu de vous. » (Luc 17 :11-21)

D'après la Loi, le sacrificateur avait l'obligation de constater si un lépreux avait été guéri. C'est la raison par laquelle Jésus envoya les dix lépreux aux sacrificateurs. Lui ayant obéi, les dix lépreux furent purifiés de leur lèpre, chemin faisant. L'un deux, pressé par un sentiment de gratitude, revint à Jésus pour lui rendre hommage. Ce fut un Samaritain. Les Juifs ne retournèrent pas pour remercier leur bienfaiteur.

Concernant la venue du Royaume de Dieu sur la terre, Christ n'y en signala que la première phase. Ce royaume fit irruption sur a terre par la descente du roi céleste, la Messie. La descente du Saint Esprit marqua la seconde phase de la venue du royaume de Dieu sur la terre. Lorsque Jésus sera descendue avec les anges de son pouvoir pour anéantir les royaumes de la terre et pour instituer son royaume de Paix Millénaire, ce sera la troisième phase de la venue du Royaume de Dieu. (Daniel 2 :45 ; 2Thessaloniciens 7 :10) Jusque là, le royaume de Dieu reste, par l'esprit de foi, dans le cœur des croyants et au milieu d'eux.

La guérison d'un aveugle-né est traitée tout au long du chapitre neuf de l'Évangile selon Jean.

« Jésus vit, en passant, un homme aveugle de naissance. Ses disciples lui posèrent cette question : Rabbi qui a péché, cet homme ou ses parents, pour qu'il soit né aveugle ? Jésus répondit : Ce n'est pas que lui ou ses parents aient péché, mais c'est afin que les ouvres de Dieu soient manifestées en lui. Il faut que je fasse, tandis qu'il est jour, les œuvres de celui qui m'a envoyé ; la nuit vient, où personne ne peut travailler. Pendant que je suis dans le monde, je suis la lumière du monde. Après avoir dit cela, il cracha à terre, et il fit de la boue avec sa salive. Puis il appliqua cette boue sur les yeux de l'aveugle, et lui dit : Va, et lave-toi au réservoir de Siloé (nom qui signifie envoyé). Il y alla, se lava, et s'en retourna voyant clair. » (Jean 9 :1-7)

Voilà la description de cette guérison qui allait causer une série d'ennuis dans l'âme de l'aveugle-né. Jésus y employa de nouveau sa salive qu'il mélangea avec de la poussière de la terre. Il oignit cette boue sur les yeux de l'aveugle et lui indiqua d'aller à la piscine de Siloé et de s'y laver de cette boue.

Afin de réaliser cette guérison, Jésus employa les deux éléments dont l'Éternel avait bâti l'être humain : l'Esprit de Vie et la poussière de la terre. (Genèse 2 :7) La salive même de Jésus, qui est né de l'Esprit de Dieu, contint son Esprit. Il revint au malade de se laver de l'eau de la piscine, source de vie matérielle sur la Terre. Ce fut sa propre contribution à sa guérison.

Les disciples connurent que toute maladie, qui hâte la fin de la vie charnelle, provient du péché. (Romains 5 :12) Ils furent donc curieux de savoir de quel péché a résulté la cécité de ce personnage. Mais ils ne savaient pas que toute malheur peut tourner à la gloire de Dieu, qui anéantit les malheurs. C'est ce qui allait arriver.

Jésus signala qu'il y a une période propice à l'œuvre de Dieu, surnommée « jour ». Mai la « nuit » est proche, où personne ne pourra travailler. C'est un avertissement solennel pour tous les ouvriers de Dieu.

Comme c'était un jour du sabbat que Jésus fit ce miracle de guérison, les conducteurs religieux s'en scandalisèrent. Ils interrogèrent l'aveugle-né sur la manière dont il avait été guéri, mais ils ne le crurent pas. Puis, ils interrogèrent ses parents. Ceux-ci n'eurent point la hardiesse de témoigner en faveur de Jésus, de peur d'être exclus de la synagogue. Les pharisiens revinrent à l'aveugle-né, en blâmant son guérisseur.

« Les pharisiens appelèrent une seconde fois l'homme qui avait été aveugle, et ils lui dirent : Donne gloire à Dieu, nous savons que cet homme est un pécheur. Il répondit : S'il est un pécheur, je ne sais. Je sais une chose, c'est que j'étais aveugle et maintenant je vois. Ils lui dirent : Que t'a-t-il fait ? Comment t'a-t-il ouvert les yeux ? Il leur répondit : Je vous l'ai déjà dit, et vous n'avez pas écouté. Pourquoi voulez-vous l'entendre encore ? Voulez-vous aussi devenir ses disciples ? Il l'injurièrent et dirent : C'est toi qui es son disciple, nous sommes les disciples de Moïse. Nous savons que Dieu a parlé à Moïse, mais celui-ci nous ne savons d'où il est. Cet homme leur répondit : Il est étonnant que vous ne sachiez d'où il est, et cependant il m'a ouvert les yeux. Nous savons que Dieu n'exauce point les pécheurs, mais si quelqu'un l'honore, fait sa volonté, il l'exauce. Jamais on n'a entendu dire que quelqu'un ait ouvert les yeux d'un aveugle-né. Si cet homme ne venait pas de Dieu, il ne pourrait rien faire. Ils lui répondirent : Tu es né tout entier en péché, et tu nous enseignes ?! Et ils le chassèrent. » (Jean 9 :24-34)

Ce récit illustre le contraste qui persiste entre les disciples de Moïse et ceux de Jésus Christ. Les pharisiens ne purent entendre même ce que l'aveugle-né leur racontait. Aussi, n'ont-ils rien compris à ses paroles. Ils ne savaient qu'une chose : celui qui travaille le jour du sabbat est un pécheur. Mais l'aveugle-né défendit son guérisseur. « Dieu n'exauce point les pécheurs, mais si quelqu'un l'honore et fait sa volonté, il l'exauce. » (v.31) Indignés de ce plaidoyer en faveur de Jésus, les pharisiens exclure cet homme de leur synagogue.

« Jésus apprit qu'ils l'avaient chassé, et l'ayant rencontré, il lui dit : Crois-tu au Fils de Dieu ? Il répondit : Et qui est-il, Seigneur, afin que je croie en lui ? Tu l'as vu, lui dit Jésus, et celui qui te parle, c'est lui. Et il dit : Je crois, Seigneur, et il l'adora. Puis Jésus dit : Je suis venu dans ce monde pour un jugement, pour que ceux qui ne voient pas voient, et que ceux qui voient deviennent aveugles. Quelques pharisiens qui étaient avec lui, ayant entendus ces paroles, lui dirent : Nous aussi, sommes-nous aveugles ? Jésus leur répondit : Si vous étiez aveugles, vous n'auriez pas de péché. Mais maintenant vous dites : Nous voyons. C'est pour cela que votre péché subsiste. » (v.35-41)

De même que Jésus s'est découvert à la Samaritaine, au puits de Jacob, il trouva bon de se découvrir à l'aveugle-né, qui avait pris sa défense. Celui-ci crut en lui et l'adora, tandis que certaines confessions se gardent d'adorer le Fils pour ne pas offenser le Père. Ils ignorent l'ordre divin concernant l'adoration du Fils. (Jean 5 :22,23)

L'aveugle-né, objet d'une guérison incomparable, se fia à son Médecin. Mais les pharisiens ne se laissaient point persuader par cette guérison. Ils étaient des aveugles spirituels, quoiqu'ils vissent ce miracle. En conséquence, leur péché subsista. Le pardon des péchés est offert à ceux qui croient au Fils. (cf. Actes 10 :43)

Le service d'exorcisme du Seigneur Jésus

Par le péché, pratiqué de façon systématique, les esprits de péchés s'ingèrent dans le fonctionnement du corps et de l'âme humaine. Une sorte d'esprits sape l'organisme, le rendant malade. L'autre sorte d'esprits compromet le fonctionnement de l'âme, suscitant des maladies psychiques. L'exorcisme se dirige contre la seconde catégorie d'esprits. Il consiste à bannir du corps les esprits qui rendent malade l'âme.

Christ est venu dans le monde pour détruire les oeuvres du diable, dont la possession démonique. (1Jean 3 :8) Il a donc systématiquement chassé les démons au parcours de sa vie terrestre. Toutefois, les Évangiles ne détaillent que deux cas d'exorcisme.

Le démoniaque de la contrée de Gadara a perdu sa lucidité et sa propre volonté, étant devenu une sorte de jouet des démons. (Matthieu8 :28-34 ; Marc 5 :1-20 ; Luc 8 :26-39)

« Ils arrivèrent sur l'autre bord de la mer dans le pays des Gadaréniens. Aussitôt que Jésus fut hors de la barque, il vint au-devant de lui un homme, sortant des sépulcres, et possédé d'un esprit impur. Cet homme avait sa demeure dans les sépulcres et personne ne pouvait le lier, même avec une chaîne. Car souvent il avait eu les fers aux pieds et avait été lié avec des chaînes, mais il avait rompu les chaînes, brisé les fers, et personne n'avait la force de le dompter. Il était sans cesse, nuit et jour, dans les sépulcres et sur les montagnes, criant et se meurtrissant avec des pierres. Ayant vu Jésus de loin, il accourut, se prosterna devant lui, et s'écria d'une voix forte : Qu'y a-t-il entre moi et toi, Jésus, Fils du Dieu Très-Haut ? Je t'en conjure au nom de Dieu, ne me tourmente pas. Car Jésus lui disait : Sors de cet homme, esprit impur ! Et il lui demanda : Quel es ton nom ? Légion est mon nom, lui dit-il, car nous sommes plusieurs. Et il le pria instamment de ne pas les envoyer hors du pays. Il y avait là, vers la montagne, un grand troupeau de pourceaux qui paissaient. Et les démons le prièrent disant : Envoyez-nous dans ces pourceaux, afin que nous entrions en eux. Il le leur permit. Et les esprits sortirent, entrèrent dans les pourceaux, et le troupeau se précipita des pentes escarpées dans la mer : il y en avait environ deux milles, et ils se noyèrent dans la mer. Ceux qui les faisaient paître s'enfuirent, et répandirent la nouvelle dans la ville et dans les campagnes. Les gens allèrent voir ce qui était arrivé. Ils vinrent auprès de Jésus, et ils virent le démoniaque, celui qui avait eu la légion, assis, vêtu, et dans son bon sens, et ils furent saisis de frayeur. Ceux qui avaient vu ce qui s'était passé, leur racontèrent ce qui était arrivé au démoniaque et aux pourceaux. Alors ils se mirent à supplier Jésus de quitter leur territoire. » (Marc 5 :1-17)

La possession démonique dépouille l'hôte de toute son humanité. Ce possédé courut les montagnes et logea dans des sépulcres. Il se meurtrissait avec des pierres et criait à tue-tête. Personne ne le pouvait dompter, parce qu'il rompit les chaînes avec lesquelles il avait été lié.

L'ayant vu, Jésus commanda à « l'homme fort » de quitter son logement. L'esprit impur qui était à la tête d'une légion de démons faisait tout ce qu'il voulait avec le misérable qu'il possédait. Conduit par l'homme fort, le possédé se prosterna devant Jésus et dit ce que l'esprit impur lui inspira. En fait, l'esprit impur se servit à son gré des cordes vocales du démoniaque. Il pria le Seigneur de leur permettre d'entrer dans un troupeau de pourceaux. Comme le Seigneur le leur permit, les démons entrèrent dans les pourceaux qui se précipitèrent dans la mer et se noyèrent.

Quant à l'ancien démoniaque, il regagna son bon sens, et se revêtit. Dans sa variante, Luc précise que cet homme ne portait point de vêtements depuis longtemps. (Luc 8 :27) Le nudisme qui domine la mode d'aujourd'hui est sans doute une empreinte démonique.

Ayant vu la transformation de l'ancien fou en homme de bon sens, les habitants de Gadara furent saisi de frayeur et prièrent Jésus de quitter leur contrée.

La délivrance d'un épileptique a été consignée trois fois. (Matthieu 17 :14-21 ; Marc 9 :14-29 ; Luc 9 :37-43)

« Lorsqu'ils furent arrivés près des disciples, ils virent autour d'eux une grande foule, et des scribes qui discutaient avec eux. Dès que la foule vit Jésus, elle fut surprise, et accourut pour le saluer. Il leur demanda : De quoi discutez-vous avec eux ? Et un homme de la foule lui répondit : Maître, j'ai amené auprès de toi mon fils, qui est possédé d'un esprit muet. En quelque lieu qu'il le saisisse, il le jette par terre. L'enfant écume, grince des dents, et devient tout raide. J'ai prié tes disciples de chasser l'esprit, et ils n'ont pas pu. Race incrédule, leur dit Jésus, jusqu'à quand serai-je avec vous ? Jusqu'à quand vous supporterai-je ? Amenez-le-moi. On le lui amena. Et aussitôt que l'enfant vit Jésus, l'esprit l'agita avec violence. Il tomba et se roulait par terre en écumant. Jésus demanda au père : Combien y a-t-il de temps que cela lui arrive ? Depuis son enfance, répondit-il. Et souvent l'esprit l'a jeté dans le feu et dans l'eau pour le faire périr. Mais, si tu peux quelque chose, viens à notre secours, aie compassion de nous. Jésus lui dit : Si tu peux ! Tout est possible à celui qui croit. Aussitôt le père de l'enfant s'écria : Je crois ! Viens au secours de mon incrédulité ! Jésus, voyant accourir la foule, menaça l'esprit impur et lui dit : Esprit muet et sourd, je t'ordonne, sors de cet enfant, et n'y rentre plus. Et il sortit, en poussant des cris, et en l'agitant avec une grande violence. L'enfant devint comme mort, de sorte que plusieurs disaient qu'il était mort. Mais Jésus, l'ayant pris par la main, le fit lever. Et il se tint debout. Quand Jésus fut entré dans la maison, ses disciples lui demandèrent en particulier : Pourquoi n'avons-nous pu chasser cet esprit ? Il leur dit : Cette espèce-là ne peut sortir que par la prière. » (Marc 9 :14-29)

Dès le début, Jésus s'est rendu compte que ses disciples n'avaient pas pu chasser cet esprit à cause de l'incrédulité de quelqu'un de l'entourage. Aussi s'est-il écrié : »Race incrédule, jusqu'à quand serai-je avec vous ? » Cet incrédule ne fut d'autre que le père de l'enfant démonisé, qui, à la fin, reconnut son incrédulité par ces mots : »Viens au secours de mon incrédulité ! »

En outre, l'esprit qui a pris possession de cet enfant, s'était proposé de le faire mourir. Il le jeta souvent dans le feu, souvent dans l'eau. Le père désespéré décida de tenter sa chance chez Jésus dont la renommée était répandue dans le pays. Voyant sa foi chancelant, Jésus lui apprit un principe de base du Royaume des Cieux : »Tout est possible à celui qui croit. » On peut y ajouter un adverbe qui nuance cet énoncé : Tout est possible à celui qui croit »fermement ». (cf. Jacques 1 :5-8)

Le Seigneur chassa « l'homme fort » par la puissance de sa parole : »Esprit muet et sourd, je t'ordonne, sors de cet enfant, et n'y rentre plus. » Cet esprit parla et entendait, mais il eut la puissance de rendre muet et sourd son sujet. Dans leur impertinence, ces esprits impurs, peuvent rentrer dans l'homme après l'avoir quitté. De là cette précision : »n'y rentre plus. » Dans son exaspération, l'esprit chassé d'un homme crie et agite avec violence sa proie. L'enfant devit comme mort, mais Jésus le prit par la main et le leva afin qu'il se tienne debout.

Les disciples ne purent pas chasser ce démon car c'était d'une espèce spéciale, qui ne réagit qu'à la prière et au jeûne. Le monde des esprits est aussi varié que celui des hommes. Pour ainsi dire, ils sont spécialisés selon les péchés qu'ils répandent. La Bible mentionne les esprits des suivants péchés : idolâtrie, fornication, médisance, querelle, errance, ruse, injustice, méchanceté, cupidité, meurtre, rébellion etc. Ceux qui ne peuvent pas se séparer de ces péchés sont démonisés. Marie de Magdala eut sept esprits impurs avant sa rencontre avec Jésus. (Marc 16 :9) Le démoniaque de Gadara en avait deux milles, au moins. Les rues de nos villes sont pleines de démoniaques qui n'ont perdu qu'en part leur bon sens. On y entend des paroles obscènes, on y voit des scènes violentes. Toutefois, le service d'exorcisme est absolument négligé dans nos assemblées.

Concernant le chemin de l'esprit impur qui sort de l'homme, Jésus nous a laissé des renseignements précieux.

« Lorsque l'esprit impur est sorti d'un homme, il va par des lieux arides, cherchant du repos, et il n'en trouve point. Alors il dit : Je retournerai dans ma maison d'où je suis sorti. Et quand il arrive, il la trouve vide, balayée et ornée. Il s'en va et prend avec lui sept autres esprits, plus méchants que lui. Ils entrent dans la maison, s'y établissent, et la dernière condition de cet homme est pire que la première. Il en sera de même de cette génération méchante. » (Matthieu 12 :43-45)

Jésus y fait entendre que le corps de l'homme sert d'habitation aux esprits méchants. On sait que la chasse des esprits impurs était en vogue parmi les sacrificateurs Juifs, bien avant l'incarnation de Jésus. Mais l'esprit chassé cherchait toujours à retourner dans son ancienne maison. Il y réussit, s'il la trouvait vide. Ce vide qui favorise le retour de l'esprit impur peut être rempli, de nos jours, par le Saint Esprit. Voilà la raison des prières pour la plénitude du Saint Esprit.

Les fondement du service d'exorcisme est la suivante promesse, donnée aux disciples envoyés en mission : »Voici je vous ai donné le pouvoir de marcher sur les serpents et les scorpions, et sur toute la puissance de l'ennemi, et rien ne pourra vous nuire. » (Luc 10 :19) L'apôtre Paul qui n'était pas des soixante-dix, auxquels la promesse ci-dessus avait été adressée, pratiqua également l'exorcisme. (Actes 16 :16-18) De nos jours même on signale par-ci et par-là la chasse des démons, accomplie au nom de notre Seigneur et Rédempteur, Jésus Christ. (cf. dr. Kurt E .Koch, « Dieu parmi les Zulu » p.45, 46) Le docteur Kurt E. Koch mentionne une chasse de démons au cours de laquelle la magicienne noire, pour laquelle on priait, répondait aux ordres lancés en anglais toujours en anglais, langue qu'elle ne connaissait pas en personne.

Trois cas de résurrection d'entre les morts

Vivifier un mort, c'est un signe céleste qui renvoie au Dieu Vivant, qui rend seul vivants les morts. Les autres dieux, qui sont des anges déchus, ne peuvent opérer aucune résurrection. Abraham, père des croyants, crut à l'Éternel « qui donne la vie aux morts et qui appelle les choses qui ne sont point comme si elles étaient ». (Romains 4 :17) Ceux qui ont la foi d'Abraham croient également à la résurrection des morts.

Les trois cas de résurrection des morts, dont l'Évangile fait mention, prouvent que Christ a été envoyé par l'Éternel.

La fille de Jaïrus est morte à l'âge de douze ans, avant que Jésus fût venu pour la guérir de sa maladie. (Matthieu 9 :18-25 ; Marc 5 :21-43 ; Luc 8 :40-56)

« Jésus, dans la barque, regagna l'autre rive, où une grande foule s'assembla auprès de lui. Il était au bord de la mer. Alors vint un des chefs de la synagogue, nommé Jaïrus, qui, l'ayant aperçu, se jeta à ses pieds, et lui adressa cette instante prière : Ma petite fille est à l'extrémité, viens, impose lui les mains, afin qu'elle soit sauvée et qu'elle vive. Jésus s'en alla avec lui. Et une grande foule le suivait et le pressait. » (Marc 5 :21-24)

Jaïrus appelle à Jésus pour sauver sa fille de la mort. Jésus accepte de l'aider et l'accompagne jusqu'à sa maison. Arrivés à ce moment de la narration, les trois évangélistes intercalent dans le texte la guérison de la femme à perte de sang.

Entre temps, quelques gens venus de la maison de Jaïrus apportent la nouvelle de la mort de la jeune fille. Jésus ne se laissa point ébranler de cette mauvaise nouvelle et encouragea Jaïrus : »Ne crains pas, crois seulement. » (Marc 5 :36) Les périls suscitent la crainte dans le cœur humain, qu'on peut vaincre par la foi. La crainte et la foi ne peuvent coexister dans l'âme, car l'une bannit l'autre. Or, Jaïrus avait besoin de foi pour que sa fille recouvre la vie.

« Ils arrivèrent à la maison du chef de la synagogue, où Jésus vit une foule bruyant et des gens qui pleuraient et poussaient de grands cris. Il entra et leur dit : Pourquoi faits-vous du bruit et pourquoi pleurez-vous ? L'enfant n'est pas morte, mais elle dort. Et ils se moquèrent de lui. Alors, ayant fait sortir tout le monde, il prit avec lui le père et la mère de l'enfant, et ceux qui l'avaient accompagné, et il entra là où était l'enfant. Il la saisit par la main, et lui dit :Talitha koumi, ce qui signifie :Jeune fille, lève-toi, je te le dis. Aussitôt la jeune fille se leva, et se mit à marcher, car elle avait douze ans. Et ils furent dans un grand étonnement. Jésus leur adressa de fortes recommandations, pour que personne ne sache la chose, et il dit qu'on donne à manger à la jeune fille. » (Marc 5 :38-43)

On ne peut faire des miracles dans une atmosphère d'incrédulité.(Matthieu 13 :58) À chacun il arrive selon sa foi. Aussi, Jésus prêcha-t-il contre la mort survenue dans cette maison : »L'enfant n'est pas mort, mais elle dort. » En effet, les morts mêmes sont vivants pour Dieu. Le Seigneur chassa les incrédules et entra dans la chambre de la décédée, accompagné de peu de personnes. Là, il prit la fillette par la main et lui donna un ordre : »Talitha koumi. » Et le miracle se produit, la jeune fille se leva et se mit à marcher.

Dans la variante de Luc, l'auteur montre ce qui se passait au moment de a résurrection : « Mais il la saisit par la main, et dit d'une voix forte : Enfant, lève-toi ! Et son esprit revint en elle, et à l'instant elle se leva, et Jésus ordonna qu'on lui donne à manger. » (Luc 8 :54,55) La résurrection se produit donc au moment où l'esprit revient dans le corps abandonné. On en déduit par conséquent que la mort du corps se produit au moment où l'esprit le quitte.

La résurrection du fils d'une veuve de Naïn n'a été décrite que par Luc, l'évangéliste. (Luc 7 :11-17)

« Le jour suivant Jésus alla dans une ville appelé Naïn ; ses disciples et une grande foule faisaient route avec lui. Lorsqu'il fut près de la port de la ville, voici on portait en terre un mort, fils unique de sa mère, qui était veuve. Et il y avait avec elle beaucoup de gens de la ville. Le Seigneur, l'ayant vu, fut ému de compassion pour elle, et lui dit : Ne pleure pas ! Il s'approcha et toucha le cercueil. Ceux que le portèrent s'arrêtèrent. Il dit : Jeune homme, je te le dis, lève-toi ! Et le mort s'assit, et se mit à parler. Jésus le rendit à sa mère. Tous furent saisis de crainte, et ils glorifiaient Dieu, en disant : Un grand prophète a paru parmi nous, et Dieu a visité son peuple. Cette parole sur Jésus se répandit dans toute la Judée et dans le pays d'alentour. » (Luc 7 :11-17)

Luc y précise que Jésus fut ému de compassion envers la mère en deuil. Il agissait donc, mené de sa compassion. Cette constatation est très importante dans notre époque où l'on véhicule l'idée que Dieu n'aurait pas compassion pour les souffrances humaines.

Le Seigneur s'approcha du cercueil et le toucha. Ensuite, il lança un ordre : »Jeune homme, je te le dis, lève-toi ! » Sur ce, le jeune homme s'assit et se mit à parler. Tous reconnurent que Jésus était un prophète envoyé par l'Éternel.

Jésus ressuscite Lazare de Béthanie. C'est un récit qu'on ne retrouve que chez Jean, l'évangéliste. (Jean 11 :1-45)

Jésus se trouva en rapports étroits avec une famille de Béthanie, composée de trois frères : Lazare, Marthe et Marie. Lazare s'est rendu malade et ses deux sœurs en annoncèrent Jésus. Ayant reçu cette nouvelle, Jésus dit : »Cette maladie n'est point à la mort, mais elle est pur la gloire de Dieu, afin que le Fils de Die soit glorifié par elle. » (Jean 11 :4) Jésus s'attarda encor quatre jour avant de se mettre en route.

« Jésus, étant arrivé, trouva que Lazare était depuis quatre jours dans le sépulcre…. Lorsque Marthe apprit que Jésus arrivait, elle alla au-devant de lui, tandis que Marie se tenait assise à la maison. Marthe dit à Jésus : Seigneur, si tu avais été ici, mon frère ne serait pas mort. Mais, maintenant même, je sais que tout ce que tu demanderas à Dieu, Dieu te l'accordera. Jésus lui dit : Ton frère ressuscitera. Je sais, lui répondit Marthe, qu'il ressuscitera à la résurrection, au dernier jour. Jésus lui dit : Je suis la résurrection et la vie ; celui qui croit en moi vivra, même s'il meurt ; et quiconque vit et croit en moi ne mourra jamais. Crois-tu cela ? Elle lui dit : Oui, Seigneur, je crois que tu es le Christ, le Fils de Dieu, qui devait venir dans le monde. » (Jean 11 :17-27)

La première remarque que Marthe fit à Jésus paraît un reproche, mais elle est en fait une marque de confiance. À preuve ce qui s'ensuit : »tout ce que tu demandera à Dieu, Dieu te l'accordera. » En revanche, Jésus l'assura que son frère ressusciterait. Marthe crut à la résurrection de morts, qui aura lieu au dernier jour. Mais Jésus entendait ce jour même. Jésus profita de cette occasion pour lui transmettre une révélation à part : »Je suis la résurrection et la vie, celui qui croit en moi vivra, même s'il meurt : et quiconque vit et croit en moi ne mourra jamais. » Jésus eut l'Esprit de Dieu qui fait vivre. Ceux qui croient en lui reçoivent cet Esprit. C'est pourquoi, ils continuent à vivre même après leur mort charnelle. Ceux qui vivent par son Esprit ne goûteront jamais à la mort éternelle.

Rentrée à la maison, Marthe envoya Marie chez Jésus. Le Seigneur ne fut pas encore entré dans le village, lorsque Marie le rejoignit.

« Lorsque Marie fut arrivé là où était Jésus, et qu'elle le vit, elle tomba à ses pieds et lui dit : Seigneur, si tu avais été ici, mon frère ne serait pas mort. Jésus, la voyant pleurer, elle et les Juifs qui étaient venus avec elle, frémit en son esprit, et fut tout ému. Et il dit : Où l'avez-vous mis ? Seigneur, répondirent-ils, viens et vois. Jésus pleura…Jésus, frémissant de nouveau en lui-même, se rendit au sépulcre. C'était une grotte, et une pierre était placée devant. Jésus dit : Otez la pierre. Marthe, la soeur du mort, lui dit : Seigneur il sent déjà, car il y quatre jours qu'il est là ; Jésus lui dit : Ne t'ai-je pas dit que si tu crois, tu verra la gloire de Dieu ? Ils ôtèrent donc la pierre. Et Jésus leva les yeux en haut, et dit : Père, je te rends grâce de ce que tu m'as exaucé. Pour moi, je sais que tu m'exauces toujours, mais j'ai parlé à cause de la foule qui m'entoure, afin qu'ils croient que c'est toi qui m'as envoyé. Ayant dit cela, il cria d'une voix forte : Lazare, sors ! Et le mort sortit, les pieds et les mains liées de bandes, et le visage enveloppé d'un linge. Jésus leur dit : Déliez-le et laissez-le aller. Plusieurs des Juifs qui étaient venus avec Marie, et qui virent ce que fit Jésus, crurent en lui. Mais quelques-uns d'entre eux allèrent trouver les pharisiens, et leur dirent ce que Jésus avait fait. » (Jean 11 :32-46)

Il est hors de doute que la communion entre Jésus et Marie fut plus profonde que celle qui existait entre Jésus et Marthe. (Luc 10 :38-42) Lorsque le Seigneur vit pleurer Marie, il ne put retenir ses larmes. Décidé de rendre la vie à Lazare, il s'intéressa à son sépulcre. Marthe lui fit observer que son frère était mort depuis quatre jours et il sentait déjà. Comme réplique, le Seigneur l'exhorta à croire afin de voir la gloire de Dieu. Cette gloire se manifeste pleinement toutes les fois qu'un mort revient à la vie.

Jésus ordonna qu'on ôte la pierre qui ferma la grotte où gisait le mort. Puis il s'adressa au mort : »Lazare, sors ! » L'esprit de Lazare retourna dans son corps, et Lazare ressuscita. Lazare sortit de son sépulcre au grand étonnement du public. Ce miracle détermina plusieurs à mettre leur confiance en Christ. Mais quelques-uns se hâtèrent d'en informer les pharisiens.

Les pharisiens firent un complot contre Jésus. (Jean 11 :47-54) « Alors les principaux sacrificateurs et les pharisiens assemblèrent le sanhédrin, et dirent : Que ferons-nous ? Car cet homme fait beaucoup de miracles. Si nous le laissons faire, tous croiront en lui, et les Romains viendront détruire et notre ville et notre nation. L'un d'eux, Caïphe, qui était souverain sacrificateur cette année-là, leur dit : Vous n'y comprenez rien. Vous ne réfléchissez pas qu'il est dans notre intérêt qu'un seul homme meure pour le peuple, et que la nation entière ne périsse pas. Or, il ne dit pas cela de lui-même, mais, étant souverain sacrificateur cette année-là, il prophétisa que Jésus devait mourir pour la nation. Et ce n'était pas pour la nation seulement, c'était aussi afin de réunir en un seul corps les enfants de Dieu dispersés. Dès ce jour, ils résolurent de le faire mourir. » (Jean 11 :47-53)

Le peuple Juif bouillait contre les conquérants romains. Il pouvait se rallier autour de Jésus, Fils de David, pour tenter une révolte, qui aurait pu signifier la perte du peuple Juifs. Le grand sacrificateur aima mieux que Jésus seul mourût et que le peuple survît. Il persuada par cet argument le sanhédrin d'adopter la mort de Jésus. Christ devait mourir pour racheter les élus de Dieu, soit Israélites, soit gentils, et d'en former un seul corps.

C'est l'apôtre Paul qui laissa un enseignement détaillé sur la résurrection générale des morts. (1 Corinthiens 15 :1 :58) Cela fait la peine de le lire.

Miracles qui comptent pour signes célestes

Les pharisiens ne cessaient pas de demander un signe céleste à Jésus afin qu'ils puissent croire en lui. Mais le Seigneur refusait constamment leur requête par le fait qu'ils ne mettaient point en pratique ce qu'ils enseignaient. (Matthieu 16 :4) Les hypocrites n'ont donc part aux signes célestes.

Il est encore à signaler que Dieu ne se laisse point questionner par ceux qui pratiquent l'idolâtrie. Les suivants paroles d'Ézéchiel en sont la preuve : »Fils de l'homme, ces gens-là portent leurs idoles dans leur cœur, et ils attachent les regards sur ce qui les a fait tomber dans l'iniquité. Me laisserai-je consulter par eux ? » (Ézéchiel 13 :3) Dieu punira les prophètes mêmes qui oserait prophétiser aux idolâtres en son nom. (Ézéchiel 13 :9)

En tant que prophète, Jésus ne s'est pas laissé séduire par les pharisiens hypocrites qui cherchaient à plaire aux hommes, et non pas à Dieu, mais, au milieu des ses disciples, il fit plusieurs miracles qui comptent pour signes célestes

Jésus apaise la tempête. (Matthieu 8 :23-27 ; Marc 4 :37-40 ; Luc 8 :22-25)
« Il monta dans la barque et ses disciples le suivirent. Et voici, il s'éleva sur la mer une si grande tempête que la barque était couverte par les flots. Et lui, il dormait. Les disciples s'étant approchés le réveillèrent, et dirent : Seigneur, sauve-nous, nous périssons. Il leur dit : Pourquoi avez-vous peur, gens de petite fois ? Alors il se leva et menaça le vent de la mer, et il y eut un grand calme. Ces hommes furent saisis d'étonnement : Quel est celui-ci, disaient-ils, à qui obéissent même les vents et la mer ? » (Matthieu 8 :23-27)

Cette tempête n'était point l'œuvre du hasard. Ce fut une occasion de glorifier le Fils de Dieu. Jésus dormait dans la barque lorsqu'une tempête sévit. Les disciples tombèrent en paniques parce que la barque était couverte de flots. Ils éveillèrent le Seigneur qui menaça les vents qui se calmèrent. Ce fut pour lui aussi une occasion de reprendre ses disciples pour leur peur en présence du Fils de Dieu.

Menacer les vents, ce geste paraît hilaire aux yeux des incrédules, mais il paraît tout naturel aux yeux des connaisseurs de la Bible. Vraiment, les vents et la mer et le feu sont des manifestations des anges qui le provoquent. En réalité, Jésus menaça l'ange qui produisit la tempête, et cet ange s'humilia devant Lui.

Lorsque la crainte saisit l'âme des croyants, cela compte pour manque de foi. Or, le manque de foi ne glorifie pas Dieu. Aussi, Dieu reprit-il les peureux.

En marge de ce signe céleste, Marc rend les paroles de Jésus, adressées aux vents et à la mer : » Silence ! Tais-toi ! » (Marc 4 :39) Ce fut une apostrophe qu'on entend souvent dans la société humaine. Le contraste entre la foi et le peur est mis en évidence par cette réprimande adresse aux disciples : »Pourquoi avez-vous si peur ? Comment n'avez-vous point de foi ? » (Marc 4 :40)

Jésus marche sur les eaux. (Matthieu 14 :22-36 ; Marc 6 :45-52 ; Jean 6 :16-21)

« Aussitôt après, il obligea ses disciples à monter dans la barque et à passer avant lui de l'autre côté, vers Bethsaïda, pendant que lui-même renverrait la foule. Quand il l'eut renvoyé, il s'en alla sur la montagne, pour prier. Le soir étant venu, la barque était au milieu de la mer, et Jésus était seul à terre. Il vit qu'ils avaient beaucoup de peine à ramer, car le vent leur était contraire. Vers la quatrième veille de la nuit, il alla vers eux, marchant sur la mer, et il voulait les dépasser. Quand ils le virent marcher sur la terre, ils crurent que c'était un fantôme, et ils poussèrent des cris, car ils le voyaient tous, et ils étaient troublés. Aussitôt Jésus leur parla et leur dit : Rassurez-vous, c'est moi, n'ayez pas peur ! Puis il monta vers eux dans la barque, et le vent cessa. Ils furent en eux-mêmes tous stupéfaits et remplis d'étonnement, car ils n'avaient pas compris le miracle des pains, parce que leur cœur était endurci. » (Marc 6 :45 :52)

Tous les miracles de Dieu ont leur rôle, pas un n'en est gratuit. Dieu a séché la Mer Rouge sur une portion pour sauver le peuple d'Israël de ses ennemis, mais il plongea dans la mer les Égyptiens qui le poursuivirent. (Exode 14 :21-29) La marche de Jésus sur les eaux de la Mer de Galilée eut le rôle de découvrir l'identité de Jésus. Entre les hiéroglyphes égyptiennes il y en a une qui représente une plante de pieds sur les ondes de l'eau. Sa signification : »impossible ». Mais ce qui est impossible à l'homme est possible à Dieu. La marche sur l'eau de Christ atteste sa Divinité.

Par son Esprit, Christ vainquit la force d'attraction de a terre et ses pieds ne pénétrèrent point dans l'eau. Les disciples le prirent pour un fantôme. Leur stupéfaction s'explique par le fait qu'ils ne comprirent pas le message profond de la multiplication des pains à laquelle ils venaient d'assister. La multiplication des pains met également en évidence la Divinité de Christ. En fin de compte, pour démontrer que c'était lui, Christ monta dans la barque.

Matthieu complète la marche sur l'eau de Christ par la marche sur l'eau de Pierre.

« Jésus leur dit aussitôt : Rassurez-vous, c'est moi, n'ayez pas leur ! Pierre lui répondit : Seigneur, si c'est toi, ordonne que j'aille vers toi sur les eaux. Et il dit : Viens ! Pierre sortit de la barque et marcha sur les eaux, pour aller vers Jésus. Mais, voyant que le vent était fort, il eut peur, et comme il commençait à enfoncer, il s'écria : Seigneur, sauve-moi ! Aussitôt Jésus étendit la main, le saisit et lui dit : Homme de peu de foi, pourquoi as-tu douté ? Et ils montèrent dans la barque, et le vent cessa. Ceux qui étaient dans la barque vinrent adorer Jésus, et dirent : Tu es véritablement le Fils de Dieu. » (Matthieu 16 :27-33)

Pierre sut une chose : ce que Jésus ordonne se réalise sûrement. Pour ne pas échouer dans son essai, Jésus attendait l'ordre de Jésus, après quoi il sortit de la barque. Comme il portait son regard sur les flots, et non pas sur Jésus, il commença à douter de sa réussite. Aussi s'enfonçait-il dans l'eau. Mais le Seigneur le sauva, lui étendant la main. Jésus marcha sur l'eau à sa propre initiative. Mais ses disciples n'en peuvent faire de même qu'à l'ordre exprès de leur Maître.

La multiplication des pains eut lieu deux fois. Je me borne à en présenter seulement la première. (Matthieu 14 :13-21 ; Marc 6 :30-44 ; Luc9 :10-17 ; Jean 6 :1-15)

« Quand il sortit de la barque, il vit une grande foule, et fut ému de compassion pour elle, et il guérit les malades. Le soir étant venu, les disciples s'approchèrent de lui, et dirent : Ce lieu est désert, et l'heure est déjà avancée, renvoie la foule afin qu'elle aille dans les villes, pour s'acheter des vivres. Jésus leur répondit : Ils n'ont pas besoin de s'en aller, donnez-leur vous-mêmes à manger. Mais ils lui dirent : Nous n'avons ici que cinq pains et deux poissons. Et il dit : Apportez-les-moi. Il fit asseoir la foule sur l'herbe, prit les cinq pains, et les deux poissons, et, levant les yeux vers le ciel, il rendit grâce. Puis il rompit les pains et les donna aux disciples, qui les distribuèrent à la foule. Tous mangèrent et furent rassasiés, et l'on emporta douze paniers plains des morceaux qui restaient. Ceux qui avaient mangé étaient environ cinq mille hommes, sans les femmes et les enfants. » (Matthieu 14 :14-21)

Dans ce passage, Matthieu souligne à son tour que Jésus fut ému de compassion pour les malades de la foule qu'il guérit. Les disciples se rendirent compte que la foule souffrait de faim et pressèrent Christ de la renvoyer dans les villages voisins afin qu'elle se restaure. Jésus proposa à ses disciples d'offrir à manger à la foule. Ils lui mirent à la disposition cinq pains et deux poissons, que Jésus bénit, les rompit et donna aux disciples qui, à leur tour, les distribuèrent aux gens. Tous furent rassasiés, constate Luc, et l'on emporta douze paniers de morceaux qui restaient. Cinq mille hommes participèrent à cette table verte.

Cette multiplication de vivres n'est point singulière dans les pages des Écritures. Selon la parole du prophète Élie, Dieu avait déjà multiplié la farine et l'huile de la veuve de Sarepta. (1Rois 17 :8-16) Il avait multiplié l'huile d'une veuve qui avait de grandes dettes. (2Rois 4 :1-7) Dieu peut accroître le bien suprême mis à la disposition des hommes : le sang de Christ. Le Seigneur Jésus est entré dans le lieu saint du Temple céleste avec son propre sang. (Hébreux 9 :11-14) De là, il peut faire pleuvoir son sang sur ceux qui se confient en son sacrifice. Son sang purifie de tout péché.

À la seconde, multiplication des pains, Jésus usa de sept pains et de quelques poissons. (Matthieu 15 :29-39 ; marc 8 :1-9) Sept mille hommes en furent rassasiés et l'on emporta sept paniers de marceaux restés.

La transfiguration du Seigneur Jésus a eu lieu sur une montagne en présence de Pierre, Jacques et Jean. (Matthieu 17 :1-13 ; Maerc9 :2-13 ; Luc 9 :28-36)

« Environ huit jours après qu'il eut dit ces paroles, Jésus prit avec lui Pierre, Jean et Jacques, et il monta sur la montagne pour prier. Pendant qu'il priait, l'aspect de son visage changea, et son vêtement devint d'une éclatante blancheur. Et voici deux hommes s'entretenaient avec lui. C'était Moïse et Elie, qui, apparaissant dans la gloire, parlaient de son départ qu'il allait accomplir à Jérusalem. Pierre et ses compagnons étaient appesantis par le sommeil, mais, s'étant tenus éveillés, ils virent la gloire de Jésus et les deux hommes qui étaient avec lui. Au moment où ces deux hommes se séparaient de Jésus, Pierre lui dit : Maître, il est bon que nous soyons ici. Dressons trois tentes, une pour toi, une pour Moïse et une pour Élie. Il ne savait ce qu'il disait. Comme il parlait ainsi, une nuée vint les couvrir, et les disciples furent saisis de frayeur en les voyant entrer dans la nuée. Et de la nuée sortit une voix, qui dit : Celui-ci est mon Fils élu : Écoutez-le ! Quand la voix se fit entendre, Jésus se trouva seul. Les disciples gardèrent le silence, et ils ne racontèrent à personne, en ce temps-là, rien de ce qu'ils avaient vu. » (Luc 9 :28-36)

Voulant montrer sa gloire céleste, Jésus n'appela que trois de ses disciples : Pierre, Jacques et Jean. En priant, son visage et ses vêtements acquièrent une blancheur étincelante. Moïse et Élie, qui apparurent en sa compagnie, n'ont point été enterrés par des hommes. Moïse représente la Loi, et Élie, les Prophètes, c'est-à-dire tout l'Ancien Testament, Parole de l'Éternel. Christ représente l'Évangile, la Parole de la Grâce divine. Moise, Élie et Christ représentent donc ensemble toutes les révélations des Saintes Écritures. Persuadé de l'inspiration divine des Écritures, Paul fit cette remarque : »Après avoir autrefois, à plusieurs reprises et de plusieurs manières, parlé à nos pères par les prophètes, Dieu, dans ces derniers temps, nous a parlé par le Fils, qu'il a établi héritier de toutes choses et par qui il a aussi créé l'Univers. » (Hébreux 1 :1,2) C'est toujours Paul qui fait la différence entre Moise et Christ. « Pour Moise, il a été fidèle dans toute la Maison de Dieu, comme serviteur, pour rendre témoignage de ce qui devait être annoncé, mais Christ l'est comme Fils sur sa Maison ; et sa Maison c'est nous, pourvu que nous retenions jusqu'à la fin la ferme confiance et l'espérance dont nous nous glorifions. » (Hébreux 3 :5,6)

Ce parallèle et contraste entre Moise et Christ est nécessaire à mieux distinguer ce que veut dire l'annonce suivante, dans le contexte de l'image brossée par Luc : »Celui-ci est mon Fils élu : Écoutez-le ! » Au moment de cette annonce, Moise, Élie et Christ furent couverts d'une nuée, symbole de la puissance céleste. Tous les trois appartiennent donc à l'Éternel, mais la voix du Père ne s'occupa que du Fils. Ainsi donc Jésus a la priorité sur Moise et sur Élie. Dans l'Évangile il y a des choses qui contrastent avec les prescriptions de Loi. Il ne faut pas oublier, en cas de contrastes, que l'Évangile a la primauté sur la Loi.

Il faut considérer dans tout ouvrage d'exégèse, que Dieu se rapporte tout autrement à ceux qui se trouvent sous l'autorité de la Loi qu'à ceux qui profitent de la liberté des fils de Dieu, en Christ. Cette liberté consiste à mener une vie christique, chose impossible à ceux qui sont sous la Loi. C'est pourquoi ceux qui sont nés de nouveau et entrent dans a Nouvelle Alliance ont à observer l'Évangile, qui est plus exigeant que la Loi, qui s'adresse à l'homme né en péché. Le mélange de la Loi et de la Grâce est nuisible pour l'Assemblée de Christ. L'Ancienne Alliance a comme fondement la lettre gravée sur une dalle de pierre. La Nouvelle Alliance est celle de l'Esprit de Christ, répandu par l'Évangile. Or, Paul nous avertit : »la lettre tue, mais l'Esprit vivifie. » (2Corinthien 3 :6)

Les paraboles du Royaume des Cieux

L'apôtre Paul eut la révélation que la Loi opère avec les ombres des biens célestes à venir. (Hébreux 10 :1) Par conséquent, l'invisible monde impérissable des esprits peut être présenté par les éléments du périssable monde matériel. Jésus usa donc des éléments de notre monde pour rendre les différents aspects du Royaume des Ceux.

Les paraboles de Christ sont parsemées dans tous les quatre Évangiles. Cependant, le lecteur se confronte avec une série de sept paraboles fondamentaux seulement dans le chapitre treize de l'Évangile selon Matthieu.

La parabole du semeur est celle qui ouvre cette série à part. (Matthieu 13 :1-23) En marge de cette parabole, Jésus explique pourquoi il emploie des paraboles pour donner des instructions sur le Royaume des Cieux.

« Ce même jour, Jésus sortit de la maison, et s'assit au bord de la mer. Une grande foule s'étant assemblée autour de lui, il monta dans une barque et il s'assit. Toute la foule se tenait sur le rivage. Il leur parla en paraboles sur beaucoup de choses, et il dit : Un semeur sortit pour semer. Comme il semait, une partie de la semence tomba le long du chemin. Les oiseaux vinrent et la mangèrent. Une autre partie tomba sur les endroits pierreux, où elle n'avait pas beaucoup de terre. Elle leva aussitôt, parce qu'elle ne trouva pas un sol profond, mais quand le soleil parut, elle fut brûlée et sécha, faute de racines. Une autre parti tomba parmi, les épines. Les épines montèrent et l'étouffèrent. Une autre partie tomba dans la bonne terre. Elle donna du fruit, un grain cent, un autre soixante, et un autre trente. Que celui qui a des oreilles pour entendre entende. » (Matthieu 13 :1-9)

Les disciples mêmes n'y comprirent grand-chose. Aussi, il lui posèrent cette question : »Pourquoi leur parles-tu en paraboles ? » (v.10)

« Jésus leur répondit : Parce qu'il vous a été donné à connaître les mystères du royaume des cieux, et cela ne leur a pas été donné. Car on donnera à celui qui a, et il sera dans l'abondance, mais à celui qui n'a pas on ôtera même ce qu'il a. C'est pourquoi je leur parle en paraboles, parce qu'en voyant ils ne voient point, parce qu'en entendant, ils n'entendent ni ne comprennent. Et pour eux s'accomplit cette prophétie d'Esaïe : Vous entendrez de vos oreilles et vous ne comprendrez point, vous regarderez de vos eux, et vous ne verrez point ; car le cœur de ce peuple est devenu insensible ; ils ont endurci leurs oreilles, et ils ont fermé leurs yeux, de peur qu'ils ne voient de leurs yeux, qu'ils n'entendent de leurs oreilles, qu'ils ne comprennent de leur cœur, qu'ils ne se convertissent, et que je ne les guérisse. » (Matthieu 13 :11-15)

À vrai dire, cette explication choque l'intelligence naturelle de l'homme, mais elle est loin de choquer les exégètes dotés de la sagesse d'en haut. Jésus parlaient en paraboles afin que certains individus ne les comprennent pas, ne se convertissent pas, et ne soient pas guéris de Dieu de leur péché ancestral. Paul découvre le motif pour lequel les gens naturels ne peuvent généralement pas comprendre les paroles de Dieu et ne s'aperçoivent pas des œuvres de Dieu : »Si notre Évangile est encore voilé, il est voilé pour ceux qui périssent, pour les incrédules dont le dieu de ce siècle a aveuglé l'intelligence, afin qu'ils ne voient pas briller la splendeur de la gloire de Christ, qui est l'image de Dieu. » (2Corinthiens 4 :10) La foi salvatrice qui vient de ce qu'on entend de la Parole est un don de grâce de Dieu, offert aux élus. (Romains10 :17 ; Éphésiens 2 :8) Ainsi donc, les uns sont destinés à comprendre la Parole, tandis que les autres sont destinés à rejeter cette même Parole.

Le Seigneur eu soin d'expliquer la parabole du semeur au milieu de ses disciples. « Lorsqu'un homme écoute la parole du royaume et ne la comprend pas, le malin vient et enlève ce qui a été semé dans son coeur : cet homme est celui qui a reçu la semence le long du chemin. Celui qui reçut la semence dans les endroits pierreux, c'est celui qui entend la parole et la reçoit aussitôt avec joie, mais il n'a pas de racines en lui-même, il manque de persistance, et dès que survient une tribulation ou une persécution à cause de la parole, il y troue une occasion de chute. Celui qui a reçu la semence parmi les épines, c'est celui qui entend la parole, mais en qui les soucis du siècle et la séduction des richesses étoffent cette paroles, et a rendent infructueuse. Celui que a reçu la parole dans la bonne terre, c'est celui qui entend la parole et la comprend : il porte du fruit, un grain en donne cent, un autre soixante, un autre trente. » (Matthieu 13 :19-23)

Concernant la qualité des coeurs où la parole de l'Évangile tombe, Christ en distingue quatre catégories. La première ressemble au chemin dur, qui ne peut recevoir aucune semence. Pour un cœur dur, la parole paraît absurde. Les autres catégories de cœurs comprennent et reçoivent plus ou moins la parole. La seconde catégorie ressemble à un endroit pierreux, qui ne permet pas au grain de se former des racines. C'est un cœur superficiel et inconstant. Dès qu'il est soumis à une tribulation à cause de la parole, il y renonce sans tarder. La troisième catégorie de coeur ressemble à un endroit couvert d'épines symbolisant la séduction des richesses et les soucis matériel de ce monde, qui étouffent la parole. La quatrième catégorie de cœur est semblable au terrain mou, exempt de pierre et d'épines. C'est un cœur humble qui se fie à Dieu et porte beaucoup de fruits. Cette parabole explique pourquoi les uns finissent par renoncer au chemin de la foi, tandis que les autres y persévèrent hardiment.

La parabole de l'ivraie et du bon grain est sans doute la plus profonde de toutes les paraboles retrouvées dans l'Évangile de Christ. (Matthieu 13 :24-29 ; 36-43)

Verset de base :
 « Je leur parlerai au moyen des paraboles. Je leur annoncerai des choses tenues secrètes depuis la création du monde ». (Matthieu 13 :35)

L'Évangile selon Matthieu cache une énigme fondamentale du monde où nous vivons. (13 :24-30 ; 37-43) Elle est renfermée dans une parabole, celle de l'ivraie. Cette parabole est axée sur l'antagonisme existant entre un agriculteur et son ennemi. Cet agriculteur a semé du blé dans son champ. Mais, pendant que les gens dormaient, son ennemi sema de l'ivraie parmi le blé. Les serviteurs du maître, s'étant aperçus de la présence de l'ivraie parmi le blé, proposèrent de l'arracher. De peur qu'en arrachant l'ivraie on ne déracine le blé en herbe, le maître ajourna le sarclage jusqu'à la moisson. À la moisson, on arrachera et l'on brûlera d'abord l'ivraie, puis on amassera le blé dans le grenier.

Pour éviter tout commentaire fautif, il faut prendre en compte l'explication fournie par le Seigneur même. «Celui qui sème la bonne semence, c'est le Fils de l'homme ; le champs, c'est le monde ; la bonne semence, ce sont les fils du royaume ;

l'ivraie, ce sont les fils du malin ; l'ennemi qui l'a semée, c'est le diable ; la moisson, c'est a fin du monde ; les moissonneurs, ce sont des anges ».

Avant d'examiner de près les explications de Jésus, il s'impose de relever une faute grossière, commis par les exégètes en marge de la parabole de l'ivraie. Ils disent d'un commun accord, que la bonne semence, c'est la Parole de Dieu, faisant une corrélation avec la parabole du semeur, où la semence symbolise la Parole. (Matthieu 13 :1-9) Mais la bonne semence de notre parabole désigne des êtres, nommés « fils du royaume », tandis que l'ivraie s'assimile aux fils du malin. Jetés dans la fournaise ardente, les fils du diable pleurent et grincent des dents.

D'ailleurs, on rencontre assez souvent dans la Bible l'expression « fils du diable », appliquée à des personnes humaines. Conversant avec les Juifs hostiles, Jésus leur dit : « Vous avez pour père le diable, et vous voulez accomplir les désirs de votre père. Celui qui est de Dieu écoute les paroles de Dieu ; vous n'écoutez pas parce que vous n'êtes pas de Dieu ». (Jean 8 :44,47) Dans sa Première Épître, Jean ose préciser que le fils aîné d'Adam, Caïn, était du diable : « nous devons aimer les uns les autres et ne pas ressembler à Caïn, qui était du malin, et qui tua son frère ». (3 :11,12) Mené par le même Esprit, Jésus découvre l'identité démonique de Judas l'Iscariot, au cours d'un entretien avec ses disciples : « N'est-ce pas moi qui vous ai choisis, vous les douze ? Et l'un de vous est un démon ! » (Jean6 :70)

Les mauvaises herbes sont reconnaissables à ce qu'ils refusent de recevoir la Parole et haïssent Jésus Christ. Ils ont une prédilection pour le meurtre et la trahison.

Dans la parabole de la mauvaise herbe, Jésus décrit deux processus :1. celui de la fromentification, 2.celui de la mauvaise-herbification. Ces deux processus ont eu lieu dans le monde.

Celui qui sème le froment, c'est le Fils de l'homme, titre porté par Jésus. Il sème les fils du royaume en forme de semences spirituelles. Il les sème dans le monde. Lorsque Jean exhorte à n'aimer pas le monde, par le monde il entend la société qui exclut Dieu de ses pensées. (1.Jean2 :15-17) Lorsque Jésus dit que Dieu a aimé le monde, il entend l'homme, créature de Dieu. (Jean 3 :16) Il est écrit que « l'Éternel Dieu forma l'homme de la poussière de la terre ». (Genèse 2 :7) En tant que terre, à l origine, l'homme est assimilable à un champ propice au semis. Conformément à notre verset de base, au moins l'une des paraboles annonce une chose tenue secrète depuis la création du monde. Cette révélation s'applique le mieux à la parabole de l'ivraie qui paraît insondable. Acceptons donc, qu'à la création du monde Adam, comme champs, a subi le processus de fromentification, c'est-à-dire que son corps reçut les semences, dont résulteraient les fils du royaume céleste. L'un d'eux, c'était Abel le juste. (Matt.23 : 35)

La mauvaise-herbification a eu lieu pendant que les hommes, Adam et Ève, dormaient. Leur sommeil spirituel est survenu à la suite de la chute adamique, lorsqu'ils désobéirent à Dieu et obéirent à Satan. On devient esclave à celui à qui l'on obéit. (Romains 6 :16) Le nouveau maître prit l'occasion et sema l'ivraie parmi le blé. Caïn est né d'une semence d'ivraie. (1.Jean 3 :12)

En conclusion, le champ où l'on a semé d'abord le froment ensuite l'ivraie, c'est la chair d'Adam, dont nous héritons tous. La même chair de père renferme des semences de blé et des semences d'ivraie. L'un des fils d'Adam, Abel, appartient à Dieu, et l'autre, Caïn, appartient à Satan. L'idolâtre Achaz eut comme fils Ezéchias, un roi juste, un élu de Dieu. Mais, Manassé, fils d'Ezéchias connut les profondeurs du diable. (2 Chroniques 28 :22-25 ; 30 :1-20 ; 33 :1-6)

Les exemples ci-dessus nous ouvrent les yeux sur l'interdiction d'arracher l'ivraie tant que le blé est en herbe. Si les anges avaient déraciné Achaz dans sa jeunesse, Ezéchias ne serait pas né d'après le plan de l'Éternel..

Ce que l'Esprit nous a fait découvrir à propos de cette parabole renvoie à la théorie de la prédestination, bien fondée en Romains, chapitres huit et neuf. Chaque personne née d'une semence de blé spirituel est prédestinée à la vie éternelle. Tout homme né d'une semence d'ivraie est prédestiné à la mort éternelle.

Le présent enseignement ne modifie en rien la voie du salut, telle qu'elle est décrite dans l'Évangile. Cet ouvrage ne fait qu'expliquer pourquoi les uns reçoivent la Parole pour être sauvés, et les autres la refusent avec véhémence. Tous les hommes naissent dans le péché, tous sont privés de la gloire divine ; mais les uns vont mettre leur confiance en Christ, les autres le refusent comme Sauveur, car ils le haïssent, sans cause, dans leur esprit. C'est que chacun est attiré par le semeur qui l'avait semé dans la chair adamique. La bonne semence a été semée par le Fils préincarné, la mauvaise semence a été semée par le diable. Chaque semeur a soin de ses propres semences. Les fils du malin partageront le sort de leur père dans le lac de soufre, tandis que les fils de Dieu « resplendiront comme le soleil dans le royaume de leur Père ». (Matt.13 :43)

La parabole du grain de sénevé et celle du levain sont intercalées dans le texte de la parabole de l'ivraie. Toutes les deux mettent en évidence la même tendance à la corruption dans un monde perverti par le péché et par la présence de l'inventeur du péché. (Matthieu 31-35)

« Il leur proposa une autre parabole, et dit : Le royaume des cieux est semblable à un grain de sénevé qu'un homme a pris et semé dans un champ. C'est la plus petite de toutes les semences, mais quand il a poussé, il est plus grand que les légumes et devient un arbre, de sorte que les oiseaux du ciel viennent habiter dans ses branches. » (v.31, 32)

« Il leur dit cette autre parabole : Le royaume des cieux est semblable à du levain qu'une femme a pris et mis dans trois mesures de farines, jusqu'à ce que toute la pâte soit levée. Jésus dit à la foule toutes ces choses en paraboles et il ne lui parlait point sans paraboles, afin que s'accomplisse ce qui avait été prononcé par le prophète : J'ouvrirai ma bouche en paraboles, et je publierai des choses cachées depuis la création du monde. » (v.33, 35)

Dans le langage biblique, l'arbre désigne un homme ou bien un royaume, s'il paraît énorme. (Daniel 4 :1-37) D'une semence minuscule, comme celle d'un sénevé, il peut germer un royaume où les oiseaux peuvent faire leurs nids. Les oiseaux symbolisent les esprits impurs, sauf le pigeon et la tourterelle. La semence du genre humain, c'est Adam ou Terre Rouge. Elle a donné un royaume qui s'étend sur toute la Terre. Mais le péché originel a permis aux esprits impurs de se faufiler dans ce royaume, qui s'est corrompue et s'égare.

La parabole du levain traite toujours le thème de la corruption. Le levain symbolise le péché qui va en progressant. (1Corintiens 5 :6-8) Le levain produit la fermentation de la pâte en la corrompant tout à fait. Il en sera de la société humaine qui était devenu un nid du péché. Quand la corruption se sera achevée, Dieu détruira la Terre.

La parabole du trésor caché et celle de la perle de grand prix ont toutes les deux le même sujet. (Matthieu 13 :44-46)

« Le royaume des cieux est encore semblable à un trésor caché dans un champ. L'homme qui l'a trouvé le cache, et dans sa joie il va vendre tout ce qu'il a, et achète ce champ. Le royaume des cieux est encore semblable à un marchand qui cherche de belles perles. Il a trouvé une perle de grand prix, et il est allé vendre tout ce qu'il avait, et il l'a achetée. » (Matthieu 13 :44-46)

Le trésor, c'est l'âme, le champs, c'est le corps, l'homme qui a trouvé le trésor de l'âme dans le champs du corps, c'est Christ, qui s'est donné soi-même pour acheter l'âme résulté d'un grain de froment spirituel, perdue dans le corps du péché.

Le marchand qui cherche de belles perles, c'est toujours Jésus, qui rachètes la perle de l'âme à prix de sang.

Le filet achève la série de sept paraboles, couronnées de la définition du scribe instruit en ce qui concerne le royaume des cieux.

« Le royaume des cieux est encore semblable à un filet jeté dans la mer et ramassant des poissons de toute espèce. Quand il est rempli, les pêcheurs le tirent, et, après s'être assis au rivage, ils mettent dans des vases ce qui est bon, et ils jettent ce qui est mauvais. Il en sera de même à la fin du monde. Les anges viendront séparer les méchants d'avec les justes, et ils les jetteront dans la fournaise ardente, où il y aura des pleurs et des grincements de dents. » (Matthieu 13 :47-50)

Le filet qui ramasse toute espèce d'être marin, c'est l'Évangile, qui annonce la réconciliation avec le Père, par le sacrifice du Fils. Pour échapper à la colère divine, tout le monde s'incline à croire au sacrifice de Christ. Mais tout le monde ne s'incline pas à se repentir de ses péchés. Ceux qui ne se repentent pas, mais prétendrent croire, ne sont pas de bons poisons, mais d'autres êtres marins, peut-être des grenouille ou des serpents. Les anges les séparent du reste et les jettent dans la fournaise ardente.

La parabole des ouvriers de la vigne se retrouve dans l'Évangile selon Matthieu. (Matthieu 20 :1-18)

« Car le royaume des cieux est semblable à un maître de maison qui sortit dès le matin, afin de louer des ouvriers pour sa vigne. Il convint avec eux d'un denier par jour par jour, et il les envoya dans sa vigne. Il sortit vers la troisième heure, et il en vit d'autres qui étaient sur la place sans rien faire. Il leur dit : Allez aussi dans ma vigne, et je vous donnerai ce qui sera raisonnable. Et ils y allèrent. Il sortit de nouveau vers la sixième heure et vers la neuvième heure, et il fit de même. Étant sorti vers la onzième heure, il en trouva d'autres qui étaient sur la place, et il leur dit : Pourquoi vous tenez-vous ici toute la journée sans rien faire ? Ils lui répondirent : C'est que personne ne nous a loués. Allez aussi à ma vigne, leur dit-il. Quand le soir fut venu, le maître de la vigne dit à son intendant : Appelle les ouvriers, et paie-leur le salaire, en allant des derniers aux premiers. Ceux de la onzième heure vinrent, et reçurent chacun un denier. Les premiers vinrent ensuite, croyant recevoir davantage, mis ils reçurent aussi chacun un denier. En le recevant, ils murmurent contre le maître de la maison, et dirent : Ces derniers n'ont travaillé qu'une heure, tu les traite à l'égal de nous, qui avons supporté la fatigue du jour et de a chaleur. Il répondit à l'un d'eux : Mon ami, je ne te fais pas tort. N'as-tu pas convenu avec moi d'un denier ? Prends ce qui te revient, et va-t'en. Je veux donner à ce dernier autant qu'à toi. Ne m'est-il permis de faire de mon bien ce que je veux ? Ou vois-tu de mauvais œil que je sois bon ? Ainsi les derniers seront les premiers, et les premiers seront les derniers. » (Matthieu 20 :1-16)

Les évangélistes, qui appellent leur public à Jésus, ne parlent guère de l'exigence de Christ d'être servi par ses rachetés. Tout de même, Jésus souligna cet aspect de la vie chrétienne : « Si quelqu'un me sert, qu'il me suive ; et là où je suis, là aussi sera mon serviteur. Si quelqu'un me sert le Père l'honorera ; » (Jean 12 :26)

Cette parabole a trait au service du Seigneur, le vigneron céleste qui embauche plusieurs pour cultiver sa vigne, qui est l'Assemblée. Dans sa magnanimité, il paie également à tous, sans tenir compte de la durée de leur service. Chaque personne engagée au service du Seigneur mérite la couronne de vie qui revient à ceux qui gardent leur foi jusqu'à la mort physique. Cette couronne est le denier promis aux ouvriers de la vigne. Mais ceux qui font accroître leur foi auront des récompenses substantielles, idée retrouvée dans la parabole des talents.

Dieu apprécie avant tout l'esprit de sacrifice et le degré de fidélité de ceux qui le servent. Les derniers embauchés qui s'adonnent entièrement au service de Christ devanceront les premiers embauchés qui finissent par s'ennuyer dans la vigne.

La parabole des vignerons a été conçue comme une fresque des conducteurs religieux judaïques. (Matthieu 21 :33-46 ; Marc 12 :1-12, Luc 20 :9-19)

« Un homme planta une vigne. Il l'entoura d'une haie, creusa un pressoir, et bâtit un tour, puis l'afferma à des vignerons, et quitta le pays. Au temps de la récolte, il envoya un serviteur vers les vignerons pour recevoir d'eux une part du produit de la vigne. S'étant saisi de lui, ils le battirent, et le renvoyèrent à vide. Il envoya de nouveau vers eux un autre serviteur. Ils le frappèrent à la tête et ils l'outragèrent. Il en envoya un troisième, qu'ils tuèrent, puis plusieurs autres, qu'ils battirent ou tuèrent. Il avait encore un fils bien-aimé. Il l'envoya vers eux le dernier, en disant : Ils auront du respect pour mon fils. Mais ces vignerons dirent entre eux : Voici l'héritier, venez, tuons-le, et l'héritage sera à nous. Et ils se saisirent de lui, le tuèrent, et le jetèrent hors de la vigne. Maintenant que fera le maître de la vigne ? Il viendra, il fera périr les vignerons et il donnera la vigne à d'autres. N'avez-vous pas lu cette parole de l'Écriture : La pierre qu'ont rejeté ceux qui bâtissent est devenue la principale de l'angle, c'est par la volonté du Seigneur qu'elle l'est devenue, et c'est un prodige à nos yeux ? Ils cherchèrent à se saisir de lui, mais ils craignaient la foule. Ils avaient compris que c'était pour eux que Jésus avait dit cette parabole. Et ils le quittèrent et s'en allèrent. » (Marc 12 :1-12)

Dans les Saintes Écritures la « vigne » symbolise le peuple élu de Dieu. Les scribes et les pharisiens en furent persuadés. Dieu afferma sa vigne aux conducteurs religieux de son peuple pour lui porter soin. Mais le peuple s'égara, portant de mauvais fruits, inconvenables pour Dieu. Les serviteurs ou prophètes furent envoyés pour réformer la voie errante du peuple. On les battit, on les outragea et l'on les tua. Le fils unique même devait partager le sort des prophètes, parce que les conducteurs religieux ne voulaient pas renoncer à leur hégémonie. Les conducteurs appelés à bâtir la Maison de Dieu n'ont point reconnu la pierre de l'angle de cette maison, qui est Christ. Construire sans Christ est un effort vain.

Matthieu et Luc préviennent sur le péril qui guète ceux qui méconnaissent Christ : »Celui qui tombera sur cette pierre s'y brisera, et celui sur qui elle tombera sera écrasé . » (Mathieu 21 :44 ; Luc 20 :18)

La parabole du festin de noces fait allusion aux noces de l'Agneau. (Matthieu 22 :1-14 ; Luc14 :15-24)

« Le royaume des cieux est semblable à un roi qui fit des noces pour son fils. Ils envoya ses serviteurs appeler ceux qui étaient invités aux noces, mais ils ne voulurent pas venir. Il envoya encore d'autres serviteurs, en disant : Dites aux conviés : Voici j'ai préparé mon festin, mes boeufs et mes bêtes grasses sont tuées, tout est prêt, venez aux noces. Mais sans s'inquiéter de l'invitation, ils s'en allèrent, celui-ci à son champ, celui-là à son trafic, et les autres se saisirent des serviteurs, les outragèrent et les tuèrent. Le roi fut irrité, il envoya ses troupes, fit périr ces meurtriers, et brûla leur ville. Alors dit à ses serviteurs : Les noces sont prêtes, mais les conviés n'en étaient pas dignes. Allez donc dans les carrefours, et appelez aux noces tous ceux que vous trouverez. Ces serviteurs allèrent dans les chemins, rassemblèrent tous ceux qu'ils trouvèrent, méchants et bons, et la salle de noces fut pleine de convives. Le roi entra pour voir ceux qui étaient à table, et il aperçut un homme qui n'avait pas revêtu un habit de noces. Il lui dit : Mon ami, comment es-tu entré ici sans avoir un habit de noces ? Cet homme eut la bouche fermée. Alors le roi dit aux serviteurs : Liez-lui les pieds et les mains, et jetez-le dans les ténèbres du dehors, où il y aura des pleurs et des grincements de dents. Car il y a beaucoup d'appelés, mais peu d'élus. » (Matthieu 22 :2-14)

Les cieux et la terre que voici périront parce qu'ils ont été souillés par le péché. Lorsque la corruption aura atteint son apogée sur la terre, le feu descendra et la consumera. (2Pierre 3 :10) Mais Dieu bâtira un autre ciel et une autre terre où la justice habitera. (Apocalypse 21 :1) Il échappera à l'holocauste général ceux qui auront accepté par la foi l'invitation du Père à la noce du Fils. Cette invitation est renfermée dans l'Évangile de Christ. Les élus forment l'Épouse, les appelés forment l'assemblée des convives.

Il va sans dire que le roi qui organise les noces, c'est Dieu. Les conviés sont des Israélites. Selon Luc, les conviés motivent leur refus chacun à son tour : a) »J'ai acheté un champ, et je suis obligé aller le voir », b) «J'ai acheté cinq paires de bœufs, et je vis les essayer », c) Je viens de me marier, et c'est pourquoi je ne puis aller. »

Puisque le peuple d'Israël méprisa l'appel céleste, Dieu se tourna vers les nations, les pressant à venir aux noces de son Fils.

En Orient, il a la coutume d'assurer aux conviés des habits de noces. Sans habits neufs, on ne pouvait pas entrer dans la salle de noces. Nos habits spirituels sont blanchis par le sang de l'Agneau. (1Jean 1 :9) Le sang blanchit les vêtements spirituels de ceux qui croient au sacrifice et à la résurrection de Christ. En vain se faufilent-ils dans les assemblées ceux qui n'y croient pas de cœur, parce que leurs vêtements restent souillés. Au jour des noces leurs vêtements les trahissent. Les élus se reconnaissent à ce qu'ils sont habillés de vêtements blancs, tandis qu'une partie des appelés se souillent de nouveau jusqu'au jour des noces. Ceux qui n'ont pas de vêtements blancs seront jetés dans les ténèbres du dehors où il y aura des pleurs et des grincements de dents. Après l'obtention du salut, les œuvres justes servent de vêtements éclatants et purs. (Apocalypse 19 :7,8)

La parabole de la brebis perdue et celle de la drachme perdue s'ensuivent l'une après l'autre dans l'Évangile selon Luc. (Luc 15 :1-10)

« Mais il leur dit cette parabole : Lequel d'entre vous, s'il a cent brebis, et qu'il en perde une, ne laisse les quatre-vingt-dix-neuf autres dans le désert pour aller à la recherche de celle qui est perdue, jusqu'à ce qu'il la trouve ? Lorsqu'il l'a trouvé, il la met avec joie sur ses épaules, et, de retour à la maison, il appelle ses amis et ses voisins et leur dit : Réjouissez-vous avec moi, car j'ai trouvé ma brebis, qui était perdue. De même, je vous le dis il y aura plus de joie dans le ciel pour un seul pécheur qui se repent, que pour quatre-vingt-dix-neuf justes qui n'ont pas besoin de repentance. Ou quelle femme, si elle a dix drachmes, et qu'elle en perde une, n'allume une lampe, ne balaie la maison, et ne cherche avec soin, jusqu'à ce qu'elle la trouve ? Lorsqu'elle l'a trouvée, elle appelle ses amies et ses voisines, et dit : Réjouissez-vous avec moi, car j'ai trouvé la drachme que j'avais perdue. De même, je vous le dis, il y a de la joie devant les anges de Dieu pour un seul pécheur qui se repent. » (Luc 15 :3-10)

Ces deux paraboles ont un sujet commun : la recherche des âmes perdues. Le berger qui court pour trouver sa brebis perdue, c'est le Seigneur Jésus, qui est descendu du ciel pour racheter les âmes perdues dans le corps du péché. La femme qui cherche sa drachme perdue, c'est l'assemblée qui ramène ses membres égarés dans le monde, tombés de la foi. Maintenant Jésus œuvre par son Saint Esprit qui habite dans ses serviteurs, l'assemblée travaille toujours par ceux qui ont l'Esprit de Christ. Toutes les fois que ces serviteurs enregistrent des succès, les anges du ciel se réjouissent, de mêmes que les chrétiens engagés dans le service du Maître.

La parabole du fils perdu est le plus propice à servir de sujet à une séance d'évangélisation, à mon avis. (Luc 15 :11-32)

« Un homme avait deux fils. Le plus jeune dit à son père : Mon père, donne-moi la part du bien qui doit me revenir. El leur père partagea son bien. Peu de jours après, le plus jeune fils, ayant tout ramassé, partit pour un pays éloigné, où il dissipa son bien, en vivant dans la débauche. Lorsqu'il eut tout dépensé, une grande famine survint dans ce pays, et il commença à se trouver dans le besoin. Il alla se mettre au service de l'un des habitants de ce pays, qui l'envoya dans ses champs garder les pourceaux. Il aurait bien voulu se rassasier des carouges que mangeaient les pourceaux, mais personne ne lui en donnait. Étant rentré en lui-même, il dit : Combien d'ouvriers chez mon père ont du pain en abondance, et moi, je meurs de faim. Je me lèverai et j'irai vers mon père, et je lui dirai : Mon père, j'ai péché contre le ciel et contre toi, je ne suis plus digne d'être appelé ton fils, traite-moi comme l'un de tes ouvriers. Et il se leva et alla vers son père. Comme il était encore loin, son père le vit et fut ému de compassion, il courut se jeter à son cou et l'embrassa. Le fils lui dit : Mon père, j'ai péché contre le ciel et contre toi, je ne suis plus digne d'être appelé ton fils. Mais le père dit à ses serviteurs : Apportez vite la plus belle robe, et revêtez-le, mettez lui un anneau au doigt, et des souliers aux pieds. Amenez le veau gras, et tuez-le. Mangeons et réjouissons-nous, car mon fils que voici était mort, et il est revenu à la vie, il était perdu, et il est retrouvé ; Et ils commencèrent à se réjouir. Or, le fils aîné était dans les champs. Lorsqu'il revint et approcha de la maison, il entendit la musique et les danses. Il appela un des serviteurs et lui demanda ce que c'était. Ce serviteur lui dit : Ton frère est de retour, et ton père a tué le veau gras, parce qu'il l'a retrouvé en bonne santé. Il se mit en colère et ne voulut pas entrer. Son père sortit et le pria d'entrer. Mas il répondit à son père : Voici, il y a tant d'années que je te sers, sans avoir jamais transgresser tes ordres, et jamais tu ne m'as donné un chevreau pour que je me réjouisse avec mes amis. Et quand ton fils est arrivé, celui qui a mangé tes biens avec des prostituées, c'est pour lui que tu as tué le veau gras ! Mon enfant, lui dit le père, tu es toujours avec moi, et tout ce que j'ai est à toi. Mais il fallait bien s'égayer et se réjouir, parce que ton frère que voici était mort et qu'il est revenu à la vie, parce qu'il était perdu et qu'il est retrouvé. » (Luc 15 :11-32)

Dans une conception large, on peut soutenir que chaque enfant né en chair vient dans un monde étranger à Dieu, où le péché est chez soi. Il est vrai que chaque homme est perdu, loin de Dieu et gaspille ses forces et ses capacités au service d'un étranger, Satan, dieu de ce monde déchu.

Dans une conception restreinte, le peuple d'Israël n'égare point et n'est point perdu parce qu'il sert Dieu, en disposant de la lampe qui éclaircit sa voie : la Parole de la Loi. Ceux qui s'égarent, ce sont les autres nations.

Cette opposition formelle, qui existe entre Israël et les autres peuples, permet d'entrevoir que le fils aîné de notre parabole représente Israël et le fils cadet représente les autres peuples. Mais cette constatation ne rend point superflue la repentance de la part des Israélites qui veulent avoir le pardon de leurs péchés et la vie éternelle. (Romains 6 :23)

Bien sûr, le père de notre parabole, c'est Dieu. Le pays étranger, c'est le monde hostile à Dieu. Le fils cadet prit ses biens, dont son père l'avait doté, et quitta la maison paternelle. Arrivé dans le pays étranger, il dissipa tous ses biens et tomba dans le précipice de l'inanition. L'étranger qui l'avait embauché pour garder les pourceaux, c'est-à-dire Satan, fut cruel envers lui, ne lui donna pas à manger. Cette crise, réveilla son esprit, il rentra en lui-même et prit la décision de retourner à la maison. Il prépara même un petit discours de repentance et il se mit en route. Il se vit indigne d'être nommé fils de son père, parce qu'il l'avait méprisé.

Le père, qui l'avait attendu depuis longtemps, le reçut avec affection, donnant l'ordre qu'on l'habille de vêtements neufs, qu'on lui mette des souliers aux pieds et un anneau au doigt. Il a donc été accueilli comme fils et non pas comme un serviteur. Le festin mit comble à la joie de la famille.

Le fils aîné, rentré des champs, éprouva de l'aversion pour son frère et réprouva son père d'avoir offert à son honneur un festin. Cette aversion de la masse des Israélites pour les peuples qui se convertissent à Dieu par la foi en Christ a été d'ailleurs remarquée par l'apôtre Paul. (1Thessalniciens 2 :15,16) Mais les Israélites qui croient au Fils accueillent avec joie leurs frères dans la foi.

La parabole de l'économe infidèle est assez difficile à comprendre dans ses profondeurs. (Luc 16 :1-13)

«Un homme avait un économe, qui lui fut dénoncé comme dissipant ses biens. Il l'appela et lui dit : Qu'est-ce que j'entends dire de toi ? Rends compte de ton administration, car tu ne pourras plus administrer mes biens. L'économe dit en lui-même : Que ferais-je puisque mon maître m'ôte l'administration de ses biens ? Travailler à la terre, je ne le puis. Mendier ? J'en ai honte. Je sais ce que je ferai, pour qu'il y ait des gens qui me reçoivent dans leurs maisons, quant je serai destitué de mon emploi. Et, faisant venir chacun des débiteurs de son maître, il dit au premier : Combien dois-tu à mon maître ? Cent mesures d'huile, répondit-il. Et il lui dit : Prends ton billet, assieds-toi et écris cinquante. Il dit ensuite à un autre : Et toi, combien dois-tu ? Cent mesures de blé, répondit-il. Et il lui dit : Prends ton billet et écris quatre-vingts. Le maître loua l'économe infidèle de ce qu'il avait agi en homme avisé. Car les enfants de ce siècle sont plus avisés à l'égard de leurs semblables que ne le sont les enfants de la lumière. Et moi, je vous dis : Faites-vous des amis avec les richesses injustes pour qu'ils vous reçoivent dans les tabernacles éternels, quand elles viendront à vous manquer. Celui qui est fidèle dans les moindres choses l'est aussi dans les grandes, et celui qui est injuste dans les moindres choses l'est aussi dans les grandes. Si donc vous n'avez pas été fidèles dans les richesses injustes, qui vous confiera les véritables ? Et si vous n'avez pas été fidèles dans ce qui est à autrui, qui vous donnera ce qui est à vous ? Nul serviteur ne peut servir deux maîtres. Car ou il haïra l'un et aimera l'autre, ou il s'attachera à l'un et méprisera l'autre. Vous ne pouvez servir Dieu et Mammon. » (Luc 16 :1-13)

Tous les hommes sont concernés par cette parabole, car tous ont la vocation d'administrer les biens que Dieu leur avait confiés. Tous les hommes ont comme maître l'Éternel. Mais tous courent le risque d'avoir le cœur partagé entre Dieu et les biens matériels que l'Éternel leur avait confiés. Or la duplicité est un trait d'âme que Dieu hait. Ceux qui s'en font coupables s'attirent le courroux de l'Éternel.

Dénoncé comme dissipant les biens de son maître, un économe s'élance à les dissiper davantage au profit des débiteurs, afin que ceux-ci le reçoivent dans leurs maisons et l'entretiennent lorsqu'il sera destitué. Son maître le loua de ce qu'il ait agi en homme avisé à l'égard de ses semblables. Les enfants de ce siècle savent conquérir le cœur de leurs prochains et s'assurer ainsi leur protection, tandis que les enfants de lumière négligent de gagner le cœur de leurs confrères.

En effet, certains chrétiens ne s'intéressent qu'à leurs bonnes relations avec Dieu et négligent de cultiver leurs relations avec les membres de leur assemblée. Or, nos bons rapports avec nos frères reflètent nos bons rapports avec Dieu. Car personne ne peut prétendre à aimer Dieu, qu'il ne voit pas, s'il n'aime son frère, qu'il voit. (1Jean 4 :20) Or, les biens administrés pour secourir nos prochains, en général, et nos frères, en spécial, nous assurent des places dans les tabernacles éternels.

Dieu a confié au premier couple d'hommes tous les biens de la terre. (Genèse 1 :28) Ayant asservi l'homme au moment de la chute adamique, Satan se rendit maître de toute la terre et la soumit à la corruption. Les richesses mêmes en sont devenues injustes et étrangères. Quiconque emploie ces richesses injustes à la gloire de l'Éternel recevra au renouvellement de toutes choses des biens justes qui restent éternellement dans sa propriété.

La parabole du juge inique promeut l'idée de la persévérance dans le domaine de la prière. (Luc 18 :1-8)

« Jésus leur adressa une parabole pour montrer qu'il faut toujours prier, et ne point se relâcher. Il dit : Il y avait dans une ville un juge qui ne craignait point Dieu et qui n'avait d'égard pour personne. Il y avait aussi dans cette ville une veuve qui venait lui dire : Fais-moi justice de ma partie adverse. Pendant longtemps il refusa. Mais ensuite il dit en lui-même : Quoique je ne craigne point Dieu et que je n'aie égard pour personne, néanmoins, parce que cette veuve m'importune, je lui ferai justice, afin qu'elle ne vienne pas sans cesse me casser la tête. Le Seigneur ajouta : Entendez ce que dit le juge inique. Et Dieu ne fera-t-il pas justice à ses élus, qui crient à lui jour et nuit, et tardera-t-il à leur égard ? Je vous le dis, il leur fera promptement justice. Mais quand le fils de l'homme viendra, trouvera-t-il la foi sur la terre ? » (Luc 18 :1-8)

Un homme qui ne craint point Dieu et ne respecte pas les hommes s'égare sans aucun repère dans ce monde. Il s'adonne aisément aux iniquités. Par ses insistances, une veuve réussit à le déterminer à lui faire justice de sa partie adverse. Et Dieu ne ferait-il pas justice à ses élus qui crient jour et nuit à l'oppresseur ? Il le fera à coup sûr, mais nous aussi, nous devons persister dans nos prières.

Samson fut un élu de Dieu, doué d'une force prodigieuse. Mais il ne put endurer les instances de Delila, qui voulait apprendre la source de ses forces. L'âme de Samson s'impatienta à la mort et il lui découvrit, à la fin, son secret. (Juges 16 :15-17)

La question poétique que le Seigneur a formulée comme leçon de cette parabole, mérite toute notre attention. Lorsque le Fils de l'homme viendra, cette sorte de foi efficiente, caractérisée par des instances outrancières, aura déjà disparu.

La parabole du publicain et du pharisien met en cause l'attitude qui doit caractériser l'âme de celui qui prie. (Luc 18 :9-14)

«Il dit encore cette parabole en vue de certaines personnes se persuadant qu'elles étaient justes, et ne faisant aucun cas des autres. Deux hommes montèrent au temple pour prier, l'un était pharisien, et l'autre publicain. Le pharisien, debout, priait ainsi en lui-même : O Dieu, je te rends grâce de ce que je ne suis pas comme le reste des hommes, qui sont ravisseurs, injustes, adultères, ou même comme ce publicain. Je jeûne deux fois par semaine, je donne la dîme des tous mes revenus. Le publicain, se tenant à distance, n'osa même pas lever les yeux au ciel, mais il se frappait la poitrine, en disant : O Dieu, sois apaisé envers moi, qui suis un pécheur. Je vous le dis, celui-ci descendit dans sa maison justifié, plutôt que l'autre. Car quiconque s'élève sera abaissé, et celui qui s'abaisse sera élevé. » (Luc 18 :9-14)

Ces deux personnages représentent deux pôles de la société juive. Le pharisien se glorifia de sa justice, le publicain eut honte de sa décadence. Celui-ci confessa son état de pécheur et demanda la bienveillance de Dieu. Celui-là se montra sans faute devant Dieu et profita de sa présence pour blâmer ses prochains. Le publicain fut justifié, le pharisien, non pas. En face de Dieu, personne ne peut se glorifier, car c'est lui qui dote les hommes de capacités intellectuelles et physiques. À ce sujet, l'apôtre Paul nous a laissé un verset mémorable : »Car, qui est-ce qui te distingue ? Qu'as-tu que tu n'aies reçu ? Et si tu l'as reçu, pourquoi te glorifie-tu, comme si tu ne l'avais pas reçu ? » (1Corinthiens 4-7)

La parabole des dix vierges a trait à l'enlèvement de l'Église et à la veille qui doit caractériser ceux qui auront part à l'enlèvement. (Matthieu 25 :1-13)

« Alors le royaume des cieux sera semblable à dix vierges qui, ayant pris leurs lampes, allèrent à la rencontre de l'époux. Cinq d'entre elles étaient folles, et cinq sages. Les folles en prenant leurs lampes, ne prirent point d'huile avec elles, mais les sages prirent avec leurs lampes de l'huile dans des vases. Comme l'époux tardait, toutes s'assoupirent et s'endormirent. Au milieu de la nuit on cria : Voici l'époux, allez à sa rencontre ! Alors toutes ces vierges se réveillèrent, et préparèrent leurs lampes. Les folles dirent au sages : Donnez-nous de votre huile, car nos lampes s'éteignent. Les sages répondirent : Non, il n'y en aurait pas assez pour nous et pour vous. Allez plutôt chez ceux qui en vendent, et achetez-en pour vous. Pendant qu'ils allaient en acheter, l'époux arriva. Celles qui étaient prêtes entrèrent avec lui dans la salle de noces, et la porte fut fermée. Plus tard, les autres vierges vinrent, et dirent : Seigneur, Seigneur, ouvre-nous. Mais il répondit : Je vous le dis en vérité, je ne vous connais pas. Veillez donc, puisque vous ne savez ni le jour, ni l'heure. » (Matthieu 25 :1-13)

L'époux que les dix vierges attendent, c'est le Seigneur Jésus. Les dix vierges représentent la totalité des confessions appelant le nom de Christ. Les lampes symbolisent le Parole de l'Évangile qui illumine le sentier des croyants. L'huile, c'est le Saint Esprit. Ce qui distingue les vierges sages des vierges folles, c'est la capacité de prévision. Les vierges sages, mirent dans des vases une grande quantité d'huile afin d'en avoir une réserve pour les jours noirs. Tandis que les vierges folles avaient de l'huile seulement dans leurs lampes. Elles ne pensaient point à en remplir des vases.

Que pourrait être la réserve d'huile, mise de côté pour les jours nécessiteux ? C'est la plénitude du Saint Esprit dans le vase du corps humain. Certaines confessions négligent de prier pour le baptême dans le Saint Esprit. Qui plus est, elles jettent l'opprobre sur celles qui font des prières instantes à cette fin.

Selon Christ, il faut œuvrer tandis qu'il est jour, car la nuit vient, où personne ne peut travailler. (cf. Jean 9 :4) Il y fit allusion à la nuit de l'époque du règne de l'Antéchrist, où le sommeil spirituel s'étendra sur toutes les confessions chrétiennes. Pendant cette époque de persécutions cruelles, les vierges manquant d'huile rejetteront le Seigneur Jésus. En revanche, Jésus, à son retour, traitera ces infidèles comme des étrangères.

La parabole des talents et celle de mines soulignent l'importance de la mise en valeur de la foi et des dons spirituels répartis dans les assemblées. (Matthieu 25 :14-30 ; Luc 19 :11-28)

« Il en sera comme d'un homme qui, partant pour un voyage, appela ses serviteurs et leur remit ses biens. Il donna cinq talents à l'un, deux à l'autre, et un au troisième, à chacun selon sa capacité, et il partit. Aussitôt celui qui avait reçu les cinq talents s'en alla, les fit valoir, et il gagna cinq autres talents. De même celui qui avait reçu les deux talents en gagna deux autres. Celui qui n'en avait reçu qu'un alla faire un creux dans la terre, et cacha l'argent de son maître. Longtemps après, le maître de ces serviteurs revint et leur fit rendre compte. Celui qui avait reçu les cinq talents s'approcha, en apportant cinq autres talents, et dit : Seigneur, tu m'as remis cinq talents, voici j'en ai gagné cinq autres. Son maître lui dit : C'est bien bon et fidèle serviteur, tu as été fidèle en peu de choses, je te confierai beaucoup, entre dans la joie de ton maître. Celui qui avait reçu les deux talents s'approcha aussi et dit : Seigneur, tu m'as remis deux talents, voici j'en ai gagné deux autres. Son maître lui dit : C'est bien bon et fidèle serviteur tu as été fidèle en peu de choses, je te confierai beaucoup, entre dans la joie de ton maître. Celui qu'n'avait reçu qu'un talent s'approcha ensuite, et dit : Seigneur, je savais que tu es un homme dur, qui moissonne où tu n'as pas semé, et qui amasses où tu n'as pas vanné. J'ai eu peur et je suis allé cacher ton talent dans la terre : voici prends ce qui est à toi. Son maître lui répondit: Serviteur méchant et paresseux, tu savais que je moissonne où je n'ai pas semé et que j'amasse où je n'ai pas vanné. Il fallait donc remettre mon argent aux banquiers, et, à mon retour, j'aurais retiré ce qui est à moi avec intérêt. Otez-lui donc le talent et donnez-le à celui qui a les dix talents. Car on donnera à celui qui a, et il sera dans l'abondance, mais à celui qui n'a pas on ôtera même ce qu'il a. Et le serviteur inutile jetez-le dans les ténèbres du dehors, où il y aura des pleurs et des grincements de dents. » (Matthieu 25 :14-30)

Le talent fut l'unité monétaire légale, utilisée dans l'antiquité. Exprimé en or ou en argent, le talent fut la monnaie qui avait cours dans tous les pays. La monnaie qui a cours dans le Ciel, c'est la foi en Christ. Selon Jésus, tout est possible à celui qui croit. (Marc 9 :23) Par la foi, on peut obtenir toutes choses. Le talent donc duquel Jésus parle dans cette parabole, c'est la foi en son Nom.

L'homme riche qui avait partagé ses biens entre ses serviteurs, c'est Jésus. Il répartit à chacun une mesure précise de talents, selon leurs capacités. (Romains 12 :3) Nous mettons à profit nos talents lorsque nous marchons par la foi et non par la vue. (cf.2Corinhiens 5 :7) Celui qui va par la foi attend son secours du monde invisible des esprits où Dieu, Esprit Vivifiant, est assis sur son trône. Celui qui va par la vue met sa confiance dans les choses visibles et retire sa confiance de Dieu. Celui même qui se confie en soi et non pas en Dieu marche par la vue. Ceux qui mettent leur confiance dans les hommes et dans leurs propres capacités enterrent leur talent. Ceux qui mettent leur confiance dans les enseignements et les promesses de l'Évangile, Parole de Dieu, pour se les approprier, en les mettant en pratique, doublent leurs talents.

Dans cette parabole, on a affaire à un principe de base du Royaume des cieux : »On donnera à celui qui a, et il sera en abondance, mais à celui qui n'a pas on ôtera même ce qu'il a. » (v.29) Celui qui n'use pas de sa foi paraît n'en avoir pas, tandis que celui qui use de sa foi fait preuve de foi. Dieu augmente la foi aux croyants actifs, et il diminue la foi aux croyants paresseux. Celui qui se borne à témoigner de sa foi par la bouche, mais, dans a vie quotidienne, il ne se conforme pas aux principes évangéliques, sera jeté hors du Royaume où il y a des pleurs et le grincements de dents.

Dans la parabole des mines, un homme de haute naissance va dans un pays lointain pour se faire investir de l'autorité royale. Avant de partir, il appelle dix des ses serviteurs et donne à chacun une mine afin qu'ils les fassent valoir jusqu'à son retour. Au jour du compte-rendu, l'un des serviteurs rapporta dix mines, l'autre cinq et l'autre une seule mine. Les industrieux reçurent des louanges et le gouvernement de dix ou bien de cinq villes, tandis que le paresseux perdit le talent qu'il avait eu.

La parabole du grain de blé, tombé en terre est une méditation de Jésus sur les avantages de sa propre mort psychique. (Jean 12 :24-33)

« En vérité, en vérité je vous le dis, si le grain de blé qui est tombé en terre ne meurt, il reste seul, mais s'il meurt, il porte beaucoup de fruit. Celui qui aime sa vie la perdra et celui qui hait sa vie dans ce monde le conservera pour la vie éternelle. Si quelqu'un me sert, qu'il me suive, et là, où je suis, là aussi sera mon serviteur. Si quelqu'un me sert, le Père l'honorera. Maintenant, mon âme est troublée. Et que dirai-je ? Père, délivre-moi de cette heure ? Mais, c'est pour cela que je suis venu jusqu'à cette heure. Père, glorifie ton nom ! Et une voie vint du ciel : Je l'ai glorifié et je le glorifierai encore. La foule qui était là et qui avait entendu, disait que c'était un coup de tonnerre. D'autres disaient : Un ange lui a parlé. Jésus dit : Ce n'est pas à cause de moi que cette voix s'est fait entendre, c'est à cause de vous. Maintenant a lieu le jugement de ce monde, maintenant le prince de ce monde sera jeté dehors. Et moi, quand j'aurai été élevé de la terre, j'attirerai tous les hommes à moi. En parlant ainsi, il indiquait de quelle mort il devait mourir. » (Jean 12 :24-33)

Comme il est merveilleux que celui qui avait semé dans le corps d'Adam les semences spirituelles de blé, lui-même soit apparu dans le corps adamique comme une plante de blé ! Jésus est le grain de blé qui est tombé en terre et y est mort, afin qu'il porte beaucoup de fruit. Toutes les générations de chrétiens qui se sont égrenées sur la terre deux mille ans durant sont les fruits de ses souffrances.

Dans l'eau du baptême, le catéchumène participe symboliquement à la mort et à la résurrection de son Seigneur. Dès ce moment-là, il hait sa vie naturelle, enracinée dans les convoitises de la chair et dans les convoitises des yeux et, par la croix spirituelle dont il est muni dans l'eau, il fait mourir ses convoitises bien avant leur assouvissement. S'il ne le fait pas, il peut perdre à la longue la vie éternelle.

Le service de Christ va de pair avec le portement de croix. Celui qui prétend servir Jésus sans porter sa croix se donne le change tout seul. Mais celui qui sert Christ en portant sa croix est honoré de Père.

Comme des Grecs commencèrent à s'intéresser à Christ, le Seigneur pensa à son œuvre qui permettra aux Grecs de s'approcher à Dieu : son sacrifice sur la croix. À cette pensée son âme fut troublée. Sa mort rédemptrice allait glorifier Dieu au plus haut degré possible. Il priait donc Dieu de glorifier son nom. La réponse qui se fit entendre reçut plusieurs interprétations. L'acceptation de sa propre mort allait déclancher le jugement du prince de ce monde, Satan. La croix fut pour Jésus un tremplin pour arriver au Ciel, d'où il peut s'attirer tous les hommes, à soi.

Le récit de l'homme riche faisant bonne chère et de Lazare, le pauvre affamé laisse entrevoir les choses de l'au-delà. (Luc 16 :19-31)

« Il y avait un homme riche, qui était vêtu de pourpre et de fin lin, et qui chaque jour menait joyeuse et brillante vie. Un pauvre nommé Lazare était couché à sa porte, couvert d'ulcères, et désireux de se rassasier des miettes qui tombaient de la table du riche, et même les chiens venaient encore lécher ses ulcères. Le pauvre mourut, et il fut porté par les anges dans le sein d'Abraham. Le riche mourut aussi, et il fut enseveli. Dans le séjour des morts, il leva ses yeux, et tandis qu'il était en proie aux tourments, il vit de loin Abraham et Lazare dans son sein. Il s'écria : Père Abraham, aie pitié de moi, et envoie Lazare pour qu'il trempe le bout de son doigt dans l'eau et me rafraîchisse la langue, car je souffre cruellement dans cette flamme. Mon enfant, souviens-toi que tu as reçu tes biens pendant ta vie, et que Lazare a eu les maux pendant la sienne. Maintenant il est ici consolé, et toi, tu souffres. D'ailleurs il y a entre nous et vous un grand abîme, afin que ceux qui voudraient passer d'ici vers vous, ou de là vers nous, ne puissent le faire. Le riche dit : Je te prie donc, père Abraham, d'envoyer Lazare dans la maison de mon père, car j'ai cinq frères. C'est pour qu'il leur atteste ces choses afin qu'ils ne viennent pas aussi dans ce lieu de tourment. Abraham répondit : Ils ont Moïse et les prophètes, qu'ils les écoutent. Et il dit : Non, père Abraham, mais si quelqu'un des morts va vers eux, ils se repentiront. Et Abraham lui dit : S'ils n'écoutent pas Moïse et les prophètes, ils ne se laisseront pas persuader même si quelqu'un des morts ressuscitait. » (Luc 16 :19-31)

Ces personnages se situent aux deux pôles de la société. L'un est extrêmement riche, l'autre est extrêmement pauvre. Chacun d'eux meurt à son tour. Le riche s'éveilla dans les flammes d'un tourment cruel. Le pauvre se trouva dans un lieu consolateur. Le riche fit une requête à Abraham, qu'il reconnut, mais Abraham ne put l'aider à cause de l'abîme qui les séparait.

Jésus y attire l'attention sur la réalité des tourments aux flammes pour ceux qui arrivent dans le séjour des morts. Le riche désira prévenir ses cinq frères du sort qui les attendait. Mais Abraham ne voulut pas renvoyer Lazare sur la Terre, en arguant de ce que les Juifs ont à leur disposition la Loi et les Prophètes qui rendent compte de ce qui attend ceux qui meurent dans leurs péchés. Mais le riche était d'avis que ses frères se repentiraient si un mort ressusciterait et leur décrirait ce qu'il y avait après la mort. En proie aux souffrances du feu, le riche comprit que la repentance l'aurait pu sauver du séjour des morts.

La parabole du riche insensé ne se retrouve que dans l'Évangile selon Luc. (Luc 12 :13-21)

« Quelqu'un dit à Jésus du milieu de la foule : Maître, dit à mon frère de partager avec moi notre héritage. Jésus lui répondit : O homme, qui m'a établi pour être votre juge, ou pour faire vos partages ? Puis il leur dit : Gardez-vous avec soin de toute avarice, car la vie de l'homme ne dépend pas de ses biens, serait-il dans l'abondance. Et il leur dit cette parabole : La terre d'un homme riche avait beaucoup rapporté. Et il raisonnait en lui-même, disant : Que ferais-je ? Car je n'ai pas de place pour serrer ma récolte. Voici, dit-il, ce que je ferai : J'abattrai mes greniers, j'en bâtirai de plus grands, j'y amasserai toute ma récolte et tous mes biens, et je dirai à mon âme : Mon âme, tu as beaucoup de biens en réserve pour plusieurs années, repose-toi, mange et bois, et réjouis-toi. Mais Dieu lui dit : Insensé, cette nuit même ton âme sera redemandée, et ce que tu as préparé, pour qui sera-ce. Il en est ainsi de celui qui amasse des trésors pour lui-même, et qui n'est pas riche pour Dieu. » (Luc 12 :13-21)

On a vu dans la parabole des dix vierge que le terme d'« insensé » désigne une personne qui manque de prévision. Ce riche exclut de ses calculs l'éventualité de sa propre mort. Or, le prophète avertit, à ce sujet, son peuple en ces termes : »Prépare-toi à la rencontre de ton Dieu, ô Israël ! » (Amos 4 :12) Comme ce riche s'occupait seulement de son bien-être matériel, il dut se présenter devant Dieu la tête baissée. Il n'a pas eu aucun des trésors qui facilite l'accès dans la Nouvelle Jérusalem : foi, repentance, paix, bonté, amour divin, patience, douceur, humilité, joie, maîtrise de soi. (Galates 5 :22) Ceux qui ne sont pas riches en trésors spirituels sont jetés dans les ténèbres du dehors.

On se pose la question de savoir pourquoi Jésus n'a point rendu justice à l'homme que son frère avait dépouillé de son héritage. Sans aucun doute, Dieu rend justice aux opprimés, mais il fait toute chose en son temps. Il laisse que les méchants déploient toute leur méchanceté afin de les pouvoir punir selon l'envergure de leurs actes. Lorsque la patience de Dieu aura atteint son terme, la colère divine rendra justice.

La parabole du bon Samaritain démontre que les représentants de la Loi sont incapables d'aimer vraiment leurs prochains. (Luc 10 :25-37)

«Un docteur de la Loi se leva et dit à Jésus : Maître, que dois-je faire pour hériter la vie éternelle ? Jésus lui répondit : Qu'est-il écrit dans la loi ? Qu'y lis-tu ? Il répondit : Tu aimera le Seigneur, ton Dieu, de tout ton cœur, de toute ton âme, de toute ta force, et de toute ta pensée, et ton prochain comme toi-même. Tu as bien répondu, lui dit Jésus, fais cela et tu vivras. Mais lui, voulant se justifier, dit à Jésus : Et qui est mon prochain ? Jésus reprit la parole et dit : Un homme descendait de Jérusalem à Jéricho. Il tomba au milieu des brigands, qui le dépouillèrent, le chargèrent de coup, et s'en allèrent, le laissant à demi mort. Un sacrificateur qui fortuitement descendait par le même chemin, ayant vu cet homme, passa outre. Un Lévite qui arriva aussi dans ce lieu, l'ayant vu, passa outre. Mais un Samaritain qui voyageait, état venu là, fut ému de compassion, lorsqu'il le vit. Il s'approcha et banda ses plaies, en y versant de l'huile et du vin. Puis il le mit sur sa propre monture, le conduisit à une hôtellerie, et prit soin de lui. Le lendemain il tira deux deniers et les donna à l'hôte, et dit : Aie soin de lui et ce que tu dépenseras de plus je te le rendrai à mon retour. Lequel de ces trois te semble avoir été le prochain de celui qui était tombé au milieu des brigands ? C'est celui qui a exercé la miséricorde envers lui, répondit le docteur de la loi. Et Jésus lui dit : Va et toi, fais de même ; » (Luc 10 :25-37)

Le syntagme de bon Samaritain est devenu, dans le christianisme, un pseudonyme du Seigneur Jésus Christ. Contrairement aux représentants de la Loi, le sacrificateur et le Lévite, qui n'éprouvaient pas de compassion pour l'homme maltraité des brigands, le Samaritains s'approcha du malheureux, banda ses plaies puis le mit sur sa monture et le conduisit à une hôtellerie. Là, il paya l'hôte pour porter soin à l'homme blessé.

Ce récit sert d'exemple pour la compréhension de la notion de prochain. L'attitude du sacrificateur et du Lévite démontre que ces deux personnages étaient loin d'être les prochains de l'homme tombé entre les mains des brigands. En d'autres mots, ces deux représentants de la loi n'observaient pas le grand commandement. D'après la Loi, ils ne méritaient pas d'hériter la vie éternelle. En outre, « la loi n'a rien amené à la perfection. » (Hébreux 7 :19) Mais en Christ habite la plénitude de la Divinité. (cf. Colossiens 2 :9) Paul nous encourage ainsi : »Christ en vous, l'espérance de la gloire ». (Colossiens 1 :27) C'est seulement celui qui a l'Esprit de Christ peut observer le grand commandement.

La parabole du serviteur fidèle concerne l'état d'éveil des conducteurs d'assemblées en vue du retour du Seigneur. (Luc 12 :42-48)

« Et le Seigneur dit : Quel est donc l'économe fidèle et prudent que le maître établira sur ses gens, pour leur donner la nourriture au moment convenable ? Heureux ce serviteur que son maître, à son arrivée, trouvera faisant ainsi. Je vous le dis en vérité, il l'établira sur tous ses biens. Mais, si ce serviteur dit en lui-même : Mon maître tard à venir, s'il se met à battre les serviteurs et les servantes, à manger, à boire et à s'enivrer, le maître de ce serviteur viendra le jouir où il ne s'y attend pas, et à l'heure qu'il ne connaît pas, et il le mettra en pièces, et lui donnera sa part avec les infidèles. Le serviteur qui, ayant connu la volonté de son maître, n'a rien préparé et n'a pas agi selon sa volonté, sera battu d'un grand nombre de coups. Mais celui qui, ne l'ayant pas connue, a fait des choses dignes de châtiment, sera battu de peu de cops. On demandera beaucoup à qui l'on a beaucoup donné, et on exigera davantage de celui à qui l'on a beaucoup confié. » (Luc 12 :42-48)

Le pasteur établi sur une assemblée de frères en Christ a la vocation de lui donner la nourriture au temps convenables, de guérir les malades, ramener les égarés, de défendre la bergerie des loups ravisseurs. Heureux le pasteur que le Seigneur, à son arrivée, le trouvera à remplir ses fonctions.

Le Seigneur se rapporte aussi au serviteur infidèle, qui néglige de remplir ses tâches, et se met à battre ses confrères et à s'enivrer. Un tel serviteur sera mis en pièces. Le châtiment divin tiendra compte de l'élément intentionnel dans la transgression des prescriptions évangéliques.

La parabole de la tour inachevée, doublée de la parabole de la guerre ajournée. (Luc 14 :25-35)

« De grandes foules faisaient route avec Jésus. Il se retourna et leur dit : Si quelqu'un vient à moi, sans me préférer à son père, à sa mère, à sa femme, à ses enfants, à ses frères et à ses sœurs, et même à sa propre vie, il ne peut être mon disciple. Car lequel de vous, s'il veut bâtir une tour, ne s'assied d'abord pour calculer la dépense et voir s'il a de quoi la terminer, de peur qu'après avoir posé les fondements, il ne puisse l'achever, et tous ceux qui le verront ne se mettent à le railler, en disant : Cet homme a commencé à bâtir, et il n'a pu achever ? Ou quel roi, s'il va faire la guerre à un autre roi, ne s'assied d'abord pour examiner s'il peut avec dix mille hommes marcher à la rencontre de celui qui vient l'attaquer avec vingt mille ? S'il ne le peut, tandis que cet autre roi est encore loin, il lui envoie une ambassade pour demander la paix. Ainsi donc quiconque d'entre vous ne renonce pas à tout ce qu'il possède ne peut être mon disciple. Le sel est une bonne chose, mais si le sel perd sa saveur, avec quoi l'assaisonnera-t-on ? Il n'est bon ni pour la terre, ni pour le fumier, on le jette dehors. Que celui qui a des oreilles pour entendre entende. » (Luc 14 :25-35)

Cette parabole plaide pour renoncer aux capacités naturelles et aux communions de la chair afin de pouvoir accéder aux capacités surnaturelles et à la communion divine.

Jésus désire avoir la primauté dans les intérêts de notre âme. Si quelqu'un préfère à Jésus l'un de ses proches parents n'est point digne d'être nommé disciple de Christ. Jésus exige de même que nous l'aimions mieux que notre propre âme et les désirs de notre chair.

La première parabole compare la vie de foi à la construction d'une tour. Avant de commencer sa construction, on doit envisager ses propres ressources, si elles suffisent pour achever la tour. Vu que la vie de foi est foncièrement un combat spirituel avec les esprits méchants de l'air, chaque chrétien sage se rend compte que ses propres ressources charnelles ne suffisent point à mener à bien ses tâches. Alors il appelle aux ressources célestes que Jésus met à la disposition de ses disciples.

La seconde parabole compare la vie de disciple à une guerre qu'on doit faire à un ennemi plus puissant que l'homme, Satan. Lorsque l'homme se repent et met sa confiance en Christ, il déclare la guerre contre les princes des Ténèbres. Dès ce moment-là, il ne doit plus s'appuyer sur ses propres forces d'homme, mais il doit avoir recours à l'Éternel et à son appui, chercher continuellement sa face. (cf. Psaume 105 :4)

La leçon que Jésus tire de ses deux paraboles est la suivante : »Ainsi donc, quiconque d'entre vous ne renonce pas à tout ce qu'il possède ne peut être mon disciple. » (v.33) Le sel qui se corrompt, c'est la foi qui s'éloigne de la confiance en Dieu pour prendre la route de la confiance dans l'homme. Lorsqu'on se confie dans l'homme et dans ses propres capacités, c'est la banqueroute de la foi.

Ce qui dirige spécialement les chrétiens vers cette banqueroute, c'est l'esprit de la Loi, qui s'adresse toujours à l'homme charnel. Le partenaire de la Loi, c'est l'homme charnel qui se confie dans ses propres capacité. Lorsque, dans une assemblée, on prêche les commandements de la Loi, l'homme charnel se mobilise pour les observer. Quand l'homme charnel agit, l'homme spirituel de nature christique somnole. C'est le début d'une chute spirituelle, survenue pour la première fois dans l'Église de Galatie. La réprimande que jadis Paul adressa aux Galates reste actuelle à l'intention des assemblées où l'on prêche de nos jours les œuvres de la Loi : « O Galates dépourvu de sens ! Qui vous a fascinés, vous, aux yeux de qui Jésus Christ a été peint comme crucifié ? Voici seulement ce que je veux apprendre de vous : Est-ce par les œuvres de la Loi que vous avez reçu l'Esprit, ou par la prédication de la foi ? Etes-vous tellement dépourvus de sens ? Après avoir commencé par l'Esprit, voulez-vous maintenant finir par la chair ? Avez-vous tant souffert en vain ? Si toutefois c'est en vain. Celui qui vous accorde l'Esprit, et qui opère des miracles parmi vous, le fit-il donc par les œuvres de la Loi ou par la prédication de la foi ? » (Galates 3 :1-5) Par conséquent, les miracles divins sont disparus dans les assemblées où l'on prêche les œuvres de la Loi. Celui qui se confie en soi-même ne peut opérer des miracles divins, qui ont leur source dans la confiance en Dieu. La Grâce enseigne ce que Dieu peut faire en nous et par nous, tandis que la Loi enseigne ce que l'homme peut faire pour plaire à Dieu. De retour de son voyage missionnaire, l'apôtre Paul raconta aux anciens de Jérusalem « ce que Dieu avait fait au milieu des païens par son ministère. » (Actes 21 :19)

La parabole des deux fils met sur le tapis le problème de la conscience pure, gardée par l'accord qu'on établie entre les paroles et les actes. (Matthieu 21 :28-32)
« Que vous en semble ? Un homme avait deux fils, et s'adressa au premier, il dit: Mon enfant, va travailler aujourd'hui dans ma vigne. Il répondit : Je ne veux pas. Ensuite, il se repentit, et il alla. S'adressant à l'autre, il dit la même chose. Et ce fils répondit : Je veux bien, Seigneur. Et il n'alla pas. Lequel des deux a fait la volonté du père ? Ils répondirent : Le premier. Et Jésus leur dit : Je vous le dis en vérité, les publicains et le prostituées vous devanceront dans le Royaume de Dieu. Car Jean est venu à vous dans la voie de la justice, et vous n'avez pas cru en lui. Mais les publicains et les prostituées ont cru en lui. Et vous, qui avez vu cela, vous ne vous êtes pas ensuite repentis pour croire en lui. » (Matthieu 21 :28-32)

Le texte de cette parabole est précédé d'une mise en doute de l'autorité de Jésus. Lorsque les principaux sacrificateurs l'eurent questionné sur l'autorité par laquelle il faisait ses miracles, Jésus conditionna sa réponse de leur avis sur Jean Baptiste. Celui-ci fut-il un envoyé de ciel ou non ? Comme ils se déclaraient ignorants à ce sujet, Jésus refusa de leur apprendre par quelle autorité il accomplissait ses miracles.

Ayant fait des miracles de guérison les jours de sabbat, Jésus a suscité l'animosité et le doute des sacrificateurs envers sa propre personne. Ceux-ci étaient d'avis que Jésus n'était pas venu de leur Dieu. Si Jésus avait répondu à leur question, ils auraient profité de sa réponse pour argumenter leur supposition et jeter publiquement l'opprobre sur le Seigneur.

Quant à Jésus, il ne voulait point jeter ses perles aux pourceaux. Il ne se révéla que pour ses élus, qui pouvaient lui rendre gloire. S'il s'était révélé à ses ennemis, il les aurait provoqué à une haine encore plus grande envers soi.

Les deux fils de l'homme de cette parabole représentent deux catégories d'individus. Le premier fils garde sans cesse sa conscience pure, qui l'avertit toutes les fois qu'il avait tort. Après avoir ouvertement refusé son père, il se décide quand même d'aller travailler dans a vigne. Le second fils approuve verbalement ce que son père lui ordonne, mais il n'exécute pas son ordre. La conscience du second fil est souillée. Il ne tient pas ses promesses. Un tel homme n'a pas de caractère, ses connaissances ne se fient point à lui. Ce fut le cas des conducteurs religieux hypocrites. Ayant la conscience souillée, les sacrificateurs ne se fiaient point à Jean, et lorsqu'ils voyaient les publicains et les prostituées se repentir, il leur répugnait davantage la repentance. La foi et la repentance sont donc fonction d'une conscience pure.

Collaboration de Christ avec ses disciples

Dans sa prescience, Jésus sut que l'œuvre commencée par lui sera menée à bien par ses disciples, qui répandront l'Évangile jusqu'aux confins du monde. (Matthieu 24 :14) Aussi se mit-il à préparer ses disciples en vue de la grande mission. (Matthieu 28 :18-20)

L'Évangile rend compte de deux groupes de disciples que le Seigneur munit de puissance et envoya travailler dans son champ. D'abord, il envoya les douze apôtres, puis les soixante-dix disciples.

La mission des douze apôtres est décrite par trois évangélistes. (Matthieu 10 :1-42 ; Marc 6 :7-13 ; Luc 9 :1-9) La description de Matthieu en offre le plus de détails.

« Puis, ayant appelé ses douze disciples, il leur donna le pouvoir de chasser les esprits impurs, et de guérir toute maladie et tout infirmité. Voici les noms des douze apôtres. Le premier, Simon appelé Pierre, et André , son frère, Jacques, fils de Zébédée, et Jean, son frère, Philippe et Barthélemy, Thomas et Matthieu, le publicain, Jacques, fils d'Alphée, et Thaddée, Simon le Cananite, et Judas, l'Iscariot, celui qui livra Jésus. Tels sont les douze que Jésus envoya, après leur avoir donné les instructions suivantes : N'allez pas vers les païens et n'entrez pas dans les villes des Samaritains, allez plutôt vers les brebis perdues de la maison d'Israël. Allez, prêchez, et dites : le royaume des cieux est proche. Guérissez les malades, ressuscitez les morts, purifiez les lépreux, chassez les démons. Vous avez reçu gratuitement, donnez gratuitement. Ne prenez ni or, ni argent, ni monnaie dans vos ceintures, ni sac pour le voyage, ni deux tuniques, ni souliers, ni bâton, car l'ouvrier mérite sa nourriture. Dans quelque ville ou de village où vous entriez, informez-vous s'il se trouve quelque homme digne de vous recevoir, et demeurez chez lui jusqu'à ce que vous partiez. En entrant dans la maison, saluez-la. Et si la maison en est digne, que votre paix vienne sur elle, mais si elle n'en est pas digne, que votre paix retourne à vous. Lorsqu'on ne vous recevra pas, et qu'on n'écoutera pas vos paroles, sortez de cette maison ou de cette ville et secouez la poussière de vos pieds. Je vous le dis en vérité : Au jour du jugement, le pays de Sodome et de Gomorrhe sera traité moins rigoureusement que cette ville-là. » (Matthieu 19 :1-15)

Le Seigneur munit ses disciples de force et les envoya prêcher le Royaume des Cieux, guérir les malades, chasser les démons et ressusciter les morts. Les disciples ne prétendent pas à aucune rémunération de la part des hommes. Avant le sacrifice et la résurrection de Jésus, la grâce apportée par Christ n'était point répandue sur les nations.

Le Seigneur interdit à ses disciples d'aller de maison à maison dans les villes parcourues. Ils devaient s'installer dans la maison d'un homme craignant Dieu et y déployer leur activité une bonne période. En entrant dans la maison, ils devaient souhaiter la paix à ses habitants, laquelle est une bénédiction divine. Repoussés d'une maison ou d'une ville, ils devaient secouer la poussière de leurs pieds contre les hommes inhospitaliers.

Jésus n'a pas oublié d'attirer l'attention de ses disciples sur les dangers qui les guettaient au parcours de leu mission.

« Voici je vous envoie comme des brebis au milieu des loups. Soyez donc prudents comme les serpents, et simples comme les colombes. Mettez-vous en garde contre les hommes, car ils vous livreront aux tribunaux, et ils vous battront de verges dans leurs synagogues. Vous serez menés à cause de moi devant les gouverneurs et devant les rois, pour servir de témoignage à eux et aux païens. Mais quand on vous livrera, ne vous inquiétez ni de la manière dont vous parlerez, ni de ce que vous direz. Ce que vous aurez à dire vous sera donné à l'heure même, car ce n'est pas vous qui parlerez, c'est l'Esprit de votre Père qui parlera en vous. Le frère livrera son frère à la mort, et le père son enfant, les enfants se soulèveront contre leurs parents, et les feront mourir. Vous serez haïs de tous, à cause de mon nom, mais celui qui persévérera jusqu'à la fin sera sauvé. Quand on vous persécutera dans une ville, fuyez dans l'autre. …Ne les craignez donc point, car il n'y a rien de caché qui ne doive être découvert, ni de secret qui ne doive être connu. Ce que je vous dis dans les ténèbres, dite-le en plein jour, et ce que je vous dis à l'oreille, prêchez-le sur les toits. Ne craignez pas ceux qui tuent le corps et qui ne peuvent tuer l'âme, craignez plutôt celui qui peut faire périr l'âme et le corps dans la géhenne. Ne vend-on deux passereaux pour un sou ? Cependant il n'en tombe pas une à terre sans la volonté de votre Père. Et même vos cheveux sont tous comptés. Ne craignez donc point : Vous valez plus que beaucoup de passereaux. C'est pourquoi, quiconque se déclare publiquement pour moi, je me déclarerai moi aussi pour lui devant mon Père qui est dans les cieux. Mais quiconque me reniera devant les hommes, je le renierai aussi devant mon Père qui est dans les cieux. » (Matthieu 10 :16-33).

Jésus découvrit à ses disciples que le monde où ils étaient envoyés leur serait hostile. Ils y sont comme des brebis au milieu des loups. La haine du mode se déversera sur eux à cause du nom de Jésus, qu'ils prêchent. Le sort des disciples est celui d'être battus de verges et traînés devant les tribunaux. Le Seigneur les assure qu'à l'occasion de l'interrogatoire l'Esprit de Dieu les inspirera. Il ne faut pas s'inquiéter ni de la manière dont on parlera, ni de ce qu'on dira.

Lors des persécutions, il ne faut pas craindre les persécuteurs. Devant Dieu toutes choses sont découvertes. Il est le juste juge qui rendra à chacun selon ses œuvres. Les hommes ne peuvent tuer que le corps, mais Dieu jette l'âme et le corps dans la géhenne. Aussi la crainte de Dieu peut-il bannir la crainte des hommes de l'âme croyante.

D'ailleurs, Dieu contrôle tout ce qui devient sur la terre. Un passereau ne tombe à terre sans son acceptation. S'il permet que les siens soient mis à mort par leurs ennemis, pour les élus c'est une épreuve de la foi, pour les fils du diable, c'est un motif de condamnation éternelle. Maintenir notre témoignage chrétien, dans l'atmosphère pesante des persécutions, c'est faire triompher la foi. Le renoncement à la foi est égal à la perte du salut de l'âme. Celui qui confesse le nom de Christ en présence de ses persécuteurs garde le Seigneur comme son unique médiateur devant le trône du Père.

Dans la partie finale de ses instructions, Jésus parlait des récompenses de ceux qui allaient recevoir ses disciples.

« Celui qui vous reçoit me reçoit, et celui qui me reçoit, reçoit celui qui m'a envoyé. Celui qui reçoit un prophète, en qualité de prophète, recevra une récompense de prophète, et celui qui reçoit un juste, en qualité de juste, recevra une récompense de juste. Et quiconque donnera seulement un verre d'eau froide à l'un de ces petits, parce qu'il est mon disciple, je vous le dis en vérité, il ne perdra pas sa récompense. » (v.40-42)

Ce monde est peuplé, d'un côté, par les fils de Dieu, et d'autre côté, par les fils du diable. Nés charnellement dans le corps du péché, les fils de Dieu pèchent eux aussi par inadvertance, portés du courant de ce monde. Mais ils gardent une conscience pure, en s'éloignant de l'iniquité et en confessant leur fautes. Ce sont donc les fils de Dieu encore non convertis qui reçoivent les disciples de Christ. Cette hospitalité leur sera imputée à justice.

La mission des soixante-dix disciples est absolument semblable à la mission des douze apôtres. (Luc 10 :1-24)

« Après cela, le Seigneur désigna encore soixante-dix disciples et il les envoya deux à deux devant lui dans toutes les villes et dans tous les lieux où lui-même devait aller. Il leur dit : La moisson est grande, mais il y a peu d'ouvriers. Priez donc le maître de la moisson d'envoyer des ouvriers dans sa moisson. Partez, voici je vous envoie comme des agneaux au milieu des loups. Ne portez ni bourse, ni sac, ni souliers, et ne saluez personne en chemin. Dans quelque maison que vous entriez, dites d'abord : Que la paix soit sur cette maison ! Et s'il se trouve là un enfant de paix, votre paix reposera sur lui, sinon, elle reviendra à vous. Demeurez dans cette maison, mangeant et buvant ce qu'on vous donnera, car l'ouvrier mérite son salaire. N'allez pas de maison en maison. Dans quelque ville que vous entriez, et où l'on vous recevra, mangez ce qui vous sera présenté, guérissez les malades, qui s'y trouveront et dites-leur : Le royaume de Dieu s'est approché de vous. Mais, dans quelque ville que vous entriez, et où l'on ne vous recevra pas, allez dans ses rues et dites : Nous secouons contre vous la poussière même de votre ville qui s'est attachée à nos pieds. Sachez cependant, que le royaume de Dieu s'est approché. Je vous dis qu'en ce jour Sodome sera traitée moins rigoureusement que cette ville-là. » (Luc 10 :1-12)

On entend dire assez souvent que l'époque des miracles divins s'est achevée avec le décès des douze apôtres contemporains de Christ, de nos jours, c'est Satan qui fait des miracles. Il paraît que ceux qui émettent un tel avis ignorent l'activité des soixante-dix, pour ne plus parler de l'activité de l'apôtre des nations, Paul.

Les soixante-dix reçurent la même tâche et la même puissance que les douze apôtres. En outres, Dieu honore la foi de ses serviteurs et non pas leurs fonctions. Les signes d'une foi authentique sont tout autant de miracles : « Voici les miracles qui accompagneront ceux qui auront cru : « En mon nom, ils chasseront les démons, ils parleront de nouvelles langues, ils saisiront des serpents, s'ils boivent quelque breuvage mortel, il ne leur fera point de mal, ils imposeront les mains aux malades, et les malades seront guéris. » (Marc 16 17,18)

Dans ce texte il est fait mention des fils de paix qui reçoivent les disciples. La paix intérieure est signe certain d'appartenance à l'Éternel, qui est le Dieu de Paix. Dans la formule de salut des enfants de Dieu figure très souvent le terme de « paix ». C'est ainsi que l'esprit de paix se répand dans le monde : par des mots.

Dieu porte soin à ses missionnaires, il ne faut donc pas que ceux-ci se soucient des choses nécessaires à la vie. Leur sujet porte sur le royaume de Dieu, qui s'est approché. Les villes qui se ferment devant eux seront traitées avec rigueur le jour du jugement.

Luc n'omet pas de rendre la joie des soixante-dix à leur retour : »Les soixante-dix revinrent avec joie, disant : Seigneur, les démons mêmes nous sont soumis en ton nom ; Jésus leur dit : Je voyais Satan tomber du ciel comme un éclair. Voici je vous ai donné le pouvoir de marcher sur les serpents et les scorpions, et sur toute la puissance de l'ennemi, et rien ne pourra vous nuire. Cependant, ne vous réjouissez pas de ce que les esprits vous sont soumis, mais réjouissez-vous de ce que vos noms sont écrits dans les cieux. En ce moment même, Jésus tressaillit de joie par le Saint Esprit, et il dit : Je te loue, Père, Seigneur du ciel et de a terre, de ce que tu as caché ces choses aux sages et aux intelligents, et de ce que tu les a révélées aux enfants. Oui, Père, je te loue de ce que tu l'as voulu ainsi. Toutes choses m'ont été données par mon Père, et personne ne connaît qui est le fils, si ce n'est le Père, ni qui est le Père, si ce n'est le Fils et celui à qui le Fils veut le révéler. » (v.17-22)

Les soixante-dix revinrent pleins de la joie du succès. Ils eurent l'expérience d'avoir chassé les démons, au nom du Seigneur Jésus. Comme réplique, Jésus leur indiqua un sujet de joie encore plus intense : leurs noms étaient inscrits dans le Ciel. Certains experts de la Bible dressèrent une opposition artificielle entre la joie de chasser les démons et celle d'avoir le nom inscrit dans le Ciel. En réalité, il n'y a pas de contraste entre la chasse des démons et la citoyenneté céleste. Qui pourrait chasser les démons si non un citoyen céleste ? D'ailleurs la chasse des démons figure parmi les signes d'une foi vivante. Or, nous sommes écrites dans les registres célestes selon la mesure de notre foi.

Lorsque les disciples se glorifiaient en Christ au sujet de la chasse de démons, cela fut pour Christ la preuve d'une foi vivante, agissante.

Le rapport que les disciples firent à leur Maître fit arracher à Christ des louanges à l'adresse du Père qui a caché le secret de la chasse des démons aux sages et aux intelligents, mais l'a découvert aux petits enfants. Les chrétiens sages et intelligents s'approchent de l'Évangile avec précaution, ils se méfient des miracles et n'osent pas en opérer, de peur de s'attirer l'opprobre de la part des sages de ce monde. Quant aux enfants en Christ, ils croient tout, essaient tout, prêchent l'Évangile plénier, sans en retrancher rien, sans y ajuter rien.

Jésus trouve bon de révéler le Père aux petits enfants, à son tour, le Père trouve bon d'attirer à Jésus ceux qui ont une âme innocente d'enfant.

Des fêtes et des événements qui complètent le portrait de Jésus

L'œuvre missionnaire de Christ s'étend du moment de son baptême jusqu'au moment de sa mort sur la croix de Golgotha. Cela fait trois années et demie. Dans cette période, il a participé à des fêtes religieuses, il a accompli des actes significatifs, dont la description est à même de compléter le portrait du Seigneur.

À l'occasion d'une fête à Jérusalem, Jésus relève l'œuvre du Fils et déclare son égalité avec le Père. (Jean 5 :17-30)

« Mais Jésus leur répondit : Mon Père agit jusqu'à présent, moi aussi, j'agis. À cause de cela les Juifs cherchaient encore plus à le faire mourir, non seulement parce qu'il violait le sabbat, mais parce qu'il appelait Dieu son propre Père, se faisant lui-même égal à Dieu. Jésus reprit donc la parole et leur dit :En vérité, en vérité, je vous le dis, le Fils ne peut rien faire de lui-même, il ne fait que ce qu'il voit faire au Père ; et tout ce que le Père fait , le Fils aussi le fait pareillement. Car le Père aime le Fils, et lui montre tout ce qu'il fait. Et il lui montrera des oeuvres plus grandes que celles-ci, afin que vous soyez dans l'étonnement. Car comme le Père ressuscite les morts et donne la vie, ainsi le Fils donne la vie à qui il veut. Le Père ne juge personne, mais il a remis tout le jugement au Fils, afin que tous honorent le Fils comme ils honorent le Père. Celui qui n'honore pas le Fils n'honore pas le Père qui l'a envoyé. En vérité, en vérité, je vous le dis, celui qui écoute ma parole et croit à celui qui m'a envoyé, a la vie éternelle et ne vient point en jugement, mais il est passé de la mort à la vie. En vérité, en vérité je vous le dis, l'heure vient et elle est déjà venue, où les morts entendront la voix du Fils de Dieu, et ceux qui l'auront entendue vivront. Car comme le Père a la vie en lui-même, ainsi il a donné au Fils d'avoir la vie en lui-même. Il lui a donné le pouvoir de juger parce qu'il est les fils de l'homme. Ne vous étonnez pas de cela, car l'heure vient où tous ceux qui sont dans les sépulcres entendront sa voix et en sortiront. Ceux qui auront fait le bien, ressusciteront pou la vie, mais ceux qu auront fait le mal, ressusciteront pour le jugement. Je ne puis rien faire de moi-même. D'après ce que j'entends, je juge. Et mon jugement est juste, parce que je ne cherche pas ma volonté, mais la volonté de celui qui m'a envoyé. » (Jean 5 :17-30)

Les pharisiens se sont scandalisés en ce que Jésus avait guéri, à la piscine de Béthesda, un paralytique le jour de sabbat. Comme réplique, Jésus leur étala l'œuvre du Fils. Il leur expliqua le fait que le Fils ne peut faire que ce que voit faire au Père. La guérison à la piscine de Béthesda le jour du sabbat était en fin de compte l'œuvre du Père. Qui pourrait donc reprocher à Dieu une guérison faite le jour du sabbat ?

En nommant Dieu son Père, Jésus provoquait encore plus l'hostilité des conducteurs religieux, qui lui en voulaient déjà pour avoir violé le sabbat.

Pour épater ses ennemis, Jésus fit valoir deux de ses prérogatives divines, et leur fit observer que le Fils juge les hommes au dernier jugement et il ressuscite les morts. La fonction de juge suprême suppose aussi le droit à l'adoration. Le Père chargea le Fils de cette fonction afin que tous honorent le Fils comme ils honorent le Père. Par la puissance de sa Parole, Jésus ressuscite à une vie spirituelle les vivants qui sont morts dans leurs péchés, mais au dernier jour sa parole rendra la vie à ceux qui dorment dans leurs sépulcres.

Il y a encore deux versets qui méritent une attention spéciale. 1. »En vérité, en vérité je vous le dis, celui qui écoute ma parole et croit à celui qui m'a envoyé, a la vie éternelle et ne vient point en jugement, mais il a passé de la mort à la vie. » (v.24) Ce verset indique le fait que les croyants échappent au jugement dernier qui frappera ceux qui auront transgressé la Loi de Moïse. C'est que Jésus « a effacé l'acte dont les ordonnances nous condamnaient et qui subsistait contre nous, il l'a éliminé en le clouant à la croix. » (Colossiens 2 :14,15)

Voilà maintenant le second verset : »Car comme le Père a la vie en lui-même, ainsi il donné au Fils d'avoir la vie en lui-même. » (v.26) Dans ce verset Jésus a caché la définition de la Divinité. Qui est Dieu sinon celui qui a la vie en lui-même ? Les hommes tous ont la vie dans leur Créateur. (Actes 17 :26-28) En revanche, le Créateur, qui se circonscrit par la phrase « Je suis celui qui suis », a sa vie en lui-même. (Exode 3 :14) En fait, c'est Lui seul qui existe par soi-même, nous les autres, nous existons en lui et par lui. Le Père a donné au fils d'avoir la vie en lui-même. Cela veut dire que le Père a revêtu le fils de sa propre Divinité : Christ est Dieu. Cette révélation n'était point à la portée des sacrificateurs.

À la fête des Tabernacles Jésus monta à Jérusalem, où l'on l'accueillit avec une animosité croissant. (Jean 7 :1-53)

« Après cela Jésus parcourait la Galilée, car il ne voulait pas séjourner en Judée, parce que les Juifs cherchaient à le faire mourir. Or la fête des Juifs, la fête des tabernacles, était proche. Et ses frères lui dirent : Pars d'ici et va en Judée, afin que tes disciples voient aussi les œuvres que tu fais. Personne n'agit en secret lorsqu'il désire paraître. Si tu fais ces choses, montre-toi toi-même au monde. Car ses frères non plus ne croyaient en lui. Jésus leur dit : Mon temps n'est pas encore venu, mais votre temps est toujours prêt. Le monde ne peut vous haïr, moi, il me hait parce que je rends de lui le témoignage que ses œuvres sont mauvaises. Montez, vous, à cette fête, pour moi, je n'y monte pas encore parce que mon temps n'est pas encore accompli. Après leur avoir dit cela, il resta en Galilée. » (Jean 7 :1-9)

Il ressort de ce préambule que les frères de Jésus ne croyaient pas en lui. Ses parents osèrent même se tourner contre lui, en disant : »Il est hors de sens. » (Marc 3 :21) La présence de cette appréciation dans l'Évangile atteste la sincérité des évangélistes et leur manque de parti pris. Ses frères supposèrent que Christ voulait paraître, en opérant des miracles. Il n'écouta point le conseil de ses frères de partir sans tarder à Jérusalem. Il leur expliqua même le motif pour lequel le monde le haïssait. Jésus avait l'habitude de rappeler aux hommes leurs mauvaises oeuvres. Le rappel des péchés est censé à incliner les cœurs vers la repentance.

Plus tard Jésus même partit pour Jérusalem. Une fois dans a ville, il entra dans le temple et commença à enseigner le public.

« Les Juifs s'étonnaient, disant : Comment connaît-il les Écritures, lui qui n'a point étudié ? Jésus leur répondit : Ma doctrine n'est pas de moi, mais de celui qu m'a envoyé. Si quelqu'un veut faire sa volonté, il connaîtra si ma doctrine est de Dieu, ou si je parle de mon propre chef. Celui qui parle de son propre chef cherche sa propre gloire, mais celui qui cherche la gloire de celui qui l'a envoyé, celui-là est vrai, et il n'y a point d'injustice en lui. Moïse ne vous a-t-il pas donné la Loi ? Et nul de vous n'observe la Loi. Pourquoi cherchez-vous à me faire mourir ? La foule répondit : Tu as un démon. Qui est-ce qui cherche à te faire mourir ? Jésus leur répondit : J'ai fait une œuvre, et vous en êtes tous étonnés. Moïse vous a donné la circoncision. Non qu'elle vienne de Moïse, car elle vint des patriarches. Et vous circoncisez un homme le jour du sabbat. Si un homme reçoit la circoncision le jour du sabbat, afin que la loi de Moise ne soit pas violée, pourquoi vous irritez-vous contre moi de ce que j'ai guéri un homme entier le jour du sabbat ? Ne jugez pas selon l'apparence, mais jugez selon la justice. (v.15-24)

Une doctrine dans notre monde s'apprend, mais dans le monde spirituel elle s'offre. Jésus prit sa doctrine de la part du Père, sans avoir étudié, chose que le Seigneur dévoile aux Juifs. Il leur dévoile encore le secret de la justice d'un envoyé. Si un envoyé cherche la gloire de celui qui l'a envoyé, et non pas sa propre gloire, il est exempt de toute d'injustice.

Les Juifs cherchaient la justice offerte par les œuvres de la Loi. Cependant, Jésus leur fit observer qu'aucun d'eux n'observaient pas la Loi. Ceux qui sont sous la Loi ne peuvent l'observer, car c'est un système de sanctification dont les éléments sont interdépendants. Jacques avertit les légalistes en ces termes : »Quiconque observe toute la loi, mais pèche contre un seul commandement, devient coupable de tous. » (Jacques 2 :10) Plusieurs prédicateur font abstraction de ce que Paul enseigne concernant la Loi. Parmi d'autres il dit : »Or, nous savons que tout ce que dit la loi, elle le dit à ceux qui sont sous la loi, afin que toute bouche soit fermée, et que tout le monde soit reconnu coupable devant Dieu. » (Romains 3 :19) Le rôle de la loi se réduit donc à convaincre l'homme de son état de perdition, afin qu'il opte pour la grâce apportée par Jésus. (Galate 3 :21-24)

Jésus, qui connaissait les pensées des Juifs, leur reprocha le dessein de le faire mourir. Comme réplique, la foule l'accusa d'avoir un démon, en se chargeant d'un péché irrémissible. Cette foule accepta qu'on circoncise un nouveau-né le jour du sabbat si le jour de la circoncision tombait sur le sabbat, mais elle se fâcha de ce que Jésus ait guéri un paralytique ce jour même.

Les principaux sacrificateurs envoyèrent les huissiers pour saisir Jésus. Mais le Seigneur tint un discours qui déconcerta les huissiers. «Si quelqu'un a soif, qu'il vienne à moi, et qu'il boive. Celui qui croit en moi, des fleuves d'eau vive couleront de son sein, comme dit l'Écriture. Il dit cela de l'Esprit que devaient recevoir ceux qui croiraient en lui, car l'Esprit n'était pas encore parce que Jésus n'était pas encore glorifié. » (v.37-39)

Le Seigneur s'y présent comme la source des eaux vives, dévoilant sa Divinité. Celui qui croit en lui devient à son tour une source d'eau vive. Jean explique que Jésus y renvoie à l'Esprit que Dieu donnera aux croyants après la glorification de Christ. Le Saint Esprit s'est déversé sur les disciples au jour de la Pentecôte.

Les huissiers sont retournés aux sacrificateurs les mains vides. Leur excuse a été formulée ainsi : » Jamais homme n'a parlé comme cet homme. » (v.46)

À la fête de la Dédicace Jésus présente deux éléments fondamentaux de la doctrine de la Sainte Trinité. (Jean 10 :22-39)

« On célébrait à Jérusalem la fête de la Dédicace. C'était l'hiver. Et Jésus se promenait dans le temple, sous le portique de Salomon. Les Juifs l'entourèrent, et lui dirent : jusqu'à quand tiendras-tu notre esprit en suspense ? Si tu es le Christ, dis-le nous franchement. Jésus leur répondit. Je vous l'ai dit et vous ne croyez pas. Les œuvres que je fais au nom de mon Père rendent témoignage de moi. Mais vous ne croyez pas parce que vous n'êtes pas de mes brebis. Mes brebis entendent ma voix, je les connais, et elles me suivent. Je leur donne la vie éternelle, et elles ne périront jamais, et personne ne les ravira de ma main. Mon Père, qui me les a données, est plus grand que tous, et personne ne peut les ravir de la main de mon Père. **Moi et le Père nous sommes un.** Alors les Juifs prirent de nouveau des pierres pour le lapider. Jésus leur dit : Je vous ai fait voir plusieurs bonnes œuvres venant de mon Père. Pour laquelle me lapidez-vous ? Le Juifs lui répondirent : Ce n'est point pour une bonne oeuvre que nous te lapidons, mais pour un blasphème, et parce que toi, qui es un homme, tu te fais Dieu. Jésus leur répondit : N'est-il pas écrit dans votre loi : J'ai dit : Vous êtes des dieux ? Si elle appelle dieux ceux à qui la parole de Dieu était adressée, et si l'Écriture ne peut être anéantie, celui que le Père a sanctifié et envoyé dans le monde, vous lui dites : Tu blasphèmes ? Et cela parce que j'ai dit : Je suis le Fils de Dieu. Si je ne fais pas les œuvres de mon Père, ne me croyez pas. Mais si je les fais, même si vous ne me croyez point, croyez à ces œuvres, afin que vous sachiez et reconnaissiez que **le Père est en moi et que je suis dans le Père.** Là-dessus, ils cherchèrent encore à le saisir, mais il s'échappa de leurs mains. » (v.22-39)

Dieu ne se révèle pas aux enfants de Satan, qui le méprisent et ne peuvent recevoir la parole divine. Voilà le motif pour lequel Jésus ne s'est point déclaré Christ aux Juifs qui l'interrogèrent à ce sujet. Toutefois, il leur rappela le témoignage des œuvres qu'il faisait au nom de son Père. Ces œuvres attestent deux choses : 1. l'unité du Père et du Fils, c'est-à-dire qu'ils sont un, 2. le Père est dans le Fils et le Fils est dans le Père. Au point de vue de leur nature, tous les deux sont éternels, saints, droits, miséricordieux, justes, omniprésents, omniscients. Mais le Fils appartient au Père, qui est plus grand que lui. Avant son incarnation, le Fils était la Parole créatrice. Étant sorti du Père en qualité de Lumière, le Fils Éternel reçut sa propre gloire. Mais le Père des Lumières est resté dans le Fils sortant de Lui. Ainsi donc, le Père est présent où que le Fils paraisse. Celui qui reçoit le Fils reçoit le Père qui est en lui. Lorsque Christ est mort sur la croix de Golgotha, le Père était en lui, »réconciliant le monde avec lui-même. » (2 Cor.5 :19) Si le Père et le Fils sont inséparables, ils sont donc un. Le Saint Esprit, Esprit de Dieu est également inséparable du Père et du Fils. Lui aussi a sa propre gloire, représentée symboliquement par les sept lampes de la salle du Trône. (Apocalypse 4 :5) Le Fils et l'Esprit appartiennent, pour ainsi dire, organiquement au Père, malgré leurs gloires propres.

L'entrée triomphale de Jésus dans Jérusalem est l'un des événements prophétiques qui contribuent à configurer le portait de Jésus. (Matthieu 21 :1-17 ; Marc 11 :1-19 ; Luc 19 :29-40)

« Après avoir ainsi parlé, Jésus marcha devant la foule pour monter à Jérusalem. Lorsqu'il approcha de Bethfagé et de Béthanie, vers la montagne appelée la montagne des Oliviers, Jésus envoya deux de ses disciples, en disant : Allez au village qui est en face, quand vous y serez entrés, vous trouverez un ânon attaché, sur lequel aucun homme ne s'est jamais assis, détachez-le, et amenez-le. Si quelqu'un vous demande : Pourquoi le détachez-vous ? Vous lui répondrez : Le Seigneur en a besoin. Ceux qui étaient envoyés allèrent et trouvèrent les choses comme Jésus leur avait dit. Comme ils détachaient l'ânon, ses maîtres leur dirent : Pourquoi détachez-vous l'ânon ? Ils répondirent : Le Seigneur en a besoin. Et ils amenèrent à Jésus l'ânon, sur lequel ils jetèrent leurs vêtements et firent monter Jésus. Quand il fut en marche, les gens étendirent leurs vêtements sur le chemin. Et lorsque déjà il approchait de Jérusalem, vers la descente de la montagne des Oliviers, toute la multitude des disciples, saisie de joie se mit à louer Dieu à haute voix pour tous les miracles qu'ils avaient vus. Ils disaient : Béni soit le roi qui vient au nom du Seigneur ! Paix dans le ciel et gloire dans les lieux très hauts ! Quelques pharisiens du milieu de la foule dirent à Jésus : Maître, reprends tes disciples. Et il répondit : Je vous le dis, s'ils se taisent, les pierres crieront. » (Luc 19 :29-40)

Dans sa variante à lui, Matthieu précise que cette entrée triomphale fut prophétisé dans le livre du prophète Zacharie : »Voici ton roi vient à toi, plein de douceur, et monté sur un âne, sur un ânon, le petit d'une ânesse. » (Matthieu 21 :5 ; Zacharie 9 :9) Afin d'accomplir cette prophétie, Jésus envoya deux de ses disciples dans un village où se trouvait un ânon attaché.

Dans un psaume, le roi David annonça l'entrée de Jésus dans Jérusalem mille ans avant que la chose n'arrivât : »Portes, élevez vos linteaux, élevez-les, portes éternelles ! Que le roi de gloire fasse son entrée ! Qui donc est ce roi de gloire ?? L'Éternel des Armées, voilà le roi de gloire ! » (Psaume 24 :9,10) Ici la Divinité de Christ paraît claire comme l'eau de roche.

La masse des disciples faisant route avec Jésus lui donna la gloire qui convient à son nom glorieux : l'Éternel est Sauveur. Cette entrée fut glorieuse à cause du sacrifice qui s'ensuivit pour anéantir Satan. (Hébreux 2 :14)

C'est en vain que les pharisiens incitèrent Jésus à faire taire les disciples faisant des sacrifices de grâce. Ce fut un moment où les pierres mêmes auraient crié si les disciples s'étaient tus

L'institution de la Cène du Seigneur eut lieu avant le sacrifice rédempteur de Jésus Christ. Cette chose comporte une grande signification. (Matthieu 26 :26-2 ; Marc 1412-25 ; Luc 22 :7-20)

« Le jour des pains sans levain, où l'on devait immoler la Pâque, arriva, et Jésus envoya Pierre et Jean, en disant : Allez nous préparer la Pâque, afin que nous la mangions. Ils lui dirent : Où veux-tu que nous la préparions ? Il leur répondit : Voici ; quand vous serez entrés dans la ville, vous rencontrerez un homme portant une cruche d'eau. Suivez-le dans la maison où il entrera, et vous direz au maître de la maison : Où est le lieu où je mangerai la Pâque avec mes disciples. Et il vous montrera une grande chambre haute, meublée, c'est là que vos préparerez la Pâque. Ils partirent et trouvèrent les choses comme il leur avait dit, et ils préparèrent la Pâque. L'heure étant venue, il se mit à table, et les apôtres avec lui. Il leur dit : J'ai désiré vivement manger cette Pâque avec vous, avant de souffrir, car je vous le dis, je ne la mangerai plus, jusqu'à ce qu'elle soit accomplie dans le royaume de Dieu. Et ayant pris la coupe et rendu grâces, il dit : Prenez cette coupe, et distribuez-la entre vous, car je vous dis, je ne boirai plus désormais du fruit de la vigne, jusqu'à ce que le royaume de Dieu soit venu. Ensuite il prit du pain, et après avoir rendu grâces, il le rompit, et leur donna, en disant : Ceci est mon corps, qui est donné pour vous, faits ceci en mémoire de moi. Il prit même la coupe après le souper, et la leur donna, en disant : Cette coupe est la nouvelle alliance en mon sang, qui est répandu pour vous. » (Luc 22 :7-20)

Comme Jésus n'avait pas de logement dans Jérusalem, il recourut à l'hospitalité des élus de Dieu. Pour trouver la meilleure demeure où il puisse manger la Pâque avec ses disciples il appela à ses capacités de prophète. Il vit en vision un homme portant une cruche d'eau qui entra dans la maison où il devait consommer la Pâque.

Luc, ainsi que Marc, distingue le moment du souper de celui de l'institution de la Cène. Entre ses deux moments Marc intercale la découverte du vendeur. (Marc 14 :18-21) Le souper commença par la coupe. Après quoi il prit du pain, rendit grâce, le rompit et le distribua entre ses disciples avec la remarque que c'était son corps. Il prit de même la coupe et la leur donna, en disant : »C'est la coupe de la nouvelle alliance en mon sang, qui est répandu pour vous. » (v.20)

La Cène se compose donc du corps et du sang de Jésus, symbolisés par le pain et le moût ou vin doux. Bien avant son sacrifice, Jésus avertissait ses disciples en ces termes : »En vérité, en vérité, je vous les dis, si vous ne mangez la chair du Fils de l'homme, et si vous ne buvez son sang, vous n'avez point la vie en vous-mêmes. » (Jean 6 :53) Mais en autre lieu, il affirme : »C'est l'Esprit qui vivifie, la chair ne sert de rien. Les paroles que je vous ai dites sont Esprit et vie. » (Jean 6 :63) L chair de Christ, qui fut palpable, constitua l'habitation de son Esprit impalpable. On ne peut manger les choses impalpables. Mais si la chose impalpable est dans une chose palpable, alors l'impalpable se mange simultanément avec la chose palpable. En mangeant la chair de Christ, on se nourrit en fait de son Esprit qui fait vivre.

Celui qui prend part à la Cène use des choses symboliques qui ont la valeur des choses symbolisées. Le pain constitue la chair et le moût constitue le sang de Christ. Le Seigneur s'est offert une seule fois en sacrifice pour les péchés en qualité de grand sacrificateur de l'époque de la Grâce. (Hébreux 9 :11-17) Personne d'entre les prêtres ne peut le sacrifier à sa guise toutes les fois qu'on se réunit pour prendre la Cène. Mais on peut sanctifier le pain et le moût, par la Parole et par la prière, avant de les servir au peuple.

Le lavement de pieds symbolique a été institué le soir même où le Seigneur institua la Cène. (Jean 13 :1-17)

« Avant la fête de Pâque, Jésus, sachant que son heure était venue de passer de ce monde au Père, et ayant aimé les siens qui étaient dans le monde, mit le comble à son amour pour eux. Pendant le souper, alors que le diable avait mis dans le cœur de Judas Iscariot, fils de Simon, le dessein de le livrer, Jésus, qui savait que le Père avait mis toutes choses entre ses mains, qu'il était venu de Dieu, et qu'il s'en allait à Dieu, se leva de table, ôta ses vêtements, et prit un linge, dont il se ceignit. Ensuite il versa de l'eau dans un bassin, et il se mit à laver les pieds des disciples, et à les essuyer avec le linge dont il était ceint. Il vint donc à Simon Pierre, et Pierre lui dit : Toi, Seigneur, tu ne me laveras pas les pieds ! Jésus lui répondit : Ce que je fais tu ne le comprends pas maintenant, mais tu le comprendras bientôt. Pierre lui dit : Non, jamais tu ne me laveras les pieds. Jésus lui répondit : Si je ne te lave pas, tu n'aura point de part avec moi. Simon Pierre lui dit : Seigneur, non seulement les pieds, mais encore les mains et la tête. Jésus lui dit : Celui qui est baigné n'a besoin que de se laver les pieds pour être entièrement pur, et vous êtes purs, mais non pas tous. Car il connaissait celui qui allait le livrer, c'est pourquoi il dit : Vous n'êtes pas tous purs. Après qu'il leur eut lavé les pieds, et qu'il eut pris ses vêtements, il se remit à table, et leur dit : Comprenez-vous ce que je vous ai fait ? Vous m'appelez maître et Seigneur, et vous dites bien, car je le suis. Si donc je vous ai lavé les pieds, moi le Seigneur et le Maître, vous devez aussi vous laver les pieds les uns aux autres, car je vous ai donné un exemple, afin que vous fassiez comme je vous ai fait. En vérité, en vérité, je vos le dis, le serviteur n'est pas plus grand que le Seigneur, ni l'apôtre plus grand que celui qui l'a envoyé ; Si vous savez ces choses, vous êtes heureux, pourvu que vous les pratiquiez. » (Jean 13 :1-17)

Plusieurs confessions chrétiennes négligent à l'heure actuelle le lavage des pieds, institué par le Seigneur même durant la Cène. Il y a même l'intention d'y renoncer au sein des assemblées qui l'ont constamment pratiqué pendant plusieurs décennies. Décidément, le lavage des pieds réclame une mise au point dans le contexte de la foi et des rites sacrés d'institution divine.

La foi salvatrice est un don divin, offert aux écouteurs de l'Évangile. (Ephésiens .2:8; Romains10:17) L'un des rôles principaux assignés à la foi, c'est celui d'amener les nations frondeuses à l'obéissance envers Dieu. (Romains15:18; 1.Pierre 1:1,2) Comme une foi authentique remplit son rôle, l'authenticité de la foi est testée par l'obéissance envers la Parole de l'Éternel. Chaque chrétien ayant la foi met en pratique les enseignements de l'Évangile, au fur et à mesure qu'il croît dans la connaissance de Dieu. (Matthieu 7:24-27; 2Pierre 1:5-8) Ainsi donc, l'obéissance est signe de foi, tandis que la désobéissance est signe d'inimitié envers Dieu. Le fait que la foi est souvent synonyme de l'obéissance ressort du verset suivant: «*Celui qui croit au Fils à la vie éternelle, celui qui désobéit au Fils ne verra pas la vie, mais la colère de Dieu demeure sur lui.*» (Jean 3:36)

Il se pose la question de savoir comment il s'explique le foisonnement d'actes de désobéissance au sein de la chrétienté. Cet état de choses s'explique par l'existence de Satan, notre adversaire qui « *rôde comme un lion rugissant, cherchant qui il dévorera.* » (1.Pierre 5:8) L'esprit d'erreur que le diable déverse sur les chrétiens endormis plonge ceux-ci dans la désobéissance envers Dieu.

Les arguments apportés par les adversaires du lavage des pieds renvoient à l'esprit d'erreur qui a pris possession d'eux. La machination de l'Adversaire repose sur les convoitises de la chair, sur les habitudes mondaines et sur une image dénaturée de Dieu. L'Éternel serait, selon le malin, trop indulgent pour nous punir d'une bagatelle comme celle du lavage des pieds. Dieu qui fait changer la vie sociale et les habitudes humaines ne nous tient pas rigueur de ce que nous tenions le pas avec notre époque. À l'âge des moyens de transport ultra rapides, on ne se souille pas les pieds. Pourquoi les laver alors? D'ailleurs, ce serait très humiliant de laver les pieds d'une personne moins cultivée et moins riche que soi. Il y a encore un inconvénient: il se peut bien qu'on attrape une maladie dans l'eau de purification. Somme toute, le lavage des pieds ne favorise en rien l'homme charnel: il est donc à rejeter.

Pour les chrétiens qui sont restés dans la crainte de l'Éternel les arguments ci-dessus n'ont aucune valeur, du moment qu'ils contredisent le Bible. Pour eux, le malin a inventé un autre mensonge: le lavage des pieds a été ordonné à l'usage des disciples; comme les chrétiens ne sont pas disciples de Christ, le lavage des pieds ne les regarde donc point. La qualité de disciple appartiendrait, à l'heure actuelle, aux ouvriers oints de l'Église.

Concernant ce dernier argument, il faut citer un verset mémorable du livre des Actes des Apôtres: « *Ce fut à Antioche que, pour la première fois, les disciples furent appelés chrétiens.*» (Actes 11:26) Dire disciple ou bien dire chrétien, c'est la même chose. Tout chrétien authentique doit être un disciple de Christ. Tous les ordres que le Seigneur avait donnés aux disciples sont valables de même pour les chrétiens.

Retournons maintenant aux versets de base du présent ouvrage! On y comprend que Jésus s'est mis à laver les pieds de ses disciples dans le dessein de leur donner un exemple à suivre. Le lavage des pieds est également un devoir tracé par le Maître à l'usage des disciples. La phrase « *vous devez aussi vous laver les pieds les uns aux autres* », n'en laisse aucun doute. En outre, le Seigneur a prévu que d'aucuns chercheraient à contourner ce devoir. Afin de les en empêcher, il a précisé que le serviteur n'est plus grand que son Seigneur, ni l'apôtre plus grand que celui qui l'a envoyé. En effet, nous sommes tous serviteurs et missionnaires du Fils racheteur. (Jean 12:26, 13:20 et 20:21,22; Matthieu 28:18-20; 1.Pierre 1:18) Ce double qualité que possède tout chrétien nous inspire de l'horreur pour tout acte de révolte contre Dieu. Et cela d'autant plus que l'obéissance nous apporte le bonheur d'être exaucés et comblés de l'amour du Père et du Fils. (Jean 15:16 et 14:21; 1.Corinthiens12:7-10)

Finalement, il convient d'atteindre le côté spirituel du lavage des pieds, rite divin que le Seigneur lègue à ses disciples à la veille de ses passions. Les rites sacrés du christianisme s'attachent tous à la personne du Fils de Dieu, source de toute bénédiction céleste. Par leur symbolisme, le baptême et la Cène donnent accès par la foi au trésor incomparable de la vie divine de Christ. La remarque suivante de Jean a en vue ce que la foi peut obtenir par ces deux sacrements: «*Celui qui a le Fils a la vie; celui qui n'a pas le Fils de Dieu n'a pas la vie.*» (1.Jean 5:12)

Par le baptême, le néophyte participe à la mort et à la résurrection de Christ. (Romains 6:4-10; Col.2:12) Par conséquent, il peut se considérer mort au péché et vivant pour Dieu en Jésus Christ. (Romains 6:11) Ce qui assure la valeur de ce rite sacré, c'est la foi personnelle du catéchumène dans la mort et la résurrection de Jésus. (Romains10:9,10)

La Cène est réservée exclusivement pour ceux qui se sont préalablement approprié la mort et la résurrection du Seigneur Jésus. À cette occasion, les disciples se souviennent de la mort expiatoire de leur Maître, en se nourrissant des signes de la Nouvelle Alliance. Le pain n'est pas de la chair, et le vin n'est pas du sang, mais toute chose est sanctifiée par la Parole et par la prière. À la suite de la prière faite par un serviteur plein d'Esprit, le pain et le vin reçoivent les mêmes vertus que le corps et le sang de Christ, les remplaçant pour l'instant. Par le corps et le sang de Christ, on accède à ce qui n'est pas matériel, ni de ce monde: l'Esprit de Christ. Ce qui donne la vie, c'est l'Esprit. (Jean 6:53, 54, 63) qui habitait jadis dans une tente de chair et de sang. Celui qui mange le corps et le sang de Christ, se nourrit de son Esprit.

Quant au lavage des pieds, celui-ci a un symbolisme à part: Jésus corrige la marche spirituelle de ses disciples. Le pied, c'est l'organe de la marche. La poussière qui se dépose sur les pieds s'assimile à la souillure des fautes commises par le disciple. Ces fautes doivent être mises à la lumière de la Parole. Elles doivent être confessées et effacées par le sang du Seigneur. Ces trois opérations sont comprises dans l'acte du lavage des pieds.

Sans conteste, c'est Jésus qui lave actuellement aussi les pieds des disciples. Ce disant, je pense à l'Esprit du Fils qui habite dans la tente de chair des vrais disciples. (Galates 4:6) La masse des disciples baptisés dans l'Esprit forme un seul corps, le corps de Christ. (1.Corinthiens 12:12-20) De ce fait, le Seigneur agit en nous par son Esprit. L'apôtre Paul en était conscient, lorsqu'il parlait de son activité missionnaire, aux Romains: «*je n'oserais mentionner aucune chose que Christ n'ait pas faite par moi pour amener les païens à l'obéissance, par la parole et par les actes, par la puissance des miracles et des prodiges, par la puissance de l'Esprit de Dieu ».* (Romains15:18) Si c'est vraiment le Seigneur qui lave de nos jours même les pieds de ses disciples, alors ceux qui s'y opposent méritent d'être repris comme Pierre: « *Si je ne te lave, tu n'auras point de part avec moi* ». (Jean 13:8)

Le lavage physique des pieds se révèle précieux non seulement pour son symbolisme, mais aussi pour l'atmosphère intime qu'il crée au milieu des frères en Christ. Le lavage physique des pieds prépare les âmes en vue du lavage spirituel. Celui qui se penche et même se met à genoux pour laver les pieds de son frère ne procèdera pas au lavage spirituel, si c'est le cas, d'un ton orgueilleux. Les appréciations et les conseils d'un homme qui vient de me laver les pieds ne me paraîtront jamais scandaleux. Le laveur de pieds n'a d'autre but que de relever les frères qui sont tombés dans la boue, et qui ne s'en rendent pas compte à cause de leur sommeil spirituel. Il se rencontre souvent des cas où le cœur des frères dévoyés devient dur par la séduction du péché, au point de les détourner du Dieu vivant. (Hébreux 3:12,13)

Dans les assemblées où l'on ne pratique point le lavage des pieds, les coutumes et les intérêts séculiers se manifestent sans entrave. Ces assemblées finissent par chasser le Saint Esprit hors de leur maison de prière. Les membres de ces assemblées n'enregistrent aucun progrès spirituel, restant des enfants en Christ. (Hébreux 5:12-14)

Embûches spirituelles dressées devant Jésus

Les conducteurs religieux des Juifs désiraient à tout prix mettre à mort Jésus. Dans ce but, ils avaient besoin de chefs d'accusation pour le pouvoir mener aux tribunaux. Ils jetèrent devant lui des pièges spirituels afin qu'il y tombe et se mette en défaut contre la Loi de Moise ou bien contre l'autorité romaine.

Le tribut à César paraissait un sujet propre à placer Jésus entre le marteau et l'enclume. (Matthieu 22 :15-22 ; Marc 12 :13-17 ; Luc 29 :20-26)

« Alors les pharisiens allèrent se consulter sur les moyens de surprendre Jésus par ses propres paroles. Ils envoyèrent auprès de lui leurs disciples avec les hérodiens, qui dirent : Maître, nous savons que tu es vrai et que tu enseignes la voie de Dieu selon la vérité, sans t'inquiéter de personne, car tu ne regardes pas à l'apparence des hommes. Dis-nous donc ce qu'il te semble : est-il permis, ou non, de payer le tribut à César ? Jésus, connaissant leur méchanceté, répondit : Pourquoi me tentez-vous, hypocrites ? Montrez-moi la monnaie avec laquelle on paie le tribut. Et ils lui présentèrent un denier. Il leur demanda : De qui porte-t-il l'effigie et l'inscription ? De César, lui répondirent-ils. Alors il leur dit : Rendez donc à César ce qui est à César, et à Dieu, ce qui est à Dieu. Étonnés de ce qu'ils entendaient, ils le quittèrent et s'en allèrent. » (Luc 22 :15-22)

Les disciples hypocrites des pharisiens surent user de paroles de sagesse, adéquates à tirer le ver du nez de l'homme. Ils appelèrent à la sincérité et à l'intégrité de Jésus afin d'obtenir de lui un avis compromettant.

Si Jésus avait été d'avis qu'on refusât le tribut à César cela aurait plu aux Juifs, mais aurait créé un conflit entre Jésus et l'autorité romaine. Si Jésus avait émis l'opinion qu'on payât le tribut à César, cela aurait paru un signe de trahison envers son peuple. Sa réponse garde son actualité de nos jours même : »Rendez donc à César ce qui est à César, et à Dieu ce qui est à Dieu. » (v.21)

Il n'y a d'autres autorités que celles établies par Dieu. Il faut donc observer les lois d'État et payer le tribut. Pour Dieu, il désire nos cœurs qu'il a créés.

La résurrection des morts est le sujet qu'abordèrent les sadducéens pour jeter l'opprobre sur Christ qui avait déjà prophétisé sa mort et sa résurrection. (Matthieu 22 :23-33 ; Marc 12 :18-27 ; Luc 20 :27-40)

« Les sadducéens, qui disent qu'il n'y a point de résurrection, vinrent auprès de Jésus et lui dirent cette question : Maître, voici ce que Moïse nous a prescrit : Si le frère de quelqu'un meurt, et laisse une femme, sans avoir des enfants, son frère épousera sa veuve, et suscitera une postérité à son frère. Or, il y avait sept frères. Le premier se maria, et mourut sans laisser de postérité. Le second prit la veuve pour femme, et mourut sans laisser de postérité. Il en fut de même du troisième, et aucun des sept ne laissa de postérité. Après eux tous, la femme mourut aussi. À la résurrection duquel d'entre eux sera-t-elle la femme ? Car les sept l'ont eue pour femme. Jésus leur répondit : N'êtes-vous pas dans l'erreur, parce que vous ne comprenez ni les Écritures, ni la puissance de Dieu ? Car à la résurrection des morts, les hommes ne prendront point de femmes, ni les femmes des maris, mais ils seront comme les anges dans les cieux. Pour ce qui est de la résurrection des morts, n'avez-vous pas lu dans le livre de Moise, ce que Dieu lui dit, à propos du buisson : Je suis le Dieu d'Abraham, le Dieu d'Isaac et le Dieu de Jacob ? Dieu n'et pas Dieu des morts, mais des vivants. Vous êtes grandement dans l'erreur. » (Marc 12 :18-27)

Luc, écrivain des Actes des Apôtres, mit en contraste les sadducéens et les pharisiens : «Car les sadducéens disent qu'il n'y a point de résurrection, et qu'il n'existe ni ange ni esprit, tandis que les pharisiens affirment les deux choses. » (Actes 23 :8) À vrai dire, la foi en la résurrection dépend de l'acceptation de l'idée d'ange ou d'esprit. Le Royaume des cieux est peuplés d'esprits, êtres qui n'ont point de corps matériel de structure tellurique. L'homme tient son esprit de son aïeul Adam. Dieu même est Esprit. (Jean 4 :24) En conséquence, les sadducéens qui rejetèrent l'existence des esprits firent preuve d'athéisme. Ils étaient quand même dans le sanhédrin.

Comme les sadducéens nient l'existence de l'esprit, ils sont dans l'impossibilité de recevoir l'explication biblique de la résurrection. Les Écritures enseignent que la résurrection se produit au moment où l'esprit de l'homme retourne dans le corps d'où il était sorti au moment de la mort.

Irrités de ce que Jésus prétendait revivre après sa mort, les sadducéens se proposaient de démontrer l'absurdité de l'enseignement sur la résurrection des morts. À cette fin, ils lui présentèrent publiquement le récit ci-dessus. À la résurrection générale, une femme qui avait été, à tour de rôle, l'épouse de sept maris, serait-elle en même temps l'épouse de sept hommes ?

Mais Jésus les reprit de ce qu'ils ne connaissaient pas les Écritures ni la puissance de Dieu. À la résurrection les hommes seront semblables à des anges, exempts de désirs charnels et de toute capacité de reproduction. Pas un homme n'aura plus besoin d'épouse et pas une femme n'aura plus besoin de mari.

L'Éternel s'est présenté à Moïse au buisson en flammes comme le Dieu d'Abraham, d'Isaac et de Jacob. Luc, dans sa variante, met en relief que tous sont vivants devant l'Éternel, y inclus Abraham, Isaac et Jacob. (Luc 20 :38)

Le grand commandement fut un moyen dont usèrent les docteurs de la Loi pour discréditer Jésus. Le grand commandement embrasse toute la Loi. Celui qui l'ignore ne mérite point d'être rabbi. (Matthieu 22 :34-40 ; Marc12 :28-34)

« Les pharisiens, ayant appris qu'il avait réduit au silence les sadducéen, se rassemblèrent. Et l'un d'eux, docteur de la Loi, lui, posa cette question pour l'éprouver : Maître, quel est le plus grand commandement de la Loi ? Jésus lui répondit : Tu aimeras le Seigneur, ton Dieu, de tout ton cœur, de toute ton âme, et de toute ta pensée. C'est le premier et le plus grand commandement. Et voici le second, qui lui est semblable : Tu aimeras ton prochain comme toi-même. De ces deux commandements dépendent toute la Loi et les Prophètes. » (Matthieu 22 :34-40)

Né dans le péché, l'homme naturel gémit dans les chaînes de l'égoïsme, il ne peut aimer Dieu de tout cœur ni son prochain comme soi-même. Il est dans l'impossibilité d'observer le grand commandement. Il se trouve dans l'état de pécheur perdu. Son seul issu de cet état, c'est la grâce apportée par Christ. Ayant permis la chute originaire, « Dieu a renfermé tous les hommes dans la désobéissance pour faire miséricorde à tous. » (Romains 11 :32)

Même si Jésus n'avait point étudié aux pieds d'un rabbi, la Loi de Dieu fut dans son cœur dès sa naissance, de sorte que le docteur de la Loi ne put le coincer. Dans un psaume aux accents prophétiques, David déclama : »Voici je viens avec le rouleau du livre écrit pour moi. Je veux faire ta volonté, mon Dieu ! Et la loi est au fond de mon cœur. » (Psaume 40 :8,9)

Le contre attaque de Jésus ne se laissait pas attendre. Pour fermer la bouche à ses adversaires, le Seigneur leur prépara une question dépassant leur niveau de connaissance. (Matthieu 22 :41-46 ; Marc 12 :35-37 ; Luc 20 :41-44)

« Comme les pharisiens étaient assemblés, Jésus les interrogea, en disant : Que pensez-vous du Christ ? De qui est-il fils ? Ils lui répondirent : De David. Et Jésus leur dit : Comment donc David, animé par l'Esprit, l'appelle-t-il Seigneur, lorsqu'il dit : Le Seigneur a dit à mon Seigneur : Assieds-toi à ma droite, jusqu'à ce que je fasse de tes ennemis ton marchepieds ? Si donc David l'appelle Seigneur, comment est-il donc son fils ? Nul ne put lui répondre un mot. Et depuis ce jour, personne n'osa plus lui poser des questions. » (Matthieu 22 :41-46)

Aujourd'hui même, la question posée sur l'identité de Christ en est une de grande importance. Jésus est à la foi fils de David et Fils de Dieu. En ce qui concerne sa chair, Jésus est descendu de David, mais en ce qui concerne la sainteté de son Esprit, Jésus est Fils de Dieu. (Romains 1 :1-4) En sa qualité de Fils de Dieu, Jésus est le Seigneur de David. Ceux qui méconnaissent la double nature de Jésus se troublent à entendre le verset cité par Jésus : »Le Seigneur dit à mon Seigneur : Assieds-toi à ma droite jusqu'à ce que je fasse de tes ennemis ton marchepieds. » (Psaume 110 :1) Il semble que Dieu y parle avec lui-même, car le terme de Seigneur, en hébraïque, désigne l'Éternel. De fait, David y rend ce que le Père dit au Fils.

L'arrestation, la passion et la mort de Christ

Les ministres de la Parole qui ne connaissent pas à profondeur l'omnipotence de Dieu s'imaginent qu'au moment de la chute originaire l'Éternel ait laissé tomber des ses mains les rênes de l'Univers. Loin de là, la chute adamique a été prévue avant la fondation du monde de même que l'antidote du péché : le sang de l'Agneau céleste. Malgré la domination de Satan sur les hommes nés en péché, tout ce qui devient sous le soleil est sous le contrôle de l'Éternel, y compris l'activité des démons. Un passereau ne tombe à terre sans la volonté de Dieu.

Il faut donc convenir que l'arrestation, la passion et la mort de Christ se sont déroulées selon les plans divins. Qui plus est, ces événements, ces choses ont concouru au bien de Jésus. « Dieu l'a souverainement élevé et lui a donné un nom qui est au-dessus de tout nom, afin qu'au nom de Jésus tout genou fléchisse dans les cieux, sur la terre et sous la terre, et que toute langue confesse que Jésus-Christ est Seigneur, à la gloire de Dieu le Père. » (Philippiens 2 :9,10)

Après la résurrection de Lazare, les anciens décidèrent la mort de Jésus. Ils l'accusèrent d'avoir violé le sabbat et de s'être nommé Fils de Dieu. Mais ils craignirent de mettre la main sur lui le jour, car les foules le tinrent pour prophètes. L'arrestation de Christ pendant la nuit a été favorisée par la trahison de Judas Iscariot.

L'arrestation de Christ eut lieu le jeudi saint, après l'institution de la Cène. (Matthieu 26 :36-56 ; Marc 14 :32-52 ; Luc 22 :39-53 ; Jean 18 :1-18)

« Là-dessus, Jésus alla avec eux dans un lieu appelé Getsémané, et dit aux disciples : Asseyez-vous ici, pendant que je m'éloignerai pour prier. Il prit avec lui Pierre et les deux fils de Zébédée, et il commença à éprouver de la tristesse et des angoisses. Il leur dit alors : Mon âme est triste jusqu'à la mort, restez ici et veillez avec moi. Puis, ayant fait quelques pas en avant, il se jeta sur sa face, et il pria : Mon Père, s'il est possible, que cette coupe s'éloigne de moi ! Toutefois, non pas ce que je veux, mais ce que tu veux. Et il vint vers les disciples qu'il trouva endormis, et il dit à Pierre : Vous n'avez donc pu veiller une heure avec moi ! Veillez et priez afin que vous ne tombiez pas en tentation. L'esprit est bien disposé, mais la chair est faible. Il s'éloigna une seconde fois, et pria ainsi : Mon Père, s'il n'est pas possible que cette coupe s'éloigne sans que je la boive, que ta volonté soit faite ! Il revint et les trouva encore endormis, car leurs yeux étaient appesantis. Il les quitta, et s'éloignant, il pria pour la troisième fois, répétant les mêmes paroles. Puis il alla vers ses disciples et leur dit : Vous dormez maintenant, et vous vos reposez ! Voici l'heure est proche et le fils de l'homme est livré aux mains des pécheurs. Levez-vous et allons, voici celui qui me livre s'approche. » (Matthieu 26 :36-46)

Cet état de tristesse et d'angoisse que le Seigneur traversa dans le jardin de Getsémané contraste avec toute sa vie courageuse de missionnaire céleste. Comment s'explique cette volte-face ? L'explication en vient du constatation suivante : »Mon âme est triste jusqu'à la mort. » (v.38)

L'âme représente les intérêts du corps et elle s'attache à ce monde dont le corps se nourrit. Tandis que l'esprit représente les intérêts de Dieu et s'attache au Royaume des Cieux. Dans le jardin de Getsémané, ce fut l'âme de Christ qui s'imposa et non pas son Esprit. De là, la tristesse et l'angoisse. Mais le Seigneur ne laissa pas son âme sans brides. Après chaque prière, il fit entendre aussi la voix de son Esprit : »Toutefois, non pas ce que je veux, mais ce que tu veux. » (v.39) La prière de Getsémané met en évidence l'humanité de Christ, entrelacée avec sa Divinité. Cette prière aux accents humbles a des échos profonds dans mon cœur. Christ a souffert humainement pour les iniquités de toute l'humanité perdue.

Jésus sut que sa prière d'éviter la coupe de la mort n'était point selon le plan de Dieu, mais il sut aussi que toutes les choses sont possibles à Dieu. Aussi répéta-t-il sa prière dans l'espérance d'échapper à la mort. D'habitude on répète sa requête pour forcer les choses en cas d'opposition. Personne ne peut forcer Dieu à accomplir une chose qui ne serve point la gloire de son Nom.

L'arrestation proprement dite de Jésus commença par la parution de Judas Iscariot et des huissiers qui l'accompagnaient.

« Comme il parlait encore, voici Judas l'un des douze, arriva, et avec lui une foule nombreuse armée d'épées et de bâtons, envoyée par les principaux sacrificateurs et les anciens du peuple. Celui qui le livrait leur avait donné ce signe : Celui à qui je donnerai un baiser, c'est lui, saisissez-le. Aussitôt, s'approchant de Jésus, il dit : Salut, Rabbi ! Et il lui donna un baiser. Jésus lui dit : Mon ami, ce que tu est venu faire, fais-le ! Alors ces gens s'avancèrent, mirent la main sur Jésus, et le saisirent. Et voici, un de ceux qui étaient avec Jésus étendit la main, et tira son épée. Il frappa le serviteur du souverain sacrificateur, et lui emporta l'oreille. Alors Jésus lui dit : Remets ton épée à sa place, car tous ceux qui prendront l'épée périront par l'épée. Penses-tu que je ne puisse invoquer mon Père, qui me donnerait à l'instant plus de douze légions d'anges ? Comment donc s'accompliraient les Écritures, d'après lesquelles il doit en être ainsi ? À ce moment, Jésus dit à la foule : Vous êtes venus comme d'après un brigand, avec des épées et avec des bâtons, pour vous emparer de moi. J'étais tous les jours assis parmi vous, enseignant dans le temple, et vous ne m'avez pas saisi. Mais tout cela est arrivé afin que les écrits des prophètes soient accomplis. Alors tous les disciples l'abandonnèrent et prirent la fuite. » (Matthieu 26 :47-56)

Judas fut prédestiné à livrer son maître. Pour remplir son rôle, il reçut et la volonté et le faire de la part des Ténèbres. Lorsque le diable eut mis dans son cœur le dessein de livrer Jésus, Judas ne fut plus son propre maître. (Jean 13 :2) Il devint un instrument dans la main de Satan. D'ailleurs, c'est le sort des démoniaques. De plus, Judas fut un démon, selon l'appréciation de Christ. (Jean 6 :70)

Judas donna un baiser à Jésus, après quoi les huissiers firent leur tâche. Dans la variante de Luc, on apprend que ce fut Pierre qui coupa l'oreille du serviteur du sacrificateur souverain. (Luc 22 :51) Luc précise de même que Jésus remit à sa place l'oreille que l'épée de Pierre avait emportée. À cette occasion Jésus donna à Pierre une leçon toujours actuelle : »Ceux qui prendront l'épée périront par l'épée. » (Matthieu26 :52)

Marc rend le désordre qui suivit l'arrestation de Jésus : »Alors tous l'abandonnèrent et prirent la fuite. Un jeune homme le suivit, n'ayant sur le corps qu'un drap. On se saisit de lui, mais il lâcha son vêtement, et se sauva tout nu. » (Marc 14 :50-52)

Devant le sanhédrin Jésus fut interrogé par le souverain sacrificateur du nom de Caïphe. (Matthieu 26 :57-68 ; Marc 14 :53-62 ; Luc 22 :63-71 ; Jean 18 :12-27)

« Ceux qui avaient saisi Jésus l'emmenèrent chez le souverain sacrificateur Caïphe, où les scribes et les anciens étaient assemblés. Pierre le suivit de loin jusqu'à la cour du souverain sacrificateur, y entra, et s'assit avec les serviteurs, pour voir comment cela finirait. Les principaux sacrificateurs et tout le sanhédrin cherchaient quelque faux témoignage contre Jésus, suffisant pour le faire mourir. Mas ils n'en trouvèrent point, quoique plusieurs faux témoins se soient présentés. Enfin il en vint deux, qui dirent : Celui-ci a dit : Je puis détruire le temple de Dieu, et le rebâtir en trois jours. Le souverain sacrificateur se leva et dit : Ne réponds-tu rien ? Qu'est-ce que ces hommes déposent contre toi ? Jésus garda le silence. Et le souverain sacrificateur, prenant la parole, lui dit : Je t'adjure, par le Dieu Vivant, de nous dire si tu es le Christ, le Fils de Dieu. Jésus lui répondit : Tu l'as dit. De plus, je vous déclare, vous verrez désormais le Fils de l'homme assis à la droite de la puissance de Dieu, et venant sur les nuées du ciel. Alors le souverain sacrificateur déchira ses vêtements, disant : Il a blasphémé ! Qu'avons-nous encore besoin de témoins ? Voici vous venez d'entendre son blasphème. Que vous en semble ? Ils répondirent : Il mérite la mort. Là-dessus, ils lui crachèrent au visage, et lui donnèrent des coups de poings et des soufflets, en disant : Christ, prophétise, dis-nous qui t'a frappé ? » (Matthieu 26 :57-68)

La corruption battit son plein dans le sanhédrin. Pour atteindre leur but, ils appelèrent à bon escient aux faux témoins. Ceux-ci reprochèrent à Jésus d'avoir fait la déclaration de détruire le temple et de le rebâtir en trois jours. Mais Jésus y fit allusion au temple de son propre corps, où habitait le Saint Esprit de Dieu. (Jean 2 :13-22)

Dans le dessein de prendre le taureau par les cornes, Caïphe aborda Jésus de but en blanc : »Je t'adjure, par le Dieu Vivant, de nous dire si tu es le Christ, le Fils de Dieu. » Sur ce, Jésus assuma le titre de Christ, qui lui appartient de droit. Mais le sanhédrin ne vit en lui qu'un farceur, motif de scandale. Le grand sacrificateur déchira son vêtement en signe d'exaspération. Les anciens se mirent à railler et à maltraiter le Fils de Dieu.

En outre, se donner pour Dieu et prétendre à l'adoration des hommes est un blasphème à l'adresse du Créateur, qui est seul Dieu. Or, Christ participa à l'acte de création, en sa qualité de Parole Créatrice.

Le reniement de Pierre eut lieu pendant la séance du sanhédrin.(Matthieu 26 :69-75 ; Marc 14 :66-72, Luc 22 :54-62)

« Pendant que Pierre était en bas dans la cour, il vint une des servantes du souverain sacrificateur. Voyant Pierre qui se chauffait, elle le regarda et lui dit : Toi aussi, tu étais avec Jésus de Nazareth. Il le nia, en disant : Je ne sais pas, je ne comprends pas ce que tu veux dire. Puis il sortit pour aller dans le vestibule. Et le coq chanta. La servante, l'ayant vu, se mit de nouveau à dire à ceux qu étaient présents : Celui-ci est de ces gens-là. Et il le nia de nouveau. Peu après, ceux qui étaient présents dirent encore à Pierre : Certainement tu es de ces gens-là, car tu es Galiléen. Alors il commença à faire des imprécations et à jurer : Je ne connais pas cet homme dont vous me parlez. Aussitôt, pour la seconde fois, le coq chanta. Et Pierre se souvint de la parole que Jésus lui avait dite : Avant que le coq chante deux fois, tu me renieras trois fois. Et en y réfléchissant, il pleurait. » (Marc 14 :66-72)

Tous les citoyens célestes occupent de différents échelons d'une échelle hiérarchiques bien déterminée. Paul trouva bon d'illustrer cette échelle dans l'une de ses épîtres : »Je veux cependant que vous sachiez que Christ est le chef de tout homme, que l'homme est le chef de la femme, et que Dieu est le chef de Christ. » (1Corinthiens 11 :3) Or, Simon Pierre est sans conteste un des plus grands dignitaires du Royaume de Dieu. Le Seigneur l'avait averti Pierre de son reniement, mais il avait prié que la foi de son disciple favori ne défaille. (Luc 22 :31-34) Pierre tomba du crible où l'avait mis Satan, mais il garda quand même sa foi, en versant des pleurs suite de son reniement. À cette occasion Pierre apprit à ne plus se confier en soi-même, mais dans le secours de Dieu. Après sa chute, Pierre devint propre à relever ceux qui tombent.

Devant le gouverneur romain Jésus garda son calme et sa dignité d'ambassadeur du Ciel. (Matthieu 27 :11-14 ; Marc 15 :1-20 ; Luc23 :1-12 ; Jean 18 :28-38)

« Ils conduisirent Jésus de chez Caïphe au prétoire : C'était le matin. Ils n'entrèrent eux-mêmes dans le prétoire, afin de ne pas se souiller, et de pouvoir manger la Pâque. Pilate sortit donc pour aller vers eux, et il dit : Quelle accusation portez-vous contre cet homme ? Ils lui répondirent : Si ce n'était pas un malfaiteur, nous ne te l'aurions pas livré. Sur quoi Pilate leur dit : Prenez-le vous-mêmes et jugez-le selon votre loi. Les Juifs lui dirent : Il ne nous est pas permis de mettre quelqu'un à mort. C'était afin que s'accomplisse la parole que Jésus avait dite, lorsqu'il, indiqua de quelle mort il devait mourir. Pilate rentra dans le prétoire, appela Jésus, et lui dit : Es-tu le roi des Juifs ? Jésus lui répondit : Est-ce de toi-même que tu dis cela, ou d'autres te l'ont dit de moi ? Pilate lui dit : Moi, suis-je Juif ? Ta nation et les principaux sacrificateurs t'ont livré à moi. Qu'as-tu fait ? Mon royaume n'est pas de ce monde, répondit Jésus. Si mon royaume était de ce monde, mes serviteurs auraient combattu pour moi afin que je ne sois pas livré aux Juifs. Mais maintenant mon royaume n'est pas d'ici-bas. Pilate lui dit : Tu es donc roi ? Jésus répondit : Tu le dis, je suis roi. Je suis né et je suis venu dans le monde pour rendre témoignage à la vérité. Quiconque est de la vérité écoute ma voix. » (Jean 18 :28-37)

Les conducteurs religieux évitèrent d'entrer au prétoire le vendredi saint pour échapper à la souillure provenue d'une maison païenne. Mais ils n'accordaient aucune importance au versement d'un sang innocent.

Ils ne purent invoquer aucun motif valable pour le supplice de Jésus. Ils se contentèrent de dire au gouverneur : »Si ce n'était pas un malfaiteur, nous ne te l'aurions pas livré. » Au début, Pilate essaya de se dérober. Il leur proposa de juger eux-mêmes le prisonnier. Les Juifs voulurent mettre à mort Jésus, mais il n'en avait pas le droit sous la domination romaine. Ils recoururent à Pilate pour en faire leur instrument.

Pilate se retira dans le prétoire et y appela Jésus. Pilat fut curieux de savoir si Jésus était de souche royale, et lui dit : Es-tu le roi des Juifs ? Jésus réagit intensément à cette question. Il voulait entendre un témoignage si cette idée appartenait à Pilate. Dans ce cas, le gouverneur romain se serait avéré un élu de Dieu.

Jésus reconnut sa qualité de roi, en précisant toutefois que son royaume n'était point de ce monde. Il est venu dans notre monde pour rendre témoignage à la vérité absolue, son Père. Jésus est venu dans ce labyrinthe des religions errantes pour présenter aux hommes le Dieu véritable. Ceux qui proviennent du Père écoutent sa voix. Cela veut dire qu'avant même leur conversion, certains gens appartiennent à la maison de Dieu. Par contre, ceux qui n'appartiennent pas à Dieu n'écoutent pas la voix de Christ.

Pilate, averti par sa femme qui fit un rêve au sujet de Christ, ne se sentit point à l'aise dans son rôle de juge marionnette. Il proposa de relâcher Jésus selon une coutume de Pâque. Mais, à l'instigation des sacrificateurs, le peuple demanda la libération de Barabbas, un meurtrier. Là-dessus, Pilate prit de l'eau, se leva les mains et dit à la foule : »Je suis innocent du sang de ce juste. Cela vous regarde. Et le peuple répondit : Que son sang retombe sur nous et sur nos enfants ! » (Matthieu 27 :21-25) Le poids du sang innocent pèse aujourd'hui même sur les Juifs non convertis.

La voie du calvaire, les souffrances et la mort de Christ furent dépeintes, sous leurs différents aspects, par les quatre évangélistes de la Grâce. (Matthieu 27 :26-56 ; Marc 15 :17-47 ; Luc 23 :26-57 ; Jean 19 :16-42)

« Alors Pilate leur relâcha Barabbas, et après avoir fait battre de verges Jésus, il le livra pour être crucifié. Les soldats du gouverneur conduisirent Jésus dans le prétoire et ils assemblèrent autour de lui toute la cohorte. Ils lui ôtèrent ses vêtements, et le couvrirent d'un manteau écarlate. Ils tressèrent une couronne d'épines, qu'ils posèrent sur sa tête,, et lui mirent un roseau dans la main droite. Puis, s'agenouillant devant lui, ils le raillaient, en disant : Salut, roi des Juifs ! Et ils crachèrent contre lui, prenaient le roseau et frappaient sa tête. Après s'être ainsi moqué de lui, ils lui ôtèrent le manteau, lui remirent ses vêtements, et l'emmenèrent pour le crucifier. Lorsqu'ils sortirent, ils rencontrèrent un homme de Cyrène, appelé Simon, et ils le forcèrent à porter la croix de Jésus. Arrivés au lieu nommé Golgotha, ce qui signifie lieu du crâne, ils lui donnèrent à boire du vin mêlé de fiel, mais quand il l'eut goûté, il ne voulut pas boire. Après l'avoir crucifié, ils se partagèrent ses vêtements, en tirant au sort, afin que s'accomplisse ce qui avait été annoncé par le prophète : Ils se sont partagé mes vêtements, et ils ont tiré au sort ma tunique. Puis, ils s'assirent et le gardèrent. Pour indiquer le sujet de sa condamnation, on écrivit au dessus de sa tête : Celui-ci est Jésus le roi des Juifs. Avec lui furent crucifiés deux brigands, l'un à sa droite et l'autre à sa gauche. Les passants l'injuriaient, et secouaient la tête, en disant : Toi, qui détruis le temple, et qui le rebâtis en trois jours, sauve-toi toi-même ! Si tu es le Fils de Dieu, descends de la croix ! Les principaux sacrificateurs, avec les scribes et les anciens, se moquaient aussi de lui, et disaient : Il a sauvé les autres, et il ne peut se sauver lui-même. S'il est roi d'Israël, qu'il descende de la croix, et nous croirons en lui. Il s'est confié en Dieu, que Dieu le délivre maintenant, s'il l'aime. Car il a dit : Je suis le fils de Dieu. Les brigands, crucifiés avec lui, l'insultaient de la même manière. » (Matthieu 27 :26-44)

De prime abord, on donna à Jésus le fouet. Ensuite, il supporta la moquerie dure des soldats romains. Puis, on lui imposa de porter sa propre croix. Dans cette besogne, Simon de Cyrène lui donna un coup de main. Après sa crucifixion, on partagea ses vêtements et l'on se mit à le railler.

D'ailleurs, ces railleries constituent les plus grandes tentations que Jésus ait jamais confrontées. Ayant usé de la voix des passants et des anciens, Satan incita Jésus à éventer le plan divin du rachat de l'humanité. Si Christ était descendu de la croix, l'humanité entière aurait péri dans le lac de feu et de soufre. Si Christ était descendu de la croix, il se serait brouillé avec le Père. Si Christ était descendu de la croix, il n'aurait pas détruit Satan qui avait la puissance de la mort. (Hébreux 2 :14)

Luc, dans sa variante, retint un discours, que Jésus adressa aux femmes qui se lamentaient à son égard. « Jésus se tourna vers elles, et dit : Filles de Jérusalem ne pleurez pas sur moi, mais pleurez sur vous et sur vos enfants. Car voici les jours viendront où l'on dira : Heureuses les stériles, heureuses les entrailles qui n'ont point enfanté, et les mamelles qui n'ont point allaité ! Alors ils se mettront à dire aux montagnes : Tombez sur nous ! Et aux collines : Couvrez-nous ! Car si l'on fait ces choses au bois vert, qu'arrivera-t-il au bois sec ? » (Luc 23 :28-31)

Le Seigneur y insiste sur le jugement divin qui l'a frappé, lui qui était juste, et qui frappera plus fortement les injustes qui rejettent la justice que Dieu offre au nom de son Fils, Jésus Christ.

L'évangéliste Jean rend ce que Christ agonisant sur la croix légua à lui. « Près de la croix de Jésus se tenaient sa mère et la sœur de sa mère, Marie, femme de Clopas, et Marie de Magdala. Jésus, voyant sa mère, et auprès d'elle le disciple qu'il aimait, dit à sa mère : Femme, voilà ton fils. Puis il dit au disciple : Voilà ta mère. Et dès ce moment, le disciple la prit chez lui. Après cela, Jésus, qui savait que tout était déjà consommé, dit, afin que l'Écriture soit accomplie : J'ai soif. Il y avait là un vase plein de vinaigre. Les soldats en remplirent une éponge, et l'ayant fixée à une branche d'hysope, ils l'approchèrent de sa bouche. Quand Jésus eut prit le vinaigre, il dit : Tout est accompli. Et baissant la tête, il rendit l'esprit. » (Jean 19 :25-30)

Jésus légua donc sa mère à Jean, son disciple favori. Ce souci pour sa mère donna lieu à l'idée que Marie n'aurait pas eu d'enfants qui lui portent soin. Jésus nous enseigne que l'Écriture ne peut être anéantie. Or, l'Écriture fait mention des frères de Jésus, d'après leurs noms. (Matthieu 13 : 55) Paul même précise que Jacques est le frère du Seigneur. (Galates 1 :19) Jacques, Joseph, Simon et Jude ne se fiaient point à leur frère premier né, tant que Jésus était en corps, mais ils allaient se convertir à Dieu après la résurrection de leur frère.

Le Seigneur fut pendu au bois de la croix durant six heures, de neuf heures du matin jusqu' trois heures de l'après midi. Du midi jusqu'à quinze heures, il faisait sombre. « Il était déjà environ la sixième heure, et il y eut des ténèbres sur toute la terre jusqu'à la neuvième heure. Le soleil s'obscurcit et la voile du temple se déchira par le milieu. Jésus s'écria d'une voix forte : Père, je remets mon esprit entre tes mains. Et en disant ces paroles, il expira. Le centenier, voyant ce qui était arrivé, glorifia Dieu et dit : Certainement, cet homme était juste. » (Luc 23 :44-47)

Les signes qui accompagnaient la mort physique de Christ eurent un effet énorme sur le centenier romain que surveillait l'exécution. L'obscurité durant trois heures, la voile du temple qui se déchire, la prière de Jésus le convainquirent de l'identité de Christ. Matthieu va plus loin, il mentionne un fort tremblement de terre et la résurrection de plusieurs saints. (Matthieu 27 :51-54)

Jean rend compte de la manière dont les soldats romains s'assurèrent de la mort des trois condamnés. « Dans la crainte que les corps ne restent sur la croix pendant le sabbat, - car c'était la préparation, et ce jour de sabbat était un grand jour- les Juifs demandèrent à Pilate qu'on rompe les jambes aux crucifiés, et qu'on les enlève. Les soldats vinrent donc et ils rompirent les jambes au premier, puis à l'autre qui avait été crucifié avec lui. S'étant approchés de Jésus, et le voyant déjà mort, ils ne lui rompirent pas les jambes, mais un des soldats lui perça le côté avec une lance, et aussitôt il sortit du sang et de l'eau. Celui qui l'a vue en a rendu témoignage, et son témoignage est vrai, et il sait qu'il dit vrai, afin que vous croyiez aussi. Ces choses sont arrivées, afin que l'Écriture soit accomplie : Aucun de ses os ne sera brisé. Et ailleurs l'Écriture dit encore : Ils verront celui qu'ils ont percé. » (Jean 19 :31-37)

Les gens pendus au bois étaient maudits, selon la Loi. Pour ne pas souiller le sabbat, les pendus devaient être enlevés, mais sans aucune chance de survivre. On procéda donc à rompre leurs jambes. On rompit les jambes aux deux larcins, mais ce n'était point le cas de Christ, qui était déjà mort. Un soldat lui perça le côté avec une lance pour s'assurer de sa mort. Il sortit de la plaie du sang et de l'eau.

Au temps du grand malheur, lorsque Jérusalem aura été assiégée par les nations, Jésus mettra les pieds sur la montagne des Oliviers, afin que les Israélites voient celui qu'ils ont percé. (Zacharie 12 :10)

La Pâque que Moïse institua lors de l'exode d'Égypte symbolisa l'Agneau céleste. Il fut interdit qu'on rompe les os de l'agneau de Pâque. (Exode 12 :46) L'observation de ce commandement eut en vue l'intangibilité des os de Christ.

Jean décrit les funérailles de Christ, qui eut lieu selon les coutumes judaïques. « Après cela, Joseph d'Arimathée, qui était disciple de Jésus, mais en secret par la crainte des Juifs, demanda à Pilate la permission de prendre le corps de Jésus. Et Pilate le lui permit. Il vint donc et prit le corps de Jésus. Nicodème qui auparavant était allé de nuit vers Jésus, vint aussi apportant un mélange d'environ cent livres de myrrhe et d'aloès. Ils prirent donc le corps de Jésus, et l'enveloppèrent de bandes avec des aromates, comme c'est la coutume d'ensevelir chez les Juifs. Or il y avait un jardin dans le lieu où Jésus avait été crucifié, et dans le jardin un sépulcre neuf, où personne encore n'avait été mis. Ce fut là qu'ils déposèrent Jésus, à cause de la préparation de Juifs, parce que le sépulcre était proche. » (Jean 19 :38-42)

Ces deux disciples sortirent de l'ombre lorsque Jésus avait besoin d'eux. Ils firent envers lui tout ce que la coutume demandait. Ils trouvèrent tout près un sépulcre où personne n'avait pas encore été mis. Ils y déposèrent le corps inanimé de leur Maître.

Matthieu précise que les autorités ont scellé le sépulcre afin que personne ne puisse dérober le corps de Jésus et ensuite ébruiter la novelle de sa résurrection. (Matthieu 27 :62-66)

L'un des brigands crucifiés avec Christ obtient le salut de son âme. C'est Luc qui décrit cette scène.

« L'un des malfaiteurs crucifiés l'injuriait, disant : N'es-tu pas le Christ ? Sauve-toi toi-même, et sauve-nous ! Mais l'autre le reprenait, et disait : Ne crains-tu pas Dieu, toi qui subis la même condamnation ? Pour nous, c'est justice, car nous recevons ce qu'ont mérité nos crimes, mais celui-ci n'a rien fait de mal. Et il dit à Jésus : Souviens-toi de moi, quand tu viendra dans ton règne. Jésus lui répondit : Je te le dis en vérité, aujourd'hui tu sera avec moi dans le paradis. » (Luc 23 :39-43)

Les derniers instants de ces deux brigands démontrent que l'un est né d'une semence spirituelle d'ivraie et l'autre est né d'une semence de blé. Leurs attitudes envers Christ trahissent leurs origines. L'un ne se fiait pas à Christ, et se permit de le railler, l'autre avait confiance en lui et reprit son confrère. À vrai dire, le second brigand eut une foi à part en Christ. Quoique le Seigneur subisse le même supplice que lui, ce brigand espère le voir venir dans son règne. En revanche, Jésus lui fait une promesse étonnante : »Aujourd'hui tu seras avec moi dans le paradis. »

Cette promesse a fait couler beaucoup d'encre. Comme les signes d'orthographe ont été mis en chaque langue selon l'appréciation des traducteurs, ceux-ci se permirent d'imposer leurs propres conceptions à l'aide des signes d'orthographes. Par exemple, un traducteur qui ne croit point à l'immortalité de l'âme met la virgule après le terme d'aujourd'hui : « Je te le dis en vérité aujourd'hui, tu seras avec moi dans le paradis. » Mais celui qui croit que l'âme ne meurt pas au moment de la mort biologique met la virgule avant le terme d'aujourd'hui : »Je te le dis en vérité, aujourd'hui tu seras avec moi dans le paradis. » En jugeant cette phrase dans l'Esprit des Saintes Écritures, on convient que la place de la virgule est devant l'adverbe de temps « aujourd'hui. »

Le paradis est un lieu où les esprits des âmes sauvées attendent la résurrection générale, moment où ils reçoivent un corps céleste, incorruptible et immortel. (1Corinthiens 15 :35-44) Le paradis ne doit pas être confondu avec la Nouvelle Jérusalem où se trouve le Trône du Père. Le jour de sa résurrection Christ avertit Marie de Magdala en ces termes : »Ne me touche pas, car je ne suis pas encore monté vers mon Père. » (Jean 20 :17)

La résurrection et l'élévation du Seigneur Jésus

Durant sa mission terrestre, Jésus a prophétisé sur sa mort violente et sa résurrection le troisième jour. (Matthieu 17 :22,23 ; Marc 8 :31 ; Luc 9 :22) Tous les évangélistes rendent compte des différents aspects de sa résurrection. (Matthieu 28 :1-15 ; Marc 16 :1-14 ; Luc 24 :1-49 ; Jean 20 :1-33)

Matthieu place la résurrection de Christ dans une atmosphère angélique.

« Après le sabbat, à l'aube du premier jour de la semaine, Marie de Magdala et l'autre Marie allèrent voir le sépulcre. Et voici il y eut un grand tremblement de terre, car un ange du Seigneur descendit du ciel, vint rouler la pierre, et s'assit dessus. Son aspect était comme l'éclair, et son vêtement blanc comme la neige. Les gardes tremblèrent de peur et devinrent comme morts. Mais l'ange prit la parole et dit aux femmes : Pour vous, ne craignez pas, car je sais que vous cherchez Jésus qui a été crucifié. Il n'est point ici, il est ressuscité, comme il l'avait dit. Venez, voyez le lieu où il était couché, et allez promptement dire à ses disciples qu'il est ressuscité des morts. Et voici il vous précède en Galilée : c'est là que vous le verrez. Voici je vous l'ai dit. Elles s'éloignèrent promptement du sépulcre avec crainte et avec une grande joie, et elles coururent porter la nouvelle aux disciples. Et voici Jésus vint à leur rencontre et dit : Je vous salue. Elles s'approchèrent pour saisir ses pieds, et elles l'adorèrent. Alors Jésus leur dit : Ne craignez pas, allez dire à mes frères de se rendre en Galilée : c'est là qu'ils me verront. Pendant qu'elles étaient en chemin, quelques hommes de la garde entrèrent dans la ville et annoncèrent aux principaux sacrificateurs tout ce qui était arrivé. Ceux-ci après s'être assemblés avec les anciens et avoir tenu conseil, donnèrent aux soldats une forte somme d'argent, en disant : Dites : Ses disciples sont venus de nuit le dérober, pendant que nous dormions. Et si le gouverneur l'apprend, nous l'apaiserons, et nous vous tirons de la peine. Les soldats prirent l'argent, et suivirent les instructions qui leur furent données. Et ce bruit s'est répandu parmi les Juifs jusqu'à ce jour. » (Matthieu 28 :1-15)

La résurrection de Jésus eut lieu à l'aube du premier jour de la semaine. Un ange du Seigneur descendit du ciel, produisant un tremblement de terre. Il roula la pierre du tombeau vaincu. Les gardes tremblèrent de peur. L'ange annonça à Marie de Magdala et à l'autre Marie la résurrection de Christ. En courant porter la nouvelle aux disciples, les femmes rencontrèrent Jésus. Elles saisirent ses pieds et l'adorèrent.

Ayant appris la nouvelle de la résurrection de Jésus, les principaux sacrificateurs donnèrent une forte somme d'argent aux gardes pour qu'ils ébruitent la nouvelle que les disciples sont venus dérober de nuit le corps de leur Maître.

Jean souligne d'avoir vu le tombeau vide en compagnie de Pierre.

« Le premier jour de la semaine, Marie de Magdala se rendit au sépulcre, dès le matin, comme il faisait encore obscur, et elle vit que la pierre était ôté du sépulcre. Elle courut vers Pierre et vers l'autre disciple que Jésus aimait, et leur dit : Ils ont enlevé du sépulcre le Seigneur, et nous ne savons où ils l'ont mis. Pierre et l'autre disciple sortirent et allèrent au sépulcre. Ils couraient tous deux ensemble. Mais l'autre disciple courut plus vite que Pierre et il arriva le premier au sépulcre. S'étant baissé, il vit les bandes qui étaient à terre, cependant il n'entra pas. Simon Pierre qui le suivait arriva et entra dans le sépulcre. Il vit les bandes qui étaient à terre, et le linge qu'on avait mis sur la tête de Jésus, non pas avec les bandes, mais plié dans un lieu à part. Alors l'autre disciple qui état arrivé le premier au sépulcre entra aussi, et il vit et il crut. Car ils ne comprenaient pas encore que selon les Écritures Jésus devait ressusciter des morts. Et les disciples s'en retournèrent chez eux. » (Jean 20 :1-10)

Il court l'idée que Dieu aime de même manière tous les hommes. De loin, c'est un concept faux. Jésus eut trois disciples favori, dont Jean était aimé le plus. Il accorda donc à Jean et à Pierre le privilège de voir les premiers son tombeau vide. Jean remarqua le fait que les bandes étaient à terre et le linge était plié dans un lieu part. Il vit et il crut.

Jean met en évidence l'attachement persistant de Marie de Magdala envers son Maître.

«Cependant Marie se tenait dehors près du sépulcre, et pleurait. Comme elle pleurait, elle se baissa pour regarder dans le sépulcre, et elle vit deux anges vêtus de blanc, assis à la place où avait été couché le corps de Jésus, l'un à la tête, l'autre aux pieds. Ils lui dirent : Femme, pourquoi pleures-tu ? Elle leur répondit : Parce qu'ils ont enlevé mon Seigneur et je ne sais pas où ils l'ont mis. En disant cela, elle se retourna, et elle vit Jésus debout, mais elle ne savait pas que c'était Jésus. Jésus lui dit : Femme, pourquoi pleures-tu ? Qui cherches-tu ? Elle, pensant que c'était le jardinier, lui dit : Seigneur, si c'est toi qui l'as emporté, dis-moi où tu l'as mis, et je le prendrai. Jésus lui dit : Marie ! Elle se retourna et lui dit en hébreu : Rabbouni ! C'est-à-dire, Maître ! Jésus lui dit : Ne me touche pas, car je ne suis pas encore monté vers mon Père. Mais va trouver mes frères et dis-leur que je monte vers mon Père et votre Père, vers mon Dieu et vers votre Dieu. Marie de Magdala allait annoncer aux disciples qu'elle avait vu le Seigneur, et qu'il lui avait dit ces choses. » (Jean 20 :11-18)

Marie cherchait de tout cœur Jésus qu'elle croyait péri. Elle s'abreuvait de ses pleurs. À ce moment d'exaspération, Jésus s'est montré à elle, tout vivant. Ce fut pour Marie le comble du bonheur.

Pendant les trois jours de son décès biologique, Jésus n'est point monté en Esprit vers le Trône du Père. En échange, il est descendu dans le séjour de morts pour y prêcher la Parole de Dieu. (1Pierre 3 :18-20 ; 4 :6) À ceux qui croient à sa résurrection, l'Éternel donne le droit à se nommer fils de Dieu. Le jour de la résurrection de Christ, l'Éternel est devenu le Père des disciples de son Fils.

Luc fit voir la débandade qui leva la tête parmi les disciples après l'extermination de leur Maître.

« Et voici ce même jour, deux disciples allaient à un village nommé Emmaüs, éloigné de Jérusalem à soixante stades, et ils s'entretenaient de tout ce qui s'est passé. Pendant qu'ils parlaient et discutaient, Jésus s'approcha, et fit route avec eux. Mais leurs yeux étaient empêchés de le reconnaître. Il leur dit : De quoi vous entretenez-vous en marchant ? Et ils s'arrêtèrent, l'air triste. L'un deux, nommé Cléopas, lui répondit : Es-tu le seul qui, séjournant à Jérusalem, ne saches pas ce qui y est arrivé ces jours-ci ? Quoi ? Leur dit-il. Et ils lui répondirent : Ce qui est arrivé au sujet de Jésus de Nazareth, qui était un prophète puissant en œuvres et en paroles devant Dieu et devant tout le peuple, et comment les principaux sacrificateurs et nos magistrats l'ont livré pour le faire condamner à mort et l'ont crucifié. Nous espérions que ce serait lui qui délivrerait Israël, mais avec tout cela voici le troisième jour que toutes ces choses se sont passées. Il est vrai que quelques femmes d'entre nous nous ont fort étonnés, s'étant rendues de grand matin au sépulcre et n'ayant pas trouvé son corps, elles sont venues dire que des anges leur sont apparus et ont annoncé qu'il est vivant. Quelques-uns de ceux qui étaient avec nous sont allés au sépulcre, et ils ont trouvé les choses comme les femmes l'avaient dit, mais lui, ils ne l'ont pas vu. Alors Jésus leur dit : O, hommes sans intelligence, et dont le cœur est lent à croire tout ce qu'ont dit les prophètes ! Ne fallait-il pas que le Christ souffre ces choses, et qu'il entre dans sa gloire ? Et, commençant par Moïse et par tous les prophètes, il leur expliqua dans toutes les Écritures ce qui le concernait. Lorsqu'ils furent près du village, où ils allient, il parut vouloir aller plus loin. Mais ils le pressèrent, en disant : Reste avec nous car le soir approche, le jour est sur son déclin. Et il entra pour rester avec eux. Pendant qu'il était à table avec eux, il prit le pain, et après avoir rendu grâce, il le rompit et il le leur donna. Alors leurs yeux s'ouvrirent, et ils le reconnurent, mais il disparut de devant eux. » (Luc 24 :13-31)

La réprimande adressée aux deux disciples d'Emmaüs garde ses échos dans les cœurs de toutes les générations de disciples, qui se font coupables des mêmes fautes. Cette réprimande est valable aux chrétiens qui hésitent à croire tout ce qu'ont dit les prophètes. Ceux-ci ont présenté les souffrances de Christ comme prémisses de sa gloire à venir. Faisant route avec eux, Jésus leur expliqua plusieurs versets bibliques concernant sa personne et son œuvre.

Pendant ce temps, les yeux des disciples furent empêchés de le reconnaître. Mais, au moment où il rompit le pain, leurs yeux s'ouvrirent et le reconnurent. Mais Jésus disparut de devant eux, à la ressemblance des anges. Il était donc entré dans une autre dimension.

Luc, aussi bien que Jean, rend compte comment Jésus s'est présenté aux apôtres le soir du premier jour de la semaine.

« Tandis qu'ils parlaient de la sorte, lui-même se présenta au milieu d'eux, et leur dit : La paix soit avec vous ! Saisi de frayeur et d'épouvante, ils croyaient voir un esprit. Mais il leur dit : Pourquoi êtes-vous troublés, et pourquoi pareilles pensées s'élèvent-elles dans vos cœurs ? Voyez mes mains et mes pieds, c'est bien moi, touchez-moi et voyez : un esprit n'a ni chair ni os comme vous voyez que j'ai. Et en disant cela, il leur montra ses mains et ses pieds. Comme dans leur joie, ils ne croyaient pas encore, et qu'ils étaient dans l'étonnement, il leur dit : Avez-vous quelque chose à manger ? Ils lui présentèrent du poisson rôti un rayon de miel. Il en prit et il mangea devant eux. » (Luc 24 :36'43)

Les disciples d'Emmaüs retournèrent ce soir même à Jérusalem, et ils s'y mirent à raconter comment ils reconnurent Jésus lorsqu'il rompit le pain. Soudain, Jésus est apparu au milieu d'eux. Tous crurent voir un esprit. Le Seigneur leur montra ses mains et ses pieds afin qu'ils soient persuadé de sa présence réelle. De plus, il mangea dans leur présence un morceau de poisson rôti avec du miel.

Paul avertit que le sang et la chair ne peut hériter le Royaume de Dieu. (1Corinthiens 15 :50) Jésus eut part à la résurrection des justes, en étant la prémisse. Il pouvait donc hériter le Royaume. Comment pouvait-il donc faire voir un corps de chair et d'os ? L'explication en est dans la Seconde Épître aux Corinthiens : »Nous savons en effet, que si cette tente où nous habitons sur la terre est détruite, nous avons dans le ciel un édifice qui est l'ouvrage de Dieu, un édifice éternel qui n'a pas été fait de main d'homme. Aussi gémissons-nous dans cette tente, désirant revêtir notre domicile céleste, si du moins nous sommes trouvés vêtus et non pas nus. Car tandis que nous sommes dans cette tente, nous gémissons accablés, parce que nous voulons non pas nous dépouiller, mais nous revêtir, afin que ce qui est mortel soit englouti par la vie. » (2 Corinthiens 5 :1-4) Jésus est donc ressuscité en chair et en os, mais ce corps mortel fut englouti par un corps céleste de mêmes dimensions. Le corps céleste est semblable à un gant qu'on enfile. Sous le gant, on peut toujours distinguer la main qu'il couvre. À sa résurrection, Christ eut un corps palpable de nature céleste.

Jean enrichit cette scène par la formulation d'une tâche : »Jésus vint, se présenta au milieu d'eux, et leur dit : La paix soit avec vous ! Et quand il eut dit cela, il leur montra ses mains et son côté. Les disciples furent dans la joie en voyant le Seigneur. Jésus leur dit de nouveau : La paix soit avec vous ! Comme le Père m'a envoyé, moi aussi je vous envoie. Après ces paroles, ils souffla sur eux, et leur dit : Recevez le Saint Esprit. Ceux à qui vous pardonnerez les péchés, ils leur seront pardonnés, et ceux à qui vous retiendrez, ils leur seront retenus ; » (Jean 20 :19-23)

L'emploi du terme de « paix » dans nos formules de salutation vient de Christ, qui est le Prince de Paix, tandis que Satan est faiseur de désordre. Dans ce texte, Jésus réitère la salutation : »La paix soit avec vous ! » Ce qui lui donne une importance particulière.

En soufflant sur ses disciples, Jésus leur transmit son Saint Esprit, nécessaire remplir la tâche de la grande mission. Le Saint Esprit est Dieu, qui prête la nature divine aux hommes. Par ceux qui ont sa plénitude, l'Esprit Dieu agit puissamment. Il incline les cœurs à pardonner les péchés. Ce que lient deux ou trois disciples sur la terre sera lieu au ciel même, et ce que délient deux ou trois disciples sur la terre sera aussi délié dans le Ciel. Ici il s'agit de pardonner les péchés commis contre nous-mêmes. Si je pardonne un péché quelconque commis contre ma personne, le coupable en reçoit le pardon de la main de Christ. Le pardon des péchés commis contre Dieu est du ressort de l'Éternel. Accorder pardon aux péchés des pécheurs impénitents est un blasphème de la part des prêtres. La pénitence est un secret du cœur. Comme l'Éternel sonde des cœurs, il lui revient exclusivement de pardonner les péchés aux cœurs pénitents.

L'élévation du Seigneur Jésus eut lieu sur la montagne des Oliviers. Mais, avant son élévation, Jésus rencontra ses disciples en Galilée où il leur transmit des instructions concernant la grande mission.

« Les onze disciples allèrent en Galilée sur a montagne que Jésus leur avait désignée. Quand ils le virent, l'adorèrent. Mais quelques-uns eurent des doutes. Jésus, s'étant approché, leur parla ainsi : Tout pouvoir m'a été donné dans le ciel et sur la terre. Allez, faites de toutes les nations des disciples, les baptisant au nom du Père, du Fils et du Saint Esprit, et enseignez-leur à observer tout ce que je vous ai prescrit. Et voici je suis avec vous tous les jours, jusqu'à la fin du monde. » (Matthieu 28 :16-20)

C'est le quatrième cas consigné dans l'Évangile concernant l'adoration de Christ. Toujours est-il que certaines confessions se gardent d'adorer Jésus qui ne serait point Dieu selon leur conception. Or la Divinité du Fils de l'hommes est hors de doute, chose attestée par de nombreux commentaires du présent ouvrage.

Qui a tout le pouvoir dans le Ciel et sur la Terre, sinon Dieu ? Dans sa qualité de Fils tout-puissant, Jésus a enjoint de faire de toutes les nations des disciples, en les baptisant au nom du Père, du Fils et du Saint Esprit. Après le baptême, le nouveau converti doit être instruit à observer les commandements du Nouveau Testament, prescrits par Jésus.

La promesse finale ne s'adresse seulement pas aux disciples contemporains de Jésus, mais à toutes les générations de disciples qui se sont succédé sur la terre deux mille ans durant. Jésus n'a point employé le terme de « chrétien », il désirait toujours avoir des disciples qui emboîtent ses pas. Les disciples ont été surnommés chrétiens à Antioche. (Actes 11 :26)

Le prince des Ténèbres eut soin, au long du temps, que la formule même du baptême change. Il y a des soi-disant disciples qui baptisent actuellement seulement au nom de Jésus. Le verset ci-dessus concernant la formule correcte du baptême fut anéanti. Or, Jésus a remarqué dans une discussion avec le Juifs que « l'Écriture ne peut être anéantie. » (Jean10 :35) Si Pierre, au jour de la Pentecôte, exhorta son public à recevoir le baptême au nom de Jésus, ce fut pour éveiller l'esprit du peuple égaré à comprendre que Christ est Seigneur, et le pardon des péchés s'accorde en son nom. (Actes 2 :38)Dans l'eau du baptême le catéchumène doit en effet confesser le nom de Jésus. Mais le baptiseur doit invoquer le nom du Père, du Fils et du Saint Esprit.

Le nouveau converti baptisé dans l'eau n'appartient seulement pas à Christ, mais il appartient également au Père et au Saint Esprit. Le Père lui accorde la rémission de ses péchés, le Fils le reçoit comme son disciple, le Saint Esprit s'engage à le conduire dans toute la vérité de la Parole. C'est en vain qu'on combat la doctrine de la Sainte Trinité et qu'on soutienne que le même Dieu se manifeste tantôt comme Père, tantôt comme Fils et tantôt comme Saint Esprit, car il y a des descriptions où les trois Personnes divines se manifestent simultanément. (Matthieu 3 :16,17 ; Apocalypse 4 :1-3 ; 5 :6,7) Ce qui exclut l'identité absolue entre le Père et le Fils, c'est le la suivante remarque de Jésus : »le Père est plus grand que moi. » (Jean 14 :28) Ce serait un non-sens de dire: « Je suis plus grand que moi-même. » Jésus a donc eu en vue deux personnes différentes. Les suivantes distinctions, faites par Paul, vont de même à l'encontre de l'enseignement de base de la secte surnommée « Seulement Jésus » : « Je veux cependant que vous sachiez que Christ est le chef de tout homme, que l'homme est le chef de la femme, et que Dieu est le chef de Christ. » (1Corinthiens 11 :3)

Le grand commandement missionnaire reçoit une autre teinte dans l'Évangile selon Marc : »Puis il leur dit : Allez par tout le monde, et prêchez la bonne nouvelle à toute la création. Celui qui croira et qui sera baptisé sera sauvé, mais celui qui ne croira pas sera condamné. Voici les miracle qui accompagneront ceux qui auront cru : En mon nom ils chasseront les démons, ils parleront de nouvelles langes, s'il boivent quelque breuvage mortel, il ne leur fera point de mal, ils imposeront les mains aux malades, et les malades seront guéris. Le Seigneur, après leur avoir parlé, fut enlevé au ciel, et il s'assit à la droite de Dieu. Le Seigneur travaillait avec eux, et confirmait la parole par les miracles qui l'accompagnaient. » (Marc 16 :15-20)

Marc met en relation le baptême avec la foi. D'après lui, sont baptisés ceux qui ont cru à l'Évangile. Le baptême fait sans la foi n'est donc pas valable. Et la foi sans les œuvres (baptême) est morte. (Jacques 2 :26)

Marc recueillit les signes qui accompagnent la foi vivante. Ceux qui la possèdent chassent les démons, au nom du Seigneur, ils parlent de nouvelles langues, les serpents et les breuvages mortels ne leur font pas de mal, ils imposent les mains aux malades et les malades seront guéris.

Après avoir donné ces instructions, Jésus fut enlevé au ciel et il s'assit à la droite du Père. Du haut du ciel, il confirmait la parole de l'Évangile par des miracles.

L'élévation de Jésus-Christ est présentée de manière suivie par le docteur Luc. Il s'en occupe dans l'Évangile aussi bien que dans les Actes des Apôtres.

« Il les conduisit jusque vers Béthanie, et, ayant levé les mais, il les bénit. Pendant qu'il les bénissait, il se sépara d'eux, et fut enlevé au ciel. Pour eux, après l'avoir adoré, ils retournèrent à Jérusalem avec une grande joie, et ils étaient continuellement dans le temple, louant et bénissant Dieu. » (Luc 24 :50-32)

« Alors les apôtres réunis lui demandèrent : Seigneur, est-ce en ce temps que tu rétabliras le royaume d'Israël ? Il leur répondit : Ce n'est pas à vous de connaître les temps ou les moments que le Père a fixé de son propre autorité. Mais vous recevrez une puissance, le Saint Esprit survenant sur vous, et vous serez mes témoins à

Jérusalem, dans tout la Judée, dans Samarie, et jusqu'aux extrémités de la terre. Après avoir dit cela, il fut élevé pendant qu'ils le regardaient, et une nuée le déroba de leurs yeux. Et comme ils avaient les regards fixés vers le ciel, pendant qu'il s'en allait, voici deux hommes vêtus de blanc leur apparurent, et il dirent : Hommes Galiléens, pourquoi vous arrêtez-vous à regarder le ciel ? Ce Jésus, qui a été enlevé au ciel du milieu de vous, viendra de la même manière que vous l'avez vu allant au ciel. Alors ils retournèrent à Jérusalem de la montagne appelée des Oliviers, qui est près de Jérusalem, à la distance d'un chemin de sabbat. » (Actes des Apôtres 1 :16-12)

Jésus sortit de Jérusalem, en se dirigent vers Béthanie. Arrivé sur la montagne des Oliviers, il leva les mains et bénit ses disciples et fut enlevé au ciel. Quant aux disciples, ils se mirent à l'adorer.

Ce court compte-rendu a été considérablement augmenté dans le livre des Actes. Les disciples interpellèrent le Seigneur sur le rétablissement du royaume d'Israël. Mais le Seigneur dirigea leur attention sur un événement proche, la descente du Saint Esprit. La puissance de l'Esprit survenant sur les disciples les rend capables d'être les témoins crédibles de la résurrection de Christ.

Après l'élévation de Jésus, des anges vêtus de blanc annoncèrent le retour du Seigneur sur la montagne des Oliviers. Jésus retournera deux fois pour accomplir ses plans. D'abord, il retournera pour ravir son Église, qu'il rencontrera sur les nuées du ciel. (1Thessaloniciens 4 :13-18) Secondement, il retournera à la fin du grand malheur pour délivrer Jérusalem assiégées des nations. (Zacharie 14 :1-4) Cette fois-ci, Jésus mettra les pieds sur la montagne des Oliviers.

Dans une vision prophétique, on ne distingue que les sommets de montagnes, mais on ne perçoit pas les vallées qui séparent ces montagnes. Ainsi donc, il y a un grand espace entre l'enlèvement de l'Église et la descente de Christ sur la montage des Oliviers. Les simples considèrent que l'enlèvement de l'Église et la délivrance de Jérusalem ont lieu en même temps.

La prière sacerdotale du Seigneur Jésus-Christ

En prophétisant sur Christ, le roi David proféra ces mos sentencieux : »L'Éternel a juré, et il ne s'en repentira point : Tu es sacrificateur pour toujours, à, la manière de Melchisédec ; » (Psaume 110 :4)

L'Épître adressée aux Hébreux contient des renseignement sur ce personnage : »En effet, ce Melchisédec était roi de Salem, sacrificateur du Très-Haut. Il alla au-devant d'Abraham lorsqu'il revint de la défaite des rois, il le bénit, et Abraham lui donna la dîme de tout. Il est d'abord roi de justice, d'après la signification de son nom, ensuite roi de Salem, c'est-à-dire roi de paix. Il est sans père et sans mère, sans généalogie, il n'a ni commencement de jours ni fin de vie, mais il est rendu semblable au Fils de Dieu. Ce Melchisédec demeure sacrificateur à perpétuité. » (Hébreux7 :1-3)

D'après cette description, on déduit que Mélchisédek ne fut pas un homme, mais Dieu. Dans une discussion avec les Juifs, Jésus laisse entrevoir qu'Abraham a vu son jour et il s'est réjoui. « Abraham, votre père, a tressailli de joie de ce qu'il verrait mon jour. Il l'a vu et il s'est réjoui. Les Juifs lui dirent : Tu n'as pas encore cinquante ans, et tu as vu Abraham ?! Jésus leur dit : En vérité, en vérité, je vous le dis, avant qu'Abraham fût, je suis. » (Jean 8 :56-58) Ce Melchisédec à qui Abraham donna la dîme de tout fut Christ.

Pendant la Loi, le sacerdoce appartint aux fils de Lévi, pendant la Grâce le sacerdoce revint au Roi de Justice et de Paix, Christ. Le changement de sacerdoce entraîne obligatoirement le changement de la Loi. (Hébreux 7 :12) D'ailleurs, la Loi mosaïque n'a rien amené à la perfection. (Hébreux 7 :19) La perfection est du ressort de la Loi de la Grâce.

La prière sacerdotale de Christ s'étend tout au long du chapitre dix-sept de l'Évangile selon Jean.

« Après avoir ainsi parlé, Jésus leva les yeux au ciel, et dit : Père, l'heure est venue ! Glorifie ton Fils, afin que ton Fils te glorifie, selon que tu lui as donné pouvoir sur toute chair, afin qu'il accorde la vie éternelle à tous ceux qui tu lui as donnés. Or, la vie éternelle, c'est qu'ils te connaissent, toi, le seul vrai Dieu, et celui que tu as envoyé, Jésus-Christ. Je t'ai glorifié sur la terre, j'ai achevé l'œuvre que tu m'as donné à faire. Et maintenant toi, Père, glorifie-moi auprès de toi de la gloire que j'avais auprès de toi avant que le monde soit. J'ai fait connaître ton nom aux hommes que tu m'as donné du milieu du monde. Ils étaient à toi, et tu me les as donnés, et ils ont gardé ta parole. Maintenant ils ont connu que tout ce que tu m'as donné vient de toi. Car je leur ai donné les paroles que tu m'as données, et ils les ont reçues, et ils ont vraiment connu que je suis sorti de toi, et ils ont cru que tu m'as envoyé. C'est pour eux que je prie. Je ne prie pas pour le monde, mais pour ceux que tu m'as donnés, parce qu'ils sont à toi. Et tout ce qui est à moi est à toi, et ce qui est à toi est à moi. Et je suis glorifié en eux. Je ne suis plus dans le monde, et ils sont dans le monde, et je vais à toi. Père saint, garde-les en ton nom que tu m'as donné, afin qu'ils soient un comme nous. Lorsque j'étais avec eux dans le monde, je les gardais en ton nom. J'ai gardé ceux que tu m'as donnés, et aucun d'eux ne s'est perdu, sinon le fils de perdition, afin que l'Écriture soit accomplie. Et maintenant je vais à toi, et je dis ces choses dans le monde, afin qu'ils aient en eux ma joie parfaite. Je leur ai donné ta parole, et le monde le a haïs, parce qu'ils ne sont pas du monde, comme moi je ne suis pas du monde. Je ne te prie pas de les ôter du monde, mais de les préserver du malin. Ils ne sont pas du monde comme moi je ne suis pas du monde. Sanctifie-les par ta vérité ! Ta parole est la vérité. Comme tu m'as envoyé dans le monde, je les ai aussi envoyés dans le monde. Et je me sanctifie moi-même pour eux, afin qu'eux aussi soient sanctifiés par la vérité. Ce n'est pas pour eux seulement que je prie, mais encore pour ceux qui croiront en moi par leur parole, afin que tous soient un, comme toi, Père, tu es en moi, et comme je suis en toi, afin qu'eux aussi soient un en nous, pour que le monde croie que tu m'as envoyé. Je leur ai donné la gloire que tu m'as donnée, afin qu'ils soient un comme nous sommes un, moi en eux et toi en moi, afin qu'ils soient parfaitement un, et que le monde connaisse que tu m'as envoyé et que tu les as aimés comme tu m'as aimé. Père, je veux que là où je suis ceux que tu m'as donnés soient aussi avec moi, afin qu'ils voient ma gloire, la gloire que tu m'as donnée, parce que tu m'as aimé avant la fondation du monde. Père juste, le monde ne t'a pas connu, mais moi, je t'ai connu, et ceux-ci ont connu que tu m'as envoyé. Je leur ai fait connaître ton nom, et je le leur ferai connaître, afin que l'amour dont tu m'as aimé soit en eux, et que je sois en eux ; » (Jean 17 :1-26)

Dans le Royaume de Cieux, la glorification est fonction d'obéissance à Dieu. L'Éternel est glorifié lorsqu'on lui obéit. À son tour, l'Éternel prend des mesures pour glorifier ceux qui lui obéissent. D'habites, ceux qui obéissent à Dieu sont humbles. L'Éternel prend soin pour élever ceux qui s'humilient devant lui. (Jacques 4 :10)

L'humiliation devant Dieu a comme source la foi. Par le don de la foi, Dieu incline les cœurs vers l'obéissance à Lui. Le nom de Christ se prêche dans le monde afin d'amener les païens à l'obéissance de la foi. (Romains 1 :5 ; 15 :18 ; 1Pierre1 :1,2) La foi rend humble et obéissant. Or, Dieu glorifie ceux qui lui obéissent. Ce fut le cas de Jésus, qui s'est rendu obéissant jusqu'à la mort de la croix. « C'est pourquoi aussi Dieu l'a souverainement élevé, et lui a donné le nom qui est au-dessus de tout nom, afin qu'au nom de Jésus tout genou fléchisse dans les cieux, sur la terre et sous la terre, et que toute langue confesse que Jésus-Christ est Seigneur, à la gloire de Dieu le Père. » (Philippiens 2 :9-11)

La croix fut de fait pour Jésus un tremplin vers la gloire éternelle d'où il était descendu pour anéantir le diable. La requête « glorifie ton Fils » peut être considérée comme une allusion au sacrifice de Golgotha. Le pouvoir d'accorder la vie éternelle à toute chair est un exemple de glorification dont a bénéficié Christ.

La manière dont Jésus définit la vie éternelle est un exemple de sagesse divine : »Or, la vie éternelle, c'est qu'ils te connaissent, toi, le seul vrai Dieu, et celui que tu as envoyé, Jésus-Christ. » (v.3)

On ne peut connaître Dieu en ayant une nature différente de celle de l'Éternel. Ceux qui connaissent Dieu connaissent ses pensées, ses sentiments et ses projets. La connaissance de Dieu vient de ses Paroles et se parachève par la plénitude de son Esprit. D'ailleurs, la Parole de Dieu est Esprit qui rend vivant celui qui est mort dans ses péchés. L'Esprit est à l'origine de la foi salvatrice et de la naissance de nouveau. Il conduit dans toute la vérité de la Parole, et celui qui lui obéit se sanctifie. Le baptême dans le Saint Esprit, source de dons miraculeux, rend capable d'être témoin crédible de la résurrection de Christ. (1Corinthiens 12 :7-10)

L'oeuvre de Christ, qui glorifiait le Père, toucha à son terme. Jésus s'attendait à ce qu'il soit glorifié de la gloire qu'il avait possédée auprès du Père avant que le monde soit.

Jésus a fait connaître le nom du Père aux hommes élus du milieu du monde. Ces hommes étaient au Père qui les attira vers le Fils. La preuve en est qu'ils ont gardé la Parole de Dieu. La Parole que Jésus leur a transmise les convainquit que Jésus venait du Père. Ainsi donc, l'attitude positive envers l'Évangile distingue les fils de Dieu des fils de Satan, qui jettent l'opprobre sur l'Évangile et sur les évangélistes.

Jésus pria pour ceux que le Père lui avait donnés, et non pas pour le monde. Le Père lui avait donné les siens afin qu'ils appartiennent aussi à Christ. En outre, tout ce qui est au Père est aussi au Fils. Les élus glorifient le Fils, en le servant.

Le Seigneur supplie le Père de garder ceux qu'il lui avait donnés. Dans cette supplication Jésus eut tout d'abord en vue le salut de l'âme. On peut atteindre ce but dans une unité parfaite avec le Père et le Fils.

Lorsqu'il était dans le monde, Jésus gardait les siens au nom du Père. Personne ne s'est égaré, sinon le fils de perdition, Juda l'Iscariot, afin que l'Écriture soit accomplie.

Jésus prie le Père afin que ses disciples aient en eux sa joie parfaite. Ils se réjouissent à cause de la Parole consolatrice qu'ils viennent de recevoir. Comme ils confessent cette parole, le monde les hait. Le bon recueil fait à la parole démontre qu'ils ne sont pas du monde. Jésus répète de façon significative la phrase suivante : »Ils ne sont pas du monde, comme moi je ne suis pas du monde.» (v.14, 16)

Jésus n'était point du monde au moment même où il y est né, car il avait été Esprit divin avant son incarnation. Jésus est descendu d'un autre monde. De même les élus n'étaient pas du monde au moment de leur naissance en chair, car ils sont nés de semences spirituelles de blé céleste. Le prophète mentionne les élus comme un reste qui ne fléchit point les genoux devant Baal et qu ne le baise point. (1Rois 18 :18 : Ésaïe 1 :8) Ceux qui sont nés en chair de semences spirituelles de blé sont « étrangers et voyageurs sur la terre ». (Hébreux 11 :13)

Comme Jésus a été envoyé en mission, de même il envoie les siens achever son œuvre. Ce faisant, il se sanctifie afin que ces missionnaires soient sanctifiés par la vérité. Un disciple dispose de trois agents de sanctification : la Parole, le sang de Jésus et le Saint Esprit. Comme Jésus n'a pas connu le péché, il se sanctifiait par la Parole, par le Saint Esprit et par la prière.

Certains sont guéris en écoutant quelques heures l'Évangile. D'autres ont été délivrés en s'appropriant des promesses divines. Encore d'autres sont parvenus à l'état d'adulte en Christ en mettant systématiquement en applications les prescriptions de l'Évangile, sous la conduite du Saint Esprit.

Jésus ne pria seulement pas pour ses disciples contemporains, mais il pria pour toutes les générations de disciples qui allaient se succéder sur la terre. Le passage suivant est en mesure de donner l'image de l'unité de la Maison de Dieu : »Ce n'est pas pour eux seulement que je prie, mais encore pour ceux qui croiront en moi par leur parole, afin que tous soient un, comme toi, Père, tu es en moi, et comme je suis en toi, afin qu'eux aussi soient un en nous, pour que le monde croie que tu m'as envoyé. » (v.20, 21)

Jésus ne fait donc aucune différence entre les disciples du premier siècle et ceux du vint et unième siècle. L'oriflamme de la foi salvatrice se transmet par la parole des premiers disciples, l'Évangile de Paix. C'est la source de la foi en Christ. Ceux qui croient sont appelés à la même unité qui existe entre le Père et le Fils. Le Père est dans le Fils et le Fils est dans le Père par le Sain Esprit de Dieu, qui habite en eux. C'est l'Esprit habitant en nous qui réalise l'unité parfaite de la Maison de Dieu. Ceux qui placent des parois entre les différentes générations de disciples empêchent que le monde croie que Christ a été envoyé du Père. Le même rôle est assumé par les doctrines confessionnelles qui excluent les autres confessions du salut apporté par Christ.

Pour les faux docteurs, il n'est point suffisant de croire et d'être baptisé pour être sauvé du courroux à venir. Il faut encore avoir des saints protecteurs, il faut faire des pèlerinages et baiser les ossements des saints, il faut respecter le sabbat et se garder des aliments impurs, il faut nommer Dieu en hébraïque : Jéhovah, il faut parler en langues et opérer des miracles. Lorsqu'on est enfant en Christ, peut-on accomplir les œuvres d'un homme fait ? Assurément, non. Cependant les nourrissons en Christ, qui ne parlent encore pas en langues et n'opèrent encore point des miracles, sont enfants de Dieu et héritent la Nouvelle Jérusalem. Toutefois, ces nourrissons se gardent de commettre l'iniquité, se conforment à la Parole et pardonnent à leurs ennemis. (2Timothée.2 :19)

L'apôtre Paul nous offre un critère infaillible pour constater si nous sommes dans la foi et membres de la Maison de Dieu :»Examinez-vous vous-mêmes, pour savoir si vous êtes dans la foi, éprouvez-vous vous-mêmes. Ne reconnaissez-vous pas que Jésus Christ est en vous ? À moins peut-être que vous ne soyez désapprouvés. » (2Corinthiens 13 :5)

La gloire que Jésus a donné à ses disciples, c'est son Esprit, qui réalise l'unité spirituelle des croyants. Ceux qui ont le même Esprit marchent sur les mêmes traces, comme faisaient Tite et Paul. (2Corinthiens 12 :18)

Finalement, Jésus exprime le désir que les siens soient dans la Nouvelle Jérusalem afin qu'ils voient sa gloire. À écouter la Parole, les élus reconnaissent Christ qui, leur transmet à son tour la connaissance du Père. La prière sacerdotale s'achève sur ces mots : »Je leur ai fait connaître ton nom, et je le leur ferai connaître, afin que l'amour dont tu m'as aimé soit en eux, et que je sois en eux. » (v.26)

La révélation du Père est un processus progressif. Certaines révélations s'avèrent trop lourdes à supporter dans une étape donnée de croissance spirituelle. C'est pourquoi Jésus en avertit ainsi : »J'ai encore beaucoup de choses à vous dire, mais vous ne pouvez pas les porter maintenant. » (Jean 16 :12) Quand Jésus promit de faire connaître à l'avenir le nom du Père à ses disciples, il pensa au processus de la révélation progressive. Par malheur, ceux qui connaissent moins Dieu ont l'audace d'incriminer ceux qui le connaissent plus. Une étape supérieure de connaissance divine va de pair avec une étape supérieure d'amour divin. La connaissance de Christ est inséparable de son amour. L'amour dont le Père a aimé le Christ vient siéger, avec Jésus, dans les cœurs des disciples. Jésus s'est donné la vie pour les siens. Ce sacrifice doit caractériser tous les élus de Dieu.

Lorsque l'annonce de cet amour qui se sacrifie est remplacée dans l'assemblée par la prédication des coutumes et commandements caducs, alors se produit la chute de la spiritualité christique et le christianisme devient une branche de la religion judaïque, qui n'a rien fait parfait. La Loi prêche ce que l'homme doit faire pour plaire à Dieu, observant des commandements adressés à la nature charnelle. La Grâce prêche ce que Dieu peut faire en homme et par l'homme à la gloire de son Saint Nom. La première chose que Dieu a fait à l'aube de la Grâce, c'est qu'il nous a donné la nature de son Fils, son Esprit, afin que l'homme puisse faire l'oeuvre de Dieu. Retomber à servir Dieu par la chair, c'est égale à chuter de la Grâce. (Galates 5 :6) Cette chute survient principalement par la prédication de la Loi de Moïse.

Conclusions sur la personnalité et l'oeuvre de Jésus-Christ

L'Évangile a été rédigé pour éclaircir l'identité de Jésus de Nazareth qui est au centre des quatre variantes de la Bonne Nouvelle. Le but poursuivi des Évangiles a été le mieux formulé par l'apôtre favori : »Mais ces choses ont été écrites afin que vos croyiez que Jésus est le Christ, le Fils de Dieu, et qu'en croyant vous ayez la vie en son nom. » (Jean 20-31)

Né en péché, l'homme naturel est voué à la mort éternelle, châtiment divin des rebelles. (Matthieu 25 :41,46) Ceux qui transgressent les commandements du Roi céleste sont des rebelles qui suscitent le courroux divin. Jésus est venu pour délivrer de ce courroux tous ceux qui se confient dans son sacrifice et dans sa résurrection. (1Thessaloniciens 1 :9,10) C'est donc l'essence de la Bonne Nouvelle.

La vie est l'activité de Jésus de Nazareth attestent qu'il est vraiment le Sauveur promis dans l'Ancien Testament, car il a accompli maintes prophéties concernant le Christ de Dieu ou Messie. Dans la maison du centenier Corneille, Pierre, prêchant Jésus, a affirmé : »Tous les prophètes rendent de lui le témoignage que quiconque croit en lui reçoit par son nom le pardon des péchés. » (Actes 10 :42) Devant les grands sacrificateurs, il fit, au sujet de Jésus, une confession éblouissante : »Il n'y a de salut en aucun autre, car il n'y a sous le soleil aucun autre nom qui ait été nommé parmi les hommes, par lequel nous devions être sauvés. » (Actes 4 :12) Ces deux témoignages de Pierre conduisent inéluctablement vers le concept de « foi salvatrice », lié au nom de Jésus de Nazareth.

Le Seigneur même distingue deux sortes de fois en interdépendance, en disant : »Que votre cœur ne se trouble point. Croyez en Dieu, et croyez en moi. » (Jean 14 :1) Beaucoup d'entre nous naissent avec la conviction qu'il existe un Dieu Créateur. Cette foi se nourrit des livres religieux qui propagent l'idée d'un Dieu unique. C'est le cas de la religion judaïque. La confiance dans le Créateur omniprésent et tout-puissant est très utile puisqu'elle préserve du culte des anges déchus. Toutefois la foi dans le Créateur ne sauve personne du courroux à venir. Il est saint, nous sommes pécheurs, il s'étend entre nous un abîme, celui des iniquités.

La foi dans le Fils Rédempteur est à même de combler cet abîme, la croix de Jésus est un pont qui relie la deux bords de ce précipice. La foi en Christ sauve les pécheurs repentants de la perdition éternelle. C'est donc la foi salvatrice. Le catéchumène reçoit la rémission de ses péchés, en confessant le nom de Jésus dans l'eau du baptême.

Comme il est venu et il viendra encore de faux christs, il faut bien distinguer le vrai Christ, qui accomplit toutes les prophéties, proférées à son sujet. En voilà quelques-unes, que Jésus avait accomplies dans sa vie terrestre. Il est né d'une vierge, dans la ville de Bethléhem, du tronc d'Isaï. (Ésaïe 7 :14 ; Michée 5 :1 ; Ésaïe 9 :6 ; 11 :1,2) Il est entré dans Jérusalem sur le petit d'une ânesse. (Zacharie 9 :9) Il a été vendu pour trente sicles d'argent. (Zacharie 11 :12,13) S'étant livré lui-même à la mort, il a été mis au nombre des malfaiteurs. (Ésaïe 53 :12) « Il était blessé pour nos péchés, brisé pour nos iniquités, le châtiment qui nous donne la paix est tombé sur lui, et c'est par ses meurtrissures que nous sommes guéris. » (Ésaïe 53 :5) Sur la croix, Jésus s'est écrié :»Mon Dieu ! Mon Dieu ! Pourquoi m'as-tu abandonné ? » (Mathieu 27 :46) C'est en fait le commencement du Psaume 22, ayant une teinte prophétique. On n'a pas rompu ses os au début du sabbat. (Exode 12 :45) Mais on lui a percé la côte d'une lance. (Zacharie 12 :10) Le troisième jour de sa mort, Jésus est ressuscité et le quarantième jour il s'est élevé au ciel. (Psaume 16 :10 ; Psaume 110 :1 ; Ésaïe 53 :11,12)

Quant à son être, Jésus est parfaitement homme et parfaitement Dieu. Dans sa personne la nature divine s'unit à la nature humaine. Cette combinaison fut possible parce que l'homme a été créé à l'image et à la ressemblance de Dieu. Ce qui distingue Dieu de l'homme, c'est qu'il est l'Esprit Créateur, saint, immortel, omniprésent et omnipotent, tandis que l'homme est un mélange d'esprit et de matière. Jésus s'est fait chair afin de pouvoir racheter à prix de sang pur l'humanité pataugeant dans le bourbier du péché, tombée sous la puissance de Satan.

En hébraïque, le nom de Jésus (Jeshouah) a deux significations : a)Jéhovah est Sauveur et b) le Salut de Jéhovah. La première signification renvoie à la Divinité de Jésus et la seconde renvoie à son humanité. En envoyant son Fils éternel sur la Terre, Dieu a mis à la disposition des hommes son Esprit Saint dans un vase d'argile. Jésus fut conscient du fait qu'il était un don de Dieu, offert aux hommes, lorsqu'il causait avec la Samaritaine et disait :»Si tu connaissait le don de Dieu et qui est celui qui te dit : Donne-moi à boire, tu lui aurait toi-même demandé à boire, et il t'aurait donné de l'eau vive. » (Jean 4 :10)

En outre, il y a des exagérations regrettables concernant la double nature de Jésus. Les uns ne voient en lui que l'Éternel Dieu et oublient à bon escient son humanité. Ces théologiens en sont venus à nommer Marie la Mère de Dieu. Or, Dieu le Père n'a pas de mère, mais Christ, le Dieu Fils, en a. Le titre de « Mère de Dieu » crée une confusion regrettable au milieu des chrétiens véritables, qui confessent la Sainte Trinité. Marie est la mère de Christ, et non pas la mère de Dieu le Père. Le Père n'a pas de parents, ni de généalogie, il existe simplement d'éternité en éternité. Nommer Marie sa mère, ce serait une blasphème.

Ces messieurs ignorent à dessein plusieurs versets qui établissent l'autorité du Père sur le Fils. (Jean 16 :28 ; 1Corinthiens 11 :3 ; 15 :24-28) Quelle égalité d'autorité entre le Père et le Fils pourrait suggérer la suivante distinction : »Pour ce qui est du jour et de l'heure, personne ne le sait, ni les anges des cieux, ni le Fils, mais le Père seul. » (Matthieu 24 :36) Si le Père garde un secret qu'il ne découvrit même pas au Fils, quelle égalité d'autorité pourrait exister entre eux ?

Les autres ne voient en Christ qu'un homme qui a une certaine autorité dans le ciel, mais qui n'est pas digne d'adoration. Ils se gardent d'honorer le Fils comme ils honorent le Père, transgressant la volonté expresse de l'Éternel. (cf. Jean 5 :22, 23)

L'adoration de Christ ne peut être confondu avec l'idolâtrie, interdite par les Écritures. L'idolâtrie consiste à adorer la créature au lieu du Créateur. (Romains 1 :25) Les anges déchus que les religions de ce monde adorent sont des créatures spirituelles que les hommes représentent par des statues et des peintures. Paul avertit les Corinthiens à ce propos en ces termes : »Que dis-je donc ? Que la viande sacrifiée aux idoles est quelque chose, ou qu'une idole est quelque chose ? Nullement. Je dis que ce qu'on sacrifie, on le sacrifie aux démons, et non à Dieu. » (1Corinthiens 10 :19,20)

Or, Christ, avant son incarnation, a participé à l'oeuvre de création, en sa qualité de Parole de l'Éternel. À preuve le début de l'Évangile selon Jean. Adorer le Créateur, c'est loin de pratiquer l'idolâtrie. Par contre, adorer les gens, créatures qui n'ont point participé à l'oeuvre de création, c'est un acte d'idolâtrie, que l'Éternel hait. Chez Ésaïe, Dieu se déclare contre l'idolâtrie : »Je suis l'Éternel, c'est là mon nom, et je ne donnerai pas ma gloire à un autre, ni mon honneur aux idoles. » (Ésaïe 42 :8) Tout autre personne qui usurpe la gloire et l'honneur dû au Créateur seul est une idole.

Les gens orgueilleux sont dans l'impossibilité d'accueillir Christ, qui est venu chercher et sauver les pécheurs. Jean le Baptiseur a été envoyé devant Christ pour incliner les cœurs vers la repentance. Il est venu avec l'Esprit et la puissance du prophète Élie pour faire connaître l'Agneau qui ôte le péché du monde. Il devait partager le sort de tous les prophètes du Seigneur.

Le début de l'activité du Seigneur fut marqué par son baptême dans le Jourdain, nom qui signifie « mort ». À l'occasion de son baptême, Jésus s'est symboliquement engagé à mourir et à ressusciter, selon le plan du Père. Dieu resta sensible à cet acte d'obéissance et fit entendre sa voix du Haut du Ciel : »Celui-ci est mon Fils bien-aimé, en qui j'ai mis toute mon affection. » (Matthieu 3 :17) L'Esprit Saint descendit sur Jésus comme une colombe. Chaque personne de la Saint Trinité signala sa présence au baptême du Fils.

La tentation du désert fut nécessaire afin que le Fils de l'Homme reçoive l'onction de la puissance royale. Le tentateur l'incitait à faire des choses conformes aux convoitises humaines, mais qui contreviennent à la volonté divine. Jésus lui résista par le moyen de la Parole.

Tout apôtre à vocation céleste doit monter les mêmes degrés de la formation spirituelle. Il doit naître d'en Haut, être baptisé dans l'eau, recevoir le baptême du Saint Esprit et l'onction de la puissance royale. C'est la clef d'une vie victorieuse dans le Christ.

Après la tentation du désert la puissance du Seigneur accompagna Jésus à chaque pas. (Luc 5 :17) Il se mit à prêcher : »Le temps est accompli, le royaume de Dieu est proche. Repentez-vous et croyez à la bonne nouvelle. » (Marc 1 :15) Les hommes naissent dans le royaume de Satan, où Jésus est descendu pour transférer les élus et les appelés dans le Royaume des Lumières. (Actes 26 :17,18) Dans le Royaume de Dieu il n'y a ni mort, ni deuil, ni cri, ni douleur. (cf. Apocalypse 21 :4) L'Évangile appelle dans un tel pays les hommes nés dans le péché qui est l'œuvre de Satan.

Dans la synagogue de Nazareth, Jésus présenta son programme d'activité selon la suivante prophétie d'Ésaïe : »L'Esprit du Seigneur est sur moi, parce qu'il m'a oint pour annoncer une bonne nouvelle aux pauvres, il m'a envoyé pour guérir ceux qui ont le cœur brisé, pour proclamer aux captifs la délivrance, et aux aveugle le recouvrement de la vue, pour renvoyer libres les opprimés, pour publier une année de grâce du Seigneur. » (Luc 4 :18,19 ; Ésaïe 61 :1,2) Plus concisément parlant, la Parole a été faite chair pour détruire l'oeuvre de Satan. (1Jean3 :8)

Les œuvres que Jésus accomplissait prouvaient son origine céleste. Son premier miracle consista à transformer l'eau en vin, à Cana. À la fin de ce récit, Jean l'évangéliste constata : »Il manifesta sa gloire et ses disciples crurent en lui. » (Jean 2 :11) Pourquoi se hasarde-t-on à dire de nos jours que la foi ne suppose pas de miracles ? Quel athée croirait à l'Évangile s'il ne voyait point de miracles ?

Son oeuvre renferme des enseignements, des paraboles, des guérisons, des résurrections d'entre les morts et des signes célestes. Bien sûr, son sacrifice à la croix de Golgotha est l'oeuvre de rédemption qui surpasse les autres.

Le Sermon sur la Montagne frappe par les béatitudes qui sont loin de l'être du point de vue charnel. Ce sont des béatitudes spirituelles, agréables devant Dieu. Jésus y trace des parallèles et des contrastes entre la Loi et la Grâce. Les doctrines de Christ ne se superposent pas aux doctrines de Moïse. Au parcours du Sermon sur la Montagne, Jésus est contraint à répéter cette phrase : »Vous avez appris qu'il a été dit aux anciens…mais moi ; je vous dis… » (Matthieu 5 :21, 22, 27, 28, 38,39)

Jésus traita Moïse et les Prophètes comme la Parole de Dieu, intangible. Celui qui l'observe et enseigne à l'observer sera grand dans le Royaume de Dieu. Cette remarque est aussi valable à l'Évangile qui allait être rédigé. Il faut quand même retenir que Moïse est le livre de l'Ancienne Alliance, tandis que l'Évangile est le livre de la Nouvelle Alliance. Moïse s'adresse donc à l'homme adamique, hostile à Dieu, tandis que l'Évangile s'adresse à l'homme christique, réconcilié avec Dieu. Par conséquent, les exigences de la Grâce sont supérieures aux exigences de la Loi. Ceux qui ont part à la Grâce doivent remplir les exigences de la Grâce, ils n'ont quoi faire à la Loi.

La Loi et les Prophètes contiennent beaucoup de révélations, valables dans tous les temps, sur l'œuvre de création, sur le monde invisible et sur le monde visibles, sur le péché et sur la sainteté, sur la paix millénaire, sur la résurrection générale et sur le jugement dernier. La prière, le jeûne et l'aumône restent des instruments de justice. La prière « Notre Père » s'impose comme un modèle de supplication. L'adultère, le divorce et le parjure sont en abomination devant Dieu. Les faux prophètes se reconnaissent à leurs fruits. Le sage bâtit sa maison sur le roc et les vagues de l'épreuve ne la détruisent pas.

Les enseignements occasionnels de Jésus frappent par leurs nouveautés. Ce n'est point l'aliment impur qui souille l'homme, mais les pensées et les paroles qui sortent de son cœur et qui se transforment en actes.

Le péché contre le Saint Esprit est irrémissible. C'est un blasphème dirigé contre un serviteur oint de puissance. Il tombe dans ce péché celui qui dit qu'un tel serviteur est possédé d'un démon.

Le portement de la croix est certainement le plus important des enseignements christiques. Celui qui renonce à lui-même, prend sa croix et suit Jésus, s'avère un disciple digne de son Maître. Le portement de croix consiste à faire mourir les convoitises de la chair avant qu'elles ne se transforment en œuvres de la chair. (Colossiens 3:5 ; Galates 5:19-21) La clef du portement de croix est le verset suivant : »Ainsi vous-mêmes, regardez-vous comme morts au péché, et comme vivants pour Dieu en Jésus-Christ. » (Romains 6:11) Il faut que je me regarde comme mort en Christ vis-à-vis d'une certaine convoitise lorsque je suis tenté par elle.

Concernant sa propre personne, Jésus se découvre comme le bon berger qui se livre pour son troupeau. Il se dévoile comme le pain qui donne la vie au monde. Il est la Lumière du monde qui chasse les Ténèbres.

Au parcours de son entretien avec Nicodème, Jésus développe la doctrine de la naissance spirituelle et celle de la naissance d'eau. Il a trouvé bon de se relever à la Samaritaine comme le Messie promis. Il signalé à Pierre que sa foi se doit à une révélation venue du Père. Il a appris aux fils de Zébédée que celui qui est le plus grand dans le Royaume de cieux est le serviteur de tous ici-bas. Par l'exemple de la femme Cananéenne, on retient que la Grâce est accordée à ceux qui acceptent la place que leur accorde la Loi.

Le Seigneur instruisit ses disciples concernant l'œuvre du Saint Esprit qui convainc le monde relatif le péché, la justice et le jugement. Le Saint Esprit rappelle les le paroles de Christ afin qu'on puisse les mettre en pratique. Le Saint Esprit glorifie Christ. C'est à cela qu'on reconnaît un homme plein d'Esprit.

En traversant les contrées du pays saint, Jésus se révéla à son public comme le pain de vie qui donne la vie au monde. Il se découvrit à ses disciples comme le cep qui offre sa sève aux sarments. Il leur enjoignit de s'aimer de son propre amour, de se donner la vie l'un pour l'autre.

Jésus promit aux siens de revenir afin de ravir son Église au Ciel. Il leur recommanda de se tenir en éveil pour pouvoir le recueillir quand il viendrait sur les nuées.

Le Seigneur guérit toutes sortes de maladies, fit revivre les morts, opéra des signes célestes : il apaisa la mer déchaînée, il marcha sur les vagues, il multiplia les pains et les poissons. Il fit voir sur la montagne sa gloire céleste.

Les paraboles de Jésus présentent le Royaume des Cieux par les éléments de ce monde périssable. La parabole de l'ivraie cache une chose tenue secrète dès la fondation du monde. On a semé dans le champ du corps d'Adam des semences spirituelles de blés et des semences spirituelles d'ivraie. Il résulte des semences de blé des fils pour Dieu, et des semences d'ivraie naissent de fils pour Satan. La parabole des dix vierges met l'accent sur la plénitude du Saint Esprit qui préserve des chutes qui surviennent dans l'époque ténébreuse des persécutions. La parabole de la tour inachevée et de la guerre ajournée enseigne ce que veut dire construire et combattre dans l'esprit de la Grâce. La parabole des talents annonce que celui qui n'use pas de sa foi sera jeté dans les Ténèbres du dehors.

Le Seigneur prend plaisir à collaborer avec ses disciples, qu'il envoie prêcher l'Évangile. Il leur donne le pouvoir de chasser les démons, de guérir les malades et de ressusciter les morts.

Les conducteurs religieux nourrissaient une haine sans cause envers Jésus. Mais, ayant été des gens intelligents, ils trouvèrent contre lui deux chefs d'accusation : il corrompit le sabbat, il s'érigea en fils de Dieu. Comme réplique, il leur fit signaler, sa Divinité par des révélations concernant son rôle de juge suprême, sa puissance de ressusciter les morts, son unité avec le Père. Les huissiers envoyés pour l'arrêter sont retournés les mains vides, car il parlait avec une puissance particulière.

Après son entrée triomphale dans Jérusalem, Jésus institua la Cène et le lavage des pieds, afin qu'on les pratique jusqu'à son retour.

Le Seigneur mit fin aux tentations des conducteurs religieux, en leur adressant une question trop difficile pour eux, concernant le rapport entre David et Christ.

Son arrestation, son interrogation, sa passion et sa mort se sont déroulées sous la surveillance du Père, selon ce qui a été écrit à son propos dans les livres saints.

Dans sa prière sacerdotale, il définit la vie éternelle en tant que connaissance du Père et du Fils, il donne le signe à laquelle on peut reconnaître les élus de Dieu : ils reçoivent et gardent les paroles du Seigneur, même si la haine du monde se déverse sur eux. Les disciples ne sont pas de ce monde comme Jésus n'est pas de ce mode. Toutes les générations de disciples sont un. Ils sont tous dans le Fils qui est dans le Père. Jésus prie le Père de garder ceux qu'il lui avait donnés. Il ne prie pas pour le monde.

Le Seigneur Jésus eut un comportement spécifiquement humain dans le Jardin de Getsémané, où il pria le Père d'éloigner de lui la coupe amère de la mort. Mais, il se corrigea aussitôt, en ajoutant que la volonté du Père se fasse. La volonté du Père fut que le Fils donnât sa vie pour racheter les élus et les appelés à prix de sang pur. La croix de Jésus est le pilon de l'Évangile. La distinction que fit l'apôtre Paul en ce qui concerne la prédication chrétienne reste valable dans tous les siècles de la Grâce : »Car je n'ai pas eu la pensée de savoir parmi vous autre chose que Jésus-Christ, et Jésus Christ crucifié. » (1Corinthiens 2 :2) Ce Christ crucifié est ressuscité, s'est élevé au Ciel, où il remplit les fonctions de médiateur entre Dieu et les hommes. (cf.1Timothée 2 :5)

Ludus, le 11 août 2014   Charles Székely

Bibliographie sélective

1. *La Sainte Bible*, traduction Louis SECOND, Nouvelle Edition de Genève, 1979.
2. Stanley Howard FRODSHAM, *Apostolul Credinței*, Ed. Metanoia, Oradea, 2004.
3. Elisabeta HANIS, *Experiențe cu Dumnezeu*, Arad, 1997.
4. Dr. Kurt E. KOCH, *Dumnezeu printre Zulu*, Bibel- und Schriftenmission, 1990.
5. Reinhard BONNKE, *Lucrări și mai mari*, Editura Casa Cărții, Oradea, 2006.
6. Derek PRINCE, *Seria Fundamentelor*, Cartea 1-7, Editura Neemia, Brașov, 2005.
7. André THOMAS-BRÈS, *Dossier sur Le Parler en Langues*, Ed. Viens et Vois, Lyon, 1988.
8. C. H. MACKINTOSH, *Notes sur les cinq livres de Moïse*, Tomes I-VI., Bibles et Traités Chrétiens, Vevey, 1975, 1976, 1982, 1983.
9. *Simples entretiens sur les Évangiles, Matthieu-Marc*, par S.P., Vevey, Bibles et Traités Chrétiens, 1976.
10. *Simples entretiens sur les Évangiles, Luc*, par S.P., Vevey, Bibles et Traités Chrétiens, 1977.
11. *Simples entretiens sur le Évangiles, Jean*, par S.P., Vevey, Bibles et Traités Chrétiens, 1978.
12. *Les Actes des Apôtres*, par S.P., Vevey, Bibles et Traités Chrétiens, 1979.

Oui, je veux morebooks!

I want morebooks!

Buy your books fast and straightforward online - at one of the world's fastest growing online book stores! Environmentally sound due to Print-on-Demand technologies.

Buy your books online at

www.get-morebooks.com

Achetez vos livres en ligne, vite et bien, sur l'une des librairies en ligne les plus performantes au monde!
En protégeant nos ressources et notre environnement grâce à l'impression à la demande.

La librairie en ligne pour acheter plus vite

www.morebooks.fr

OmniScriptum Marketing DEU GmbH
Heinrich-Böcking-Str. 6-8
D - 66121 Saarbrücken

Telefax: +49 681 93 81 567-9

info@omniscriptum.de
www.omniscriptum.de

www.ingramcontent.com/pod-product-compliance
Lightning Source LLC
Chambersburg PA
CBHW021832300426
44114CB00009BA/409